她们仨

在中国古代的历史长河里，遇见——吕雉、武则天、慈禧

桑德兰 著

她们仨，写的是三个女人在中国封建社会攀登权力巅峰的故事

说的是女人的智慧、女人的胆识、女人的雄心、女人的情爱

讲的是女人的手段、女人的贪婪、女人的辛辣、女人的忌妒

了解她们仨，也就了解了皇权和政治

台海出版社

图书在版编目（CIP）数据

她们仨：在中国古代的历史长河里，遇见——吕雉、武则天、慈禧/桑德兰著.—北京：台海出版社，2020.10

ISBN 978-7-5168-2556-3

Ⅰ.①她… Ⅱ.①桑… Ⅲ.①吕后（前241-前180）-生平事迹②武则天（624-705）-生平事迹③西太后（1835-1908）-生平事迹 Ⅳ.①K827

中国版本图书馆 CIP 数据核字（2020）第 000680 号

她们仨：在中国古代的历史长河里，遇见——吕雉、武则天、慈禧

著　者：桑德兰			
出版人：蔡　旭		封面设计：武晓强	
责任编辑：曹任云			
出　版：台海出版社			
地　址：北京市东城区景山东街 20 号		邮　编：100009	
电　话：010 - 64041652（发行，邮购）			
传　真：010 - 84045799（总编室）			
网　址：www.taimeng.org.cn/thcbs/default.htm			
E - mail：thcbs@126.com			
经　销：全国各地新华书店			
印　刷：三河市天润建兴印务有限公司			

本书如有破损、缺页、装订错误，请与本社联系调换

开　本：880 毫米 × 1230 毫米		1/32	
字　数：275 千字		印　张：11.75	
版　次：2020 年 10 月第 1 版		印　次：2020 年 10 月第 1 次印刷	
书　号：ISBN 978-7-5168-2556-3			
定　价：58.00 元			

她是城府极深的皇后；

她是忌妒心极强的女人；

她是差点将儿子吓死的母亲；

她是掌握男人内心的智者。

她慧眼识珠，嫁给一个无赖，却最终成了皇后；

她颠沛流离，被抓去当人质，历尽艰险；

她渴望爱情，不停追逐，却真心难求；

她心狠手辣，对敌人痛下杀手，令人闻之色变……

她就是吕后——中国历史上第一个独揽大权的女人。

她是雄心万丈的女人；

她是开明圣贤的女皇；

她是心如蛇蝎的母亲；

她是娇柔美艳的情人。

她出生不俗，相士断定她能成"人主"；

她天生多情，14 岁就渴望爱情；

她蛇蝎心肠，掐死女儿、杖杀皇后、杀死兄长；

她开明圣贤，统治时期国泰民安，延续贞观之治……

她就是武则天——中国历史上唯一的女皇帝。

她是掌握大清命运最久的女人；

她是心胸狭窄性格古怪的妃子；

她是被儿子叛离而吓怕的母亲；

她是讲慈悲又心狠手辣的恶妇。

她是个不俗的女人，体内流淌着一股热血；

她是个自私的女人，为了达到目的不择手段；

她是个贪婪的女人，对于生活贪得无厌；

她是个手段高明的女人，没有人能逃出她的掌心……

她就是慈禧太后——主宰中国封建王朝命运的最后一个女人。

历来，至高无上的皇权都是男人专有。可是，吕雉、武则天、慈禧，这三个家喻户晓的名字，这三个富有传奇色彩的女人，却能把国家大事和男人们控制在股掌之间。

她们究竟是怎样的女人？究竟是什么让这三个女人在男尊女卑的社会中屹立不倒？

接下来，就让我带着大家一起揭开蒙在这三个神秘女人脸上的面纱！

桑德兰

目 录

传奇女子　　　吕　雉

一代女皇　武则天

别样美人　　　慈禧太后

传奇女子

吕 雉

她是城府极深的皇后；

她是忌妒心极强的女人；

她是差点将儿子吓死的母亲；

她是掌握男人内心的智者。

她慧眼识珠，嫁给一个无赖，却最终成了皇后；

她颠沛流离，被抓去当人质，历尽艰险；

她渴望爱情，不停追逐，却真心难求；

她心狠手辣，对敌人痛下杀手，令人闻之色变……

她就是吕后——中国历史上第一个独揽大权的女人。

　　当我们抬头仰望着权倾天下的一代女主时，谁能知道她究竟
在想什么呢？这真的是她想要的生活吗？她的身上究竟发生了多少
故事？

女王档案

姓名： 吕雉

又称： 吕后

籍贯： 山东单县

身份： 汉王朝创始人汉高祖刘邦的元配夫人

生卒： 公元前 241—前 180 年

老爸： 吕文

老妈： 吕太太

家庭出身： 小康之家

毕业院校： 私塾

最得意： 诛杀韩信、彭越、英布

最失意： 诛杀韩信

最擅长： 谋略

最痛苦： 儿子被自己制作的"人彘"吓死

个性签名： 不为我所用，必为我所杀！

第一回

含始被辱生真龙，刘邦酒馆有奇遇

正漫游间，一股沁人心脾的清香扑面而来。刘邦抬眼一看，一个打扮得高雅大方的女孩子从旁边缓步走过，香味无疑是从她身上飘过来的。在沛县，少数大户人家的女孩子也用香粉，不过像这样令人为之一爽的几乎没有。

一　雨中惊魂

沛县有一个小村子，名叫阳里。村中有几十户人家，只有一户姓刘，家中男人叫作执嘉，整日里只知烧香磕头。此人宅心仁厚，真是扫地不伤蝼蚁命，爱惜飞蛾纱罩灯，在村民之中颇有口碑。执嘉的老婆叫作含始。

也许是受到水土的影响，身材娇小的含始皮肤细腻水滑，身材姣好，一点儿也看不出是生过两个孩子的女人。

正因为此女有美艳动人的外表，因此每次上街都是光棍男人们的焦点。

有一天，她去镇上给丈夫抓药。执嘉的风湿病已有些年头了，含始每隔两个月便要去大夫那里取些草药。回来的路上，忽然天色暗淡，风云乍起，含始正走到一片瓜田附近，情急之下一头钻进路边的瓜棚，刚进去，隆隆的雷声便已响起，倾盆大雨骤然而至。

此地正值荒郊野外，离住户尚有一段距离，路上又无行人，含始只好静等雨停。大雨迷蒙之中，她仿佛看到有黄影一闪，揉揉眼睛，却什么也没有。她不禁暗叹，自己毕竟年纪越来越大，竟有些眼花了。正叹息间，觉得身上被什么东西叮了一下，没有多久便不省人事。

含始醒来的时候，雨已经很小了，只是星星点点地从空中飘落。她紧张地向周围张望，同刚才一样，什么人也没有，不禁舒了一口气。

看看雨已将停，她从地上站起来准备回家，忽然感觉身下湿漉漉的。看看左右无人，她沾了点液体拿到鼻子底下一闻，脑子不禁嗡的一下，那的的确确来自一个男人。

含始几乎是崩溃般地瘫软在地上，她的大脑一片空白，不知如何是好。

出事地点离刘家不过数里，含始却走了很长时间。她一进屋，执嘉便迎上来问："刚才下雨淋湿了吧？来，快点儿擦一擦，小心生病。"

丈夫的关切神情让含始感到前所未有的温暖，她一把抓住丈夫的手，哽咽着却说不出话。执嘉不知出了什么事，忙问："怎么了？"

含始瞥了一眼神台上供奉的佛像，低着头轻声说："今天我遇到一件怪事。"

听老婆把事情经过一五一十讲出来，特别是她一再强调并未看见周围有人，执嘉的心才放下来。他对含始说："这件事千万不要对别人讲，你快回屋休息吧！"

夫妇两个本想息事宁人，没想到过了不足三个月，含始因为身体不适去看大夫，即被查出已有了几个月的身孕。

含始听了这话，恨不得自己找个地缝钻进去，应付了几句便匆匆回家。

眼看着老婆的肚子一天天大起来，执嘉的脸色也一天天阴沉起来。转眼间十个月已过，含始在接生婆的协助下，十分艰难地产下一个男孩。

这个孩子生得与常人颇为不同，长颈高鼻，左股生有七十二颗黑痣。

接生婆把这个红扑扑的孩子捧到眼前，看了看，对含始说："这个孩子有些与众不同，老身曾听人说过，如果身上能长有七十二颗黑痣，则暗合天上星宿之数，此子不是真龙天子，也是大富大贵之相。"

含始后来把这番话告诉丈夫，执嘉仍是满脸不高兴，说道："这绝非光彩之事，今后要是有人问起，你就说是神龙附体，方得受孕。"

含始把丈夫的气话当了真，对前来道贺的乡人照说无误，有时还添油加醋，说得人将信将疑。

时间过得飞快，转眼间襁褓之中的婴儿已经变成了十五六岁的少年郎。不过，与大哥、二哥不同，这个被取名刘邦的孩子对于耕田务农之类的事不屑一顾。

他总说："这样从早忙到晚，累折了腰又有什么前途！"

执嘉只好任由刘邦整日里游手好闲地鬼混。

二　寂寞寡妇

闲混让刘邦认识了很多朋友，其中有一个叫萧何，在衙门当差。在他的推荐下，刘邦也成了一名公差——泗水亭的一个亭长。

当了公差，有了俸禄，刘邦没事就下馆子喝点小酒，日子倒也有滋有味。

很快，刘邦就成了这里唯一一家小酒馆的常客。阳里是个小地方，住在这里的人又全是庄稼汉，挣钱辛苦，恨不得掰开花，因此酒馆的生意一向不好。老板是个寡妇，人称三娘，说起话来十分泼辣，经常有些不怀好意的老光棍被她踢出门来。

说来也怪，刘邦的到来仿佛给小酒馆带来了财气，这里的人一天比一天多起来。三娘的脸上也笑开了花，甚至和一些较熟的酒客打情骂俏，这真是一个奇迹。

也不知从哪天开始，刘邦不用再为酒钱着急了，只要他来，一切都好说。三娘经常拍拍他肩膀说："小兄弟，尽管喝，没钱先赊着，年底一齐算。"

刘邦也是今朝有酒今朝醉，从不考虑那么多，更不会去查三娘的账本。

到了年底，三娘把他叫来，翻开账本指着说："年关要到了，该付账了。"

刘邦一看，吓了一跳，原来自己已欠了这么多钱。他下意识地摸摸口袋，空空的。三娘目不转睛地盯着这个身材匀称的毛头小伙子，看他那核桃般大小的喉结动来动去，脸上不禁泛起一阵潮红，有些忸怩地说："要不，你再喝上一坛。"

刘邦忙摆手道："不，不，我可没钱付账。"

三娘咽了一下唾沫，低声说："没关系，只要你肯陪我喝酒，今年一年的账都免了。"

刘邦一听竟有这等好事，高兴得不行，忙坐到桌边。三娘则出去把店门早早关闭，回来时顺手拉了一把刘邦，道："走，咱们到后面喝去。"

浓郁的酒香充盈着温暖的小屋，柔和的灯光下，已是半老徐娘的三娘看起来颇有几分妩媚。

喝得有几分醉意的刘邦，眼睛逐渐盯在她脸上，鼻尖上沁出一些汗水。三娘也注意到他那双不老实的眼睛，痴痴笑着，一只玉手从他腿上不经意间掠过。

刘邦一时间满脸通红，手足无措。

有谁会想到，刘邦竟然会被三娘爱上了呢？不过，很多人都注意到他每天在小酒馆中待的时间越来越长了，甚至不知是什么时候离开的。

这天，天还没黑，刘邦便已坐在三娘的酒馆里，他这次是在喝茶，边喝边哼着小曲。

看他这副样子，真是志得意满。说来也是，仿佛在一年之内，四处浪荡的穷小子一下红运高照，先是有了赚钱的营生，然后又有了贴心的女人，随之而来的是不用花钱的酒菜和滋味特别的温柔乡。

不过，这一切是怎么来的呢？恐怕都要归功于一个人，也就是萧何。

说曹操，曹操就到了，正当刘邦眯着眼睛回想这一切时，萧何忽然从门外走进来。刘邦连忙站起来，笑容可掬地打着招呼，他可以得罪任何人，却绝不会得罪这个人。说实在的，他几乎把这个人当成了自己的福星，萧何也的确如他所愿，一开口便是大喜事，说："好兄弟，这回你发达了。"

刘邦眼中一亮，口中却说："大哥，别拿小弟开玩笑，我哪能发达呀？"

"我怎么会拿你开玩笑？"萧何有些着急，解释道，"最近始皇帝号令地方向朝廷交运贡品，要求必须是奇珍异宝，用来取悦众仙，求赐不死之药。沛县县令自然不会放过这个取悦皇帝的大好机会，把县城里的大户狠敲了一笔，命他们交出家传宝物。这些宝物不日便将运往京城，但沿途之上唯恐被草寇拦劫，于是我就想起你了。"说到这里，萧何顿了一下，接过三娘递过来的茶水，喝了一口，然后接着说，"我对县令讲，这批宝物非同小可，保护工作一定要做好。目前县衙之中，若论文武双全的，非刘邦莫属，不如由他负责押运。"

刘邦听得一头雾水，问："这是好事吗？我怎么觉得好像是让我去送死。"

萧何一笑，拍了一下他的肩膀，说："你我情同手足，我又怎么会去害你！要知道我们做臣子的，能够有一天觐见皇帝，就是肝脑涂地也值了。我真羡慕你。"

刘邦心想，还是你去肝脑涂地吧，我一向福大命大，绝对不会有事的。

想虽然这么想，押运宝物的一路上，刘邦依然是战战兢兢的。不过，他倒真是走运，进了咸阳都没碰上一个劫道的。可是，也有不幸的，别说皇帝，他连个位列朝班的大官都没看到。好不容易带来的宝物，也只是在国库那里登记了一下，便被人拿走了。

刘邦始终悬着的心放下了，一时觉得两手空空。眼看面圣无望，他和同行的几位武师一商量，干脆大家就地解散，在京城玩上几天，然后再一道返回沛县。

走在大街上，刘邦每隔一段时间，就发出一阵感叹，咸阳毕竟是国都，每寸土地都仿佛经过精雕细琢似的。相形之下，自己一向推崇的沛县县城只能用破烂不堪来形容了。撇开宽阔平坦的马路，巍峨雄伟的宫殿不说，单是那如过江之鲫的行人就让人看不够。这里的人穿衣打扮均力求标新立异，几乎很少看到有相同搭配的。

正漫游间，一股沁人心脾的清香扑面而来。刘邦抬眼一看，一个打扮得高雅大方的女孩子从旁边缓步走过，香味无疑是从她身上飘过来的。在沛县，少数大户人家的女孩子也用香粉，不过像这样令人为之一爽的几乎没有。刘邦印象里三娘也用过香粉，那是从一位客人手中高价买下的。

这种奇特的清香令刘邦心神不定，他干脆紧走两步，跟在女孩子后面。两个人就这样走过几条街，仿佛是结伴同行一样，唯一区别是一前一后，这时，他们走到一处大宅院附近，那个女孩突然小跑起来，拐过院墙不见了。刘邦更加好奇，连忙追了上去。不想女孩已守在拐弯处，一看他跟过来，便大喝一声："哎！"

刘邦正一路急走，不防有诈，被这突如其来的声音吓了一跳，浑身一哆嗦。女孩看他局促的样子，笑得眼泪都出来了，边笑边把手叉在腰间，说："哎哟，不行了，肚子要笑破了。"

刘邦被笑得满脸通红，不知所措，那个女孩费了好大劲儿才止住笑，问："你老跟着我干什么？"

刘邦这才回过神来，仔细端详对方，只见她年纪不大，面庞秀丽，最绝的是皮肤又粉又嫩，吹弹欲破。

女孩看他不回答，便催促道："你说呀，再不说我可喊人了！"

　　刘邦这下紧张起来，急得直结巴，说："别……别，我……我只是喜欢你身上的香味儿。"说到后来，声音越来越低。女孩儿银铃般的笑声又响了起来，不再理他，径直走进宅院去了。

　　此后几天，刘邦又到这所宅院附近转悠过几次，但都没遇到那个女孩。转眼之间，回沛县之期已至，他只好悻悻而归，万没想到这次邂逅竟然引出一段姻缘。

第二回
刘邦吕雉续前缘，无意成就好姻缘

曾经有人注意过这样一种现象，那些让人看起来楚楚可怜的女人是最让自以为高大的男人所喜爱的。如今时过境迁，再次面对这个女孩，刘邦仿佛也觉得自己高大了许多。他大声说："不要怕，我是这里的公差，我可以保护你！"

一　皇帝梦想

回沛县的路上，刘邦和众武师谈着各自的所见所闻。谈到高兴处，他们不时爆发出阵阵笑声。此时，宽阔的驰道上传来雷鸣般的声音，一支马队飞驰而过，马上全是金盔金甲的武士，对路上行人高喊道："跪下，跪下！"稍有不从或动作迟缓的，便有可能被武士抽上一鞭。

很快，路边跪满了行人，刘邦他们也在其中。大约又过了一袋烟的工夫，数十辆战车鱼贯而过，几十顶黄色乘舆紧随其后，神态威严的弓箭手和刀斧手更是环绕四周。

大队人马过去之后，刘邦才站起来，掸掸膝上的浮土，问旁边的人："这是怎么回事呀，是不是朝廷出兵打仗？"

当地人听了直乐，说："你是从外地来的吧？这是皇帝出巡，每隔一段时间便可看到。"

"啊，皇帝出巡就要动用这么多人，了不得，了不得！"刘邦赞叹道，脸上露出羡慕的神情。

回沛县这一路上，他嘴里都在嘀咕个不停："我是白活了，今天算开眼了。"

同伴忍不住说："你有病呀，没完没了瞎嘟囔。"

刘邦则白了对方一眼，说："你懂什么！看看人家怎么活着，真是威风八面呀，男子汉大丈夫就应该这样！"

同伴感到莫名其妙，问："你说谁呀？"

刘邦大声说："还能有谁，当然是皇帝老子了。"

大家吓了一跳，再没人打听了。

回到沛县，刘邦约萧何一起喝酒。酒过半酣，他对萧何说："这次上京真是大长见识，回来路上又巧遇御驾，那气派呀，真是用语言无法表达！要是有一天咱兄弟也能这样，那就太棒了！"

萧何一听，赶紧站起身，向四周看了看，所幸除了三娘，并无旁人。他低声对刘邦说："好兄弟，你还年轻，人生阅历太浅。听我劝，今后千万不要再说这种话。"

刘邦一撇嘴，道："我不过是说说而已。"

刘邦血气方刚，说话当然不会考虑太多，他更想不通大家为什么对"皇帝"二字连提都不敢提。

不过生活就是生活，幻想又不能当饭吃。很快，刘邦便又恢复了过去的生活，一种现在看起来像是井底之蛙的平淡生活。

光阴荏苒，两年时间过去了。

这天，刘邦又如往常一样到三娘的酒馆，萧何急匆匆跑来通知他："县太爷的一个老朋友从外地来此定居，大家奉命明天为他接风，你也要去。"

刘邦正喝到兴头上，顶了一句："我连他姓什么都不知道，去干什么？"

萧何一笑，说："这人姓吕，是咱们老爷的贵客，你敢不去吗？记住，别忘了带贺礼。"

第二天一早，刘邦便如约前往，不过他是两手空空。

人有时真的很奇怪，就拿赚钱来说：有的人收入很少，生活却过得很好；有的人收入很多，生活却过得很糟，甚至连自己的钱花到哪儿去了都不知道。刘邦大概就属于后者，唯一的区别是他的收入并不多。

临去县城的晚上，他把衣兜翻了个底朝天，也没找到几个钱。看看身边熟睡的三娘，又不太好意思张口，毕竟自己在这里白吃、白喝、白住的时间太长了。

不过，刘邦还是硬着头皮进了县城，到衙门去问了个安，打听一下地址，便走了出来。

此时中午刚过，想想还是先逛逛再说。就这样，他在大街上闲逛起来。走着走着，突然看见前面一群人围在那里，便挤过去看热闹。

人群中央自然开出一块空地，一个精壮的汉子裸着上身在那里表演拳术，倒也打得虎虎生风。

刘邦看了一会儿，觉得没啥意思，转身欲走，突然觉得对面人群中仿佛有一张熟悉的面孔。

他定睛一看，差点儿没叫出声来，对面竟然是那个咸阳的女孩子。虽然距离两人见面已有很长时间，但他依然很神奇地一眼认出对方。没错，就是那个女孩子，虽然她比以前要丰满一些，却显得更为光彩照人。

刘邦急急忙忙挤出人群，绕到对面又挤了进去，可是女孩却不见了。

刘邦一着急，干脆走到场子里环顾四周。那个正在挥舞双拳的卖艺人瞪了他一眼，停下来想问个究竟。刘邦忙摆摆手，说："没事，继续。"

他一边说话，一边到处乱看，却发现女孩是在另一边，连忙奔了过去。没想到，看他过来，女孩扭身就往外跑。

刘邦也不知为了什么，在后面紧追不舍，那个女孩也是慌慌张张在前面跑，跑着跑着，她一脚踩到路边的碎石上，硌得"哎哟"一声，捂着脚坐在地上。刘邦这时也已拍马赶到，有点儿生气地问："你跑什么呀？不认识我啦？"

那个女孩子抬起头，盯了他一眼，没有说话，急促地呼吸着。

刘邦觉得很奇怪，他看到的是一双充满不信任和恐惧的眼睛，毫无疑问这个女孩子已经把他忘了。

两个人的奇怪神情已经使一些路人开始驻足观望。刘邦怕引起误会，忙掏出官府的腰牌，解释说："这位小姐，我不是坏人。我是泗水亭的亭长，也就是官府的公差。这是我的腰牌，你可以看一下。"

那个女孩接过牌子看了一下，又递了回来，神情中少了恐惧，但依然很疑惑，那双水汪汪的大眼睛仿佛在说"你追我干什么"？

刘邦看她不说话，只好旧事重提，试图唤起她的记忆。

当听到刘邦说起自己便是当年那个莽撞的家伙，那个爱闻女人香味的人时，那个女孩子的眼睛里仿佛亮了一盏灯，她终于记起来了。

这件事说起来也真是邪门，两个距离这么远的人、时隔这么久突然见面了，真是上天的安排。当两个人并排漫步在长街上时，刘邦又问起刚才的问题："你为什么要跑？"

女孩子脸上掠过一丝忧郁，幽幽地说："你还是问问我为什么到这种地方来吧。"

刘邦自从有了上次的经历，对这个女孩的心情就十分理解，是啊，与咸阳相比，沛县渺小得到了惨不忍睹的地步。他没有开口，知道马上便会听到下文。女孩接着说："我家其实是山东单县的，后来搬到京城。可是没想到，那个大坏蛋又派人来捣乱，不让我们过太平日子。刚才你追我，我还以为又是那个坏蛋的爪牙，所以才赶紧跑，想回家躲起来。"

分别几年时间，当初那个活泼可爱的小女孩已经不见了，取而代之的是一个略显忧郁，甚至对现实有些畏缩的发育成熟的小女人。

也许是刘邦胸中的豪气融化了小女人心中的冰山，两个人之间的距离一下子消失了。他们又谈了很多东西，当刘邦知道这个小女人姓吕的时候，他突然有一种异样的感觉。

时间总是那样恼人，当你需要它的时候，它却像从手指缝中漏出的细沙。转眼间天色已有些变暗，刘邦和小女人几乎同时想到了分手。

二　再续前缘

县太爷的贵客住在城东的一所大宅子里，这里曾是某个落魄贵族的家，如今却被县太爷占了。新主人吕公静静地坐在那里，安详地看着走来走去的家人和宾客，他已很久没有享受这种不被人打扰的安逸了。

自从得罪了同县的首富，他的日子便一天比一天难过，先是被赶出本土，远走他乡，此后又不得不躲到这里来。其实呢，这一切本不该发生，是那个大户人家仗势欺人，非要自己把女儿嫁给他们的白痴儿子。

吕公想到这里，狠狠地握了一下拳。

刘邦这时已赶到了，一进大厅便和一些熟人打招呼。萧何奉县太爷之命，在这里做兼职的账房先生，负责收取贺礼。

一看刘邦空着两只手，大摇大摆地走进来，心中难免有气。萧何心想，我昨天怎么跟你说的，真是好心当成驴肝肺。想到这里，心念一转，决定让刘邦丢回人，于是站起来大声说道："各位嘉宾，吕公是远来贵客，我们沛县各界绝不能慢待。县令大人让我告诉大家，如有贺礼不满千钱者当坐堂下。"说完，他特意瞥了刘邦一眼。

刘邦倒也不以为忤，听完这番话微微一笑，晃着膀子过来登记。萧何问："你带什么来了？"

刘邦也不搭话，拿起笔先把自己的名字周周正正写在红纸上，然后抬头盯了萧何一眼，唰唰写了几个字，把笔随手一扔，径自走进正堂。

萧何拿过一看，上面赫然写着"贺仪万钱"，忙大声喊道："刘邦，你先把钱交上再进去！"

刘邦回过头，狡黠地一笑，说："这么多钱谁会带在身上，赶明儿让我的仆人送来。"

萧何鼻子差点儿没气歪了，心说，我和你相交这么多年，还第一次听说你有仆人。你这是蒙谁呢，回来交不上钱，看县太爷怎么治你。萧何虽然有些气不过，但当着这么多有头有脸的人，他也不好多说，只能眼睁睁看着刘邦走进去。刘邦也是有趣，他仿佛真把自己当成腰缠万贯的大户，大大咧咧地走到吕公旁边坐下，那里是头等贵宾席。负责领座的婢女走到吕公身边，低声嘀咕了几句。

吕公对着刘邦一拱手，道："这位小兄弟当真出手豪爽，贺礼竟一掷万钱，老朽这里多谢了。"

刘邦一笑，不置可否。吕公仔细端详刘邦的相貌，不禁叹道："小兄弟真乃富贵之相也，长颈高鼻，虎背龙腰，难得难得，少见少见！"

刘邦看他在那儿摇头晃脑，对自己品头论足，心中不免有些反感，又听他说自己是大富大贵之相，暗笑道："这个老头儿让那份厚礼烧晕，我这么个上无寸瓦，下无寸土的人能有什么富贵。"

席间，吕公和刘邦推杯换盏，海阔天空地瞎聊，倒也十分投机。

萧何虽然想让刘邦故意出丑，但真这么做了心里还是有些担心。他借敬酒把吕公拉到一边，低声说："刘邦这人是此地有名的吹破天，吕公切莫信他胡言乱语。"

吕公一笑，摆摆手说："萧先生今天辛苦了，请多喝几杯，至于这件事嘛，老朽自有分寸，多谢费心了。"

酒足饭饱之后，来宾又恭维了吕公几句，便开始纷纷告退。刘邦看看人走得差不多了，也站起来拱手告辞。吕公看他要走，便说："刘亭长不如再坐一会儿。"说完便忙着去送其他客人。

刘邦愣了一下，想想不好这样就走，便又坐回原位，过了一袋烟的工夫，除他之外所有客人都走了，仆人开始收拾杯碟碗筷，搞得叮当作响。

吕太公红光满面地走回来，对刘邦说："这里乱糟糟的，我们到后面书房坐一坐，我有话说。"

书房果然十分幽静，两人落座之后，吕公笑眯眯地说："我从小便学习相术，也给很多人看过相，阁下这副尊容却是前所未见，简直可以说得上是人中龙凤。老朽有一言相问，不知亭长可曾娶妻？"

刘邦一听，这都哪儿和哪儿呀，说着东忽然扯到西去了，不过他出于礼貌，还是如实作答。吕公一听，大喜过望，说："太好了！"

刘邦看了他一眼，没吭声。吕公话一出口，也觉失态，忙解释道："亭长不要误会，我膝下现有两女，正值婚嫁之年，我今天见到你，觉得是合适的人选，只是希望你不要嫌弃，从中间选上一个如何？"

刘邦一听，天底下竟有这等好事，连忙扑通一声跪在地上，向上叩头，说："吕公如此厚爱，刘邦岂有不从之理！"

吕公稳稳地受他一拜，然后边扶他边问："那么你要哪一个呢？"

刘邦脸一红，想了想，说："却不知我能否和她们见一见呢？"

吕公犹豫了一下，说："今天天色已晚，不太方便，这样吧，你明天一早过来，我安排你们见面。"

第二天一早，刘邦便跑来了，身上穿着崭新的衣服，那是他昨晚找萧何借的。吕公也是早有准备，在大厅中用青纱隔开一块儿地方，让双方分坐两边。隔着青纱，朦朦胧胧的，谁也看不清对方，却可以相互交谈，的确是个好办法。不过，当着家长的面，年轻人都成了哑巴。

吕公在一旁催促道："你们都聊一聊，做亭长的先说。"

刘邦一看点到自己，也不好再沉默，便开口大致说了一下自己的情况。

正说着，青纱一角被撩了起来，然后迅速放下，后面响起一串银铃般的笑声，有人低声说道："我当是谁呢，原来是他。"

接着，吕公就被叫了进去，其中一个女儿在他耳边说了几句什么，老人不禁哈哈大笑。刘邦觉得很奇怪，心里更加紧张，两只手搓来搓去，不知往哪儿放合适。

不知什么原因，在青纱的遮掩下两个女孩都起身回去了，偌大的厅里只剩下刘邦和吕公。

等人走光了，吕公才问："刘亭长，你在外面是不是还认得别的女人呀？"

刘邦就觉得脑袋嗡的一下，其实从昨天开始，他就一直担心自己和三娘的事被拆穿，耽误了这门好亲事，可是现在……

刘邦一下子像泄了气的皮球，刚才的精气神全没了，耷拉着头说："我，我……"

吕公拦住他的话，说："我什么我呀，你记不记得，前两天遇到个姓吕的女孩子，那就是我的大女儿吕雉呀！"

刘邦这才恍然大悟，原来是福不是祸，他暗地里长舒了一口气。吕公又接着说："这样吧，既然你们私下已有交往，我就把吕雉许配给你吧。"

刘邦兴奋不已，扑通一声跪在地上，连声说："多谢岳父大人，多谢岳父大人！"

从吕家出来，刘邦感到连呼吸都比往日顺畅了许多，他激动得向空中挥舞着双拳。正得意间，一块小石头重重砸在他的后脑勺上，打得他"哎哟"一声。

刘邦朝那边一看，却是一个小胡同，便追了过去，只见前面一个熟悉的身影一闪，又进了另一个胡同。刘邦一笑，知道是谁在捣乱，放心大胆追了过去。到墙边的时候，他放慢脚步，缓缓地蹲了下去。

那人显然上当，见这边半天没有动静，便又绕了回来，探头一看，仍不见人。不想刘邦突然从下面蹿上来，伸开双臂将对方紧紧搂在怀里。

不出刘邦所料，偷袭他的人正是吕雉。

她在大厅旁边隔着屏风，把刘邦和父亲的谈话内容听了个一字不漏，心中不禁小鹿乱撞，脸也有些发红。不过，对这门婚事，她可是满心愿意。于是当刘邦走后，便从边门赶出来迎他，本想开个玩笑，不承想却被对方抱在了怀里。

吕雉挣扎着，低声说："别这样，快放开我！"

刘邦岂肯在拥抱中撒手。阳光在吕雉头顶上闪耀，她眼前浮动着千千万万道金色的光芒，那些光芒跳跃着，旋转着，飞舞着。

这时，边门外一声轻响，吕雉这才如梦方醒，从刘邦怀里挣脱出来，逃也似的跑了回去。

终于回到自己房里，她这才舒了一口气，心脏依然在怦怦地剧烈跳动着。不过，当晚上她躺在床上想起那惊心一刻时，脸上浮出一丝甜甜的笑意，手指也在轻轻触摸着嘴唇，仿佛在寻找那种奇妙的感觉。

三　露水鸳鸯

"父母之命，媒妁之言"，这是婚姻大事所不可或缺的，普天之下大概只有皇帝才可免俗，刘邦不是皇帝，也无法违背这一定律。虽然沛县、泗水离阳里并不远，但这些年来，刘邦没有跨进过那道熟悉的门槛。可是这次不同，他必须回去，而且知道这件事的街坊四邻越多越好。

回到家里，父母的眼中除了亲情之外，更多的是惊异，他们像陌生人一样审视着自己的儿子。

岁月催人老，连含始头上都已花白。打过招呼之后，刘邦平淡地说："我要结婚了，是和县城里一家大户的千金。"

两位老人显然很高兴，今天可谓是双喜临门，儿子终于主动回家，而且还要领回个儿媳。

含始搭话道："好啊，你也三十大几的人了，对方能瞧得上也……"

"行了。"刘邦打断了母亲，他觉得自己一回到这个家便像个可怜虫，渺小地躲在阴影里。

看看事情交代得差不多了，刘邦站起身来，说："至于彩礼方面我会安排，你们不用费心。另外这个你们收下，算我孝敬的。"他边说边从怀里掏些钱，放到桌上，然后转身走了。

别的事都好办，动动嘴就可以解决，彩礼可是要动真格的，吕家虽是外来避难，却是不折不扣的大户人家，是很讲究体面的，这道手续是绝对不能忽视的。刘邦挣的不多，花起钱来可是大手大脚，积蓄自然没有，真是越想越挠头。晚上，回到三娘那里，他忍不住长吁短叹。

三娘对刘邦要娶亲的事多少知道一些，不过也没想过阻止，毕竟像她这种年纪，有人要也就心满意足了。看到刘邦这副样子，便打趣道："怎么，你得了小雏鸡，对老娘我便看不上眼了，还有几天就熬不住了，要不要我代你去把吕雉喊来呀？"

刘邦一笑，说："三娘，你又寻我开心，嘴上说得凶，是不是肚子里的醋瓶子已经倒了呀？"

"哼，我才不会呢。"三娘言语中倒真有了几分醋意，"刘邦，你就记住我的话，吕雉那个黄毛丫头，绝对没有我会疼人，不信咱们走着瞧。"

刘邦满脸堆笑道："那是，那是，普天之下有哪个女人像我的三娘那样善解人意呢？我娶吕雉，不过是希望讨好县太爷，将来混个一官半职的。三娘你放心，虽然结了婚，我也不会亏待你，不过你先帮我个忙好不？”

“什么忙？”

“借块敲门砖？”

“门外有的是，随便拿。”

“你知道我不是要那个。”

“那你是要什么？”

“我，我需要钱做彩礼。”

“什么？”三娘的声音骤然高了八度，侧着身盯着刘邦，说，“你这个没良心的，我不怪你脚踏两只船，已经是便宜你了，现在这种钱还要我出，你拿我当什么人了？”

刘邦忙赔笑道：“你别误会，咱们是放长线钓大鱼嘛。你想想，我们这么多年，那个小丫头怎么能比得上你呢？”

为了得到彩礼，刘邦可谓费尽心机，磨破了嘴皮子。当他终于揣着三娘的钱走出酒馆时，心里禁不住暗暗叫骂。

不管怎么说，他还是拿着这笔钱到沛县买了四色彩礼和几匹上等的绫罗绸缎，雇人送到吕家大院。

万事俱备，就只等娶亲了。刘邦觉得自己是一身轻松，走在大街上步履仿佛也轻盈了许多。

四　少女过门

时隔不久，良辰吉日便到了，刘邦披红挂彩，徒步上门迎亲。

吕公也是早早便做好准备，让女儿坐进一乘小轿，由家人扛着嫁妆紧随其后。就这样，一行人在刘邦的指引下赶奔阳里村。

阳里这边萧何、樊哙、曹参一干人等也是早早动手，搭了喜棚，张灯结彩，招来不少左邻右舍前来助兴，场面倒也十分热闹。

不过，也有人在私底下议论："咦，这个刘家的三小子不是和那个酒馆的三娘在一起吗，怎么？"

又有人说："你懂什么，那叫露水鸳鸯，这才是正式的。"

吕雉一个人静静地坐在洞房里，偶尔也把大红盖头撩起来，偷窥一下外面的动静。对于一个本分的女人来说，结婚这天是一个十分特殊的日子，它意味着她将由此从少女变成少妇，此时的心情也十分复杂。

吕雉坐在那里，一阵胡思乱想。吕公膝下只有两子，一直希望能再有收获，所谓养儿防老嘛，可是吕雉的出世让他失望了，而且还因此受了一场虚惊。

那是一个雪花满天的冬日，吕公在厅里转来转去，坐立不安。临盆的妻子和接生婆在挂着红布条的屋里已待了很久了，至今能听到的只是妻子一阵紧似一阵的痛苦呻吟。

时间一长，吕公实在受不了这种煎熬，干脆跑到自家祠堂里去上香，求祖先保佑。

所谓病急乱投医，吕公不断在沙盘上划着，渐渐地，沙盘上开始有字出现，却是相书中的一条：坐生娘娘立生官。吕公不解其意。

在回家的路上，或许是地上有积雪的缘故，他感到自己的腿软软的，刚进院子，便听到屋里传来一阵婴儿的啼哭声。他忙跑进去，问来回进出的婢女："怎么样了?"

这时，接生婆已经走出来了，接过话来说："吕老爷，这回你可要多付些赏钱，这个孩子生得太费劲了!"

吕公焦急地问："快说，是男孩还是女孩?"

接生婆笑笑，说："恭喜老爷，是个千金，而且还是坐着生出来的，你说奇怪不奇怪?"

吕公一听脑子里嗡的一下，这不就是坐生娘娘嘛!

"那太太是不是出事了?"

"没有啊，她就是累了，好不容易把孩子生下来，现在已经睡着了。"

吕公口中嘀咕着："怪呀!"

想到这里，吕雉不禁微微一笑，天下的家长都是那么望子成龙，望女成凤。要不自己也不会被取名叫雉了。现在看来，这一切不过是美好的幻想，自己马上要嫁的，或者说已经嫁了的这个人不过是个小小的亭长，要想做娘娘恐怕是今生无望了。

这桩婚姻要不是父亲坚持的话，恐怕也早就泡汤了，母亲从听说这门亲事的那一天起就没少吵闹。唉! 都怪那个可恶的刘邦，他的名声不太好。

正想到这里，房门咯吱一响，有人走进来了。一股让人昏昏欲睡的酒气充斥了洞房，盖头唰的一下被揭开了，吕雉看到了自己的丈夫，喝得脸颊通红的刘邦。她今后的人生就与这个男人息息相关了。

第三回

刘邦挥剑斩巨蛇，吕雉牢中险逃脱

听到大家搭话，刘邦从长可没人的芦苇后面转过来，手中提着那把匕首，身上的衣服则东湿一块西湿一块的。看他回来，大家心中一块石头落了地，毕竟人家刚还了自己的自由身，现在一出事，大家都吓跑了，还见死不救，要是刘老大真出个三长两短，将来这事传扬出去，岂不成了江湖中人的笑柄？

一　惊天动地

时间是改造世界最犀利的工具，在它的雕琢下，很多事情都变得微不足道。当年的小女孩吕雉，如今已成了两个孩子的母亲；鲁莽的狗贩子樊哙，在刘邦的极力推荐下成了小姨子吕嬃的丈夫。

中国有句古话："嫁鸡随鸡，嫁狗随狗。"吕雉自从跟了刘邦，大户千金的好日子便到了头，为了补贴家用，她甚至把原先的荒地开垦了，还在上面种了一些青菜。

这天，她又带两个孩子去自家的菜地。大约干到中午，天气变得越来越热，太阳仿佛离地面越来越近，无情地烘烤着，吕雉停下来，躲到树荫下休息。

这时，一位拄着拐杖，须发皆白的老者从大路上缓缓走来，哑着嗓子问："这位夫人，能不能给老朽来口水喝？"

吕雉把挂在树上的水壶摘下来递过去，随口道："天气好热呀！"

老人鞋上满是尘土，显然是赶了很远的路，他靠着树干坐下，边喝水边说："上年纪不中用了，走几步就累得不行。"

吕雉也没多问，在一边照顾自己的孩子，老人在临行之前，又把吕雉喊过来再次道谢，并说："老夫看你和孩子们均是富贵之相，却不知家中还有何人，是否在朝为官？我料你家中必出真人。"

吕雉一一作答，老人叹道："真是苍天弄人，刘邦绝非是个小小亭长，我有一些东西你可以交给他。"说完取出一包袱递给吕雉。

吕雉看着老人的背影有些发呆，说来她也是才女，对老人话语中的含意多少有些了解，只是不明白那个真人指的是谁，难道是刘邦？想了想，又摇了摇头，说起来如今丈夫已是四十大几的人了，要做真命天子恐怕也晚了。

不管怎么说，回到家里，她还是把发生的怪事给刘邦讲了一遍。刘邦打开包袱一看，却是一些讲解用人之道的书籍。

刘邦从头读到尾，结结巴巴不说，更是觉得味同嚼蜡。吕雉看他窘迫的样子，笑道："你平时不学无术，这回吃亏了吧？"

说完便拿过文章，逐字逐句地给他讲解。刘邦这才听出其中的味道来，时而击节叫好，时而又破口大骂。

当说到历史上那些造反的人时，刘邦沉思不语，吕雉问："你想什么？"

刘邦答："我在想，这些人倒是很有本事，能让那么多人都听话，却不知是用的什么方法？"

吕雉一笑，说："这个你当官的不知道，我种地的倒有所耳闻。"

"不妨说来听听。"刘邦一边抚着孩子的头，一边说。"好，我给你讲讲其中的玄机。"吕雉笑着说："历史上造反的人为了名正言顺，常常故弄玄虚，使一些不可告人的手段，假托上天之命行事。周围的人不明真相，很容易信以为真，追随左右。"

刘邦听后，不禁拍案叫绝，大声说："是啊，这样大家只看表面，便会以为是上天安排，他们最擅长造谣言，说什么转世之类的话，故弄玄虚，老百姓才会不加分析，轻易上当。这些家伙还真有一手。"

吕雉微笑着看着丈夫手舞足蹈的样子，心想：这件事并不复杂，为何想通之后却如此快乐呢？其实，吕雉却不知自己丈夫天生心思缜密，想常人所不想，可以看到事情的根本，要不然为什么有那么多人上当呢？

她更没有想到自己的一番话仿佛打开了刘邦心中的一扇窗，从此引来一件惊天动地的大事，也使她自己几乎性命不保。

二　巧施小计

公元前 211 年，朝廷发出诏书，命各郡县将牢中所囚之罪犯，统统押至骊山，充当修建始皇帝陵墓的苦力。

沛县县令接到此诏，便在牢中挑选了精壮男性罪犯数十人，择期赶赴咸阳。刘邦由于担任亭长期间，数次擒凶，立下奇功，因此众公差极力推荐由他担任押解工作。

回到家中，刘邦茶饭不思，在屋里踱来踱去，吕雉看他愁眉紧锁，转来转去，便问："出什么事了，转得人眼晕。"

刘邦说："晚上你帮我收拾一下行李，明天我要负责押犯人，带他们去骊山服役。"

吕雉若有所思地说："噢，原来你烦的是这件事。"

刘邦叹口气，说："不错，就是这件事。今天在衙门里，那些同事为求自保，一起推举我做这件事，分明是损人利己。其实，都是吃公门这碗饭，谁又不知道那些亡命徒有多硌牙呢？"

吕雉又问："那你想怎么办？"

刘邦答道："我能怎么办？走一步算一步吧。不过我思来想去，总觉得这是一个机会。"

"什么机会？"吕雉满脸疑惑地问。

"我现在还想不清楚，估计过两天便能理顺思路。"刘邦若无其事地说。

晚上，吕雉看看呼呼大睡的丈夫，自己翻来覆去睡不着觉，她总是在想，丈夫那几句话，到底是什么意思呢？

第二天一早，刘邦准时到监牢提出被选中的囚犯，押解上路。

自从离开沛县地界之后，道路开始变得越来越难走。刘邦看着自己押解的这几十个人，心里一直在不停地盘算着。临行之前，他特意查看了他们的有关记录，发现这都是一些很难缠的家伙，其中曾经杀过人的就有好几个，看来县令想借这个难得的机会甩掉包袱。不过，话说回来，如果一个人对生命如此轻蔑，你就很难想象他会做出什么来，也许他会珍惜自己的，却极有可能要了你的命。

每次想到这里，刘邦身上都会冒出一丝丝寒意。而且，随着时间的推移，事情看来也越来越糟，已经开始有犯人趁夜深人静的时候逃跑，估计今后会越来越多。刘邦也想过，来个杀一儆百，抓一两个逃犯回来处治，可是又不允许，如果延误了，自己依然性命不保。

这天中午，天热得不行，刘邦等人走得口干舌燥，好不容易见到一个卖水的老汉，连忙飞奔过去。坐在树荫下，刘邦一边擦着汗，一边和老汉搭讪，询问前面的路况。老汉倒很健谈，说："前面比这里还要难走，是一个大沼泽，地面很湿滑，一定要沿着现有的路走，否则陷进去可就没命了。"

刘邦又问："那里会不会有很多鱼呢？"

老汉笑道："要想抓鱼，你可就来迟了，本来呢，这里鳝鱼、泥鳅比比皆是，最近却抓不到了，听常去那里的人讲，看样子是有蛇在那里，把这些小活物都吃掉了。"

刘邦听到这里心念一转，看看囚犯们不是喝水，便是躲在别的树荫下休息，他便低声对老汉说："老人家，你天天卖水那么辛苦，现在有个赚大钱的机会，不知你有没有兴趣？"

此后，两人耳语了几句，刘邦写了个条子递给老汉，又把随身带的盘缠悄悄塞给他。老汉接过之后，连卖水挑子都不要了，健步如飞地走了。

等到他的身影完全消失之后，刘邦对囚犯们呵斥道："这两天星夜兼程，大家都走累了，不如今天不走了，好好休整一下。"说完又吩咐他们把旁边的一块空地打扫出来，就地露营。

第二天下午，那个卖水的老汉又出现了，他这次不光卖水，还卖起了干粮，最特别的是，担子的另一头不仅有坛酒，还有一些腌蛋和咸肉。

刘邦让众囚犯把干粮取走，而且还赏了些肉、蛋、酒给他们，自己则坐在树下有吃有喝。

不多时，天已将黑，满脸通红的刘邦对囚犯门大声说："各位，我要说一件非常重要的事。你们到骊山之后，势必会终生干苦力，流血流汗，假如有一天，那皇帝陵建成了，你们的死期也就到了，皇帝老子为了不让别人挖他的坟，肯定要把你们杀死作陪葬，这样才能封住口嘛。我刘邦一路上和大家同甘共苦，深感各位虽然身为囚徒，却并非大恶之人，更不应该就此白白丢了性命，因此我决定……"

他顿了一下，接着说："我决定放大家一马，给你们一条生路，各自逃命去吧！从现在起，你们与我无关，生死之事自己把握。至于我嘛，喝完这坛酒也会自寻生路。"

众人都是一愣，面面相觑，迟迟没有移动。他们都在想：亭长大人是不是喝多了，万一逃跑后被抓回来可是死罪。刘邦看大家有顾虑，便把身子缓缓转过去，面向大树，背向囚犯。

众人看到他有这种举动，才敢起身，一声呼喝纷纷散去，转眼间走了个一干二净。刘邦则又靠树坐下，对着初升的明月自斟自饮。偶尔也向路边看看，仿佛是在等什么人。

果然不出他所料，时间不长，逃跑的囚徒中有十几个人又回来了。其中一个看似为首的说："刘大人，我们几个深感你的救命之恩，特意回来，希望今后能跟随左右，以效犬马之劳。"

刘邦哈哈大笑，道："我没看错人，你们都是讲义气的英雄好汉，只是我何德何能，不敢凌驾于各位之上，不如这样吧。"他从怀里把匕首掏出来，说，"我们歃血为盟，做好兄弟。"众人齐声叫好。

刘邦将匕首抽出，在中指上轻轻一按，鲜血便已涌出。他伸指将血滴入酒坛中。其他人也接过匕首，学他的样子，如法炮制一番。所有人做完之后，刘邦把血酒拿过来，率先喝了一口，便又传出去。

当最后一个喝完血酒后，众人爆发出雷鸣般的喝彩声，随后，大家开始按年龄排定顺序，刘邦虽一再推辞，但因年近五十，依然做了老大。待平静下来之后，大家开始商量下一步去处。

刘邦说："我们现在都成了逃犯，按律抓住是要被砍头的，而对我们最熟悉的便是沛县，因此那个地方绝不能回去。所以我想，不如继续往前走，找个隐秘之处藏身。"

众人也觉得这番话很有道理，便点头称是。

刘邦又说："如果各位兄弟身体无恙，我们不妨星夜兼程，以免白天行走引人注意。"

就这样，已歇了两天的队伍重新上路。如卖水老人所讲，他们很快便走进了大沼泽，踏上了泥泞的小路。

刘邦回头对其中两人说："五弟、六弟，你们辛苦一趟，在前面给大家探探路。"这两人是飞贼出身，脚下甚是灵便，很快便消失在黑漆漆的沼泽里。

刘邦和剩下的人依旧沿小径缓缓而行。不想没过多久，两个探路人风一般跑回来，好像遇鬼似的，看到大队，颤声道："不要走了，前面有蛇，有蛇呀！"

众人哄然大笑，要知他们虽然为寇为盗，却多是务农出身，在这江南水乡，一天不知要见到多少只蛇，怎会将蛇放到眼中？刘邦也说："男子汉大丈夫，难道会怕蛇吗？"

那两人依然面色煞白，哆嗦着说："那蛇好大呀，足有几十丈，我这辈子都没见过，身上的鳞片是白色的，两只眼睛闪闪发光，口中还会喷雾。"

刘邦一听，笑道："听你这一说，好像是遇见龙了，众位兄弟，我们去看看好不好？"大家轰然答道："好！"可是两个探路人却任凭众人讥讽，死活不肯向前挪动半步。刘邦无奈之下只得和众人先走。

　　大约走了一袋烟的工夫，只听前面传来一阵咝咝声，他们探头一看，都惊呆了，一条巨大的白蛇横在路上，高高地昂着它的头，顶上还有一颗西瓜大小的暗红色肉瘤，最奇怪的是，沼泽中一些硕大剧毒的癞蛤蟆争先恐后跳进白蛇的嘴里。

　　人丛中有人惊呼一声，撒腿就跑，其他人也紧随其后，此时真恨爹娘少生两条腿。一口气跑到沼泽边上，回头看看大蛇没有追来，这才停下脚步，额手相庆。

　　早先探路那两个人这回来了精神，问："怎么样，各位，不都是顶天立地的大英雄吗？怎么看见条小蛇就跑呀？"

　　有人不甘心，反唇相讥道："废话！那是小蛇吗？简直是蛇妖，你没看它吃东西本不用动，那些毒虫会自己往里跳，多可怕，我们再过去不成傻子了吗？"

　　有人说："你这就不懂了，那些送死的毒虫又何尝不想逃呢？只是它们被大蛇牢牢吸住了。"

　　突然又有人惊叫一声："老大呢，老大怎么没出来？"

　　众人这才发现，刚才走在最前面的刘邦竟然踪迹不见。正狐疑间，大泽深处传来呼喊声，夹杂着那怪蛇的咝咝声。

　　有人叹息道："刘大哥待人一向很好，不想这次却命丧蛇口。"

　　又有人提议："不如我们一起回去，说不定能把那巨蛇吓跑，救刘大哥一命。"

　　这话一出，马上有不少人反对："我们现在自身难保，好不容易逃离蛇口，干嘛又要回去送死，要去你自己去。"

　　正争执间，前方传来啪啪的声音，众人吓得连忙屏住呼吸，有些人已经作势要跑。

　　这时，一个熟悉的声音传过来："各位兄弟，你们在哪儿呢？"

　　大家忙答道："在这儿呢！快过来吧！"

听到大家搭话，刘邦从长可没人的芦苇后面转过来，手中提着那把匕首，身上的衣服则东湿一块西湿一块的。看他回来，大家心中一块石头落了地，毕竟人家刚还了自己的自由身，现在一出事，大家都吓跑了，还见死不救，要是刘老大真出个三长两短，将来这事传扬出去，岂不成了江湖中人的笑柄？

这时有人假惺惺地说："老大，我们正商量怎么救你呢。现在你回来可太好了，不如我们从别处绕着走吧，那条大蛇太凶恶了。"

刘邦一笑，将手中匕首高高举起，大声说："各位兄弟，那条白蛇现在已经死了。"

看着大家疑惑的神情，他又说："刘某不才，已经力斩此蛇，众位兄弟请随我来。"说完转身又往大泽深处走去。

众人将信将疑，小心翼翼地跟在后面，回到方才大蛇盘踞的地方。刘邦指向不远处的泥沼，说："我已把它抛进去了。"

众人凝神一看，果然几段白色的东西在那里若起若浮，离得最近的是那个狰狞的蛇头。

看到巨蛇被除，大家舒了口气，齐声称赞刘邦："还是老大行！"

大家正准备接着赶路，突然，一个苍老而凄厉的声音从后面传来："儿啊，我苦命的孩子啊！"

众人觉得蹊跷，这荒郊野外怎会有人哭号呢？于是均驻足观望。

稍许，一个须发皆白的老太婆从后面赶上来，看见刘邦他们，才止住哭声。刘邦过去行礼，问道："老人家，出了什么事吗？"

老太婆似乎体力不支，一屁股坐在路边的怪石上，抽噎着说："我儿子是身穿白衣的帝王，化身为蛇在后面那个大沼泽里，不想却被红帝王杀死了，可怜啊，可怜！"说完又是号啕大哭。

众人面面相觑，心想原来是个疯婆子，便不理她，继续向前。走了没几步，有人偶一回头，好像见了鬼似的，惊叫道："那个老太婆呢？"

大家回头一看，那个疯子已没影儿了，不禁议论纷纷，有人说："这事真奇怪，按说这里只有一条路，这么短的工夫她怎么能消失呢？"

刘邦则笑道："这人疯疯癫癫的，满嘴胡话，什么白帝王、红帝王。如此说来，大蛇为我所杀，我岂不成了红帝王？当真可笑！"

众人都觉得很离奇。

又向前走了不远，地上扔着一卷绢书，有人拾起，打开一看，上面写道："红帝王当兴。"

正纳闷间，绢书迎风起火，转眼间化成灰烬。刘邦惊叹道："这是天书啊！"

众人看了看身穿红色官差衣服的刘邦，眼里充满了惊诧，他们开始相信眼前的这位大哥就是"红帝王"了！

三　祸及妻小

在刘邦出差的这段日子里，吕雉如往常一样，把主要精力放在那块小菜地上。不过，与以往相比，这次她对丈夫多了一份期盼，希望他在路上能够平安无事，希望他能早些回来。

不久，吕雉一直担心的事终于发生了，刘邦在路上出事了。

这天，她正打算下地，两个衙门的捕头突然闯了进来。吕雉一看，都是县衙门的人，以前也曾打过交道，便过来行礼，问："两位是来找刘邦的吧，他因公事去骊山了，你们不知道吗？"

两名公差对视了一眼，其中年长的一个拱手道："嫂夫人，我们这次来是奉县太爷之命，专程来请你到衙门中去商量事情的。"

吕雉觉得很奇怪，便问："找我有什么事？"

那人答道："这个我就不清楚了，我想嫂夫人到那里自然就知道了。"

一路无话，中午时分赶到县城。吕雉本想先回娘家看看，两公差却坚持让她先去县衙。进了衙门，堂上有不少公差都是熟人，看她进来却并不过来打招呼。倒是县太爷显得颇为热情，吩咐左右搬把椅子给她，寒暄几句后问道："刘夫人，刘邦去骊山这些天来，可有家书报平安呀？"

吕雉说："没有收到，想是路上奔波，不方便写。"

不想，县太爷听了这话，脸一板，抄起惊堂木重重地拍了一下，呵斥道："大堂之上，草民见到本官为何还不下跪？"

吕雉一下就蒙了，没想到县太爷一会儿一个模样。按理说，自己的父亲与县太爷颇有渊源，两家关系很好，自己也一直把对方当作自己的长辈来尊敬呢，现在却成了这个样子，真是让人摸不着头脑。不过，在县令和众差役的威喝下，她心里多少有些害怕，只得依言跪下。

县令又拍了一下惊堂木，说："大胆刁民，竟敢在本官面前隐瞒丈夫的行踪，该当何罪？"

吕雉心中一惊，不知丈夫出了什么事，忙说："这件事民女确实不知，请问大人，刘邦他不是奉您的命令押解犯人去了吗？"

县令愤愤地说："不要在我面前提他，这个家伙真不是东西，他私自放走因犯，然后畏罪潜逃，害得本官无法和上面交差。"

吕雉这才知道出了大事，方才县太爷假惺惺的，不过是想借谈家常套自己话，看到没什么利用价值便狗急跳墙了。

想到这里，她低下头，默默无语。县令看也问不出什么，便说："刘邦犯欺君罪，理当问斩，目前在外逃亡，本官已通知各郡协助缉拿。至于你，作为他的老婆，按律当受株连，即日起收监候审，待捕到刘犯之后一同发落，退堂！"

就这样，吕雉无缘无故作了丈夫的替罪羔羊，也给县令的用人不当做了台阶。直到萧何悄悄来探望她时，吕雉才弄明白自己的丈夫究竟干了些什么。

听完萧何的话，一脸关注神情的吕雉不禁嫣然一笑。

萧何问她有什么好笑，她也不置可否，只是反问："这些事你是怎么知道的？"

萧何答道："刘邦他们后来进山躲避官兵抓捕，其中又有人半途退出，被我们抓获，这才得知。至于斩蛇之类的事，不知是谁在造谣，反正这一带的老百姓快传遍了，都说刘邦是帝王之相呢！"

说到这里，萧何看吕雉没什么反应，便说："弟妹，我希望你能明白，现在刘邦身犯不赦之罪，又有这种犯上的传闻，我们做公差的不好再替他说话，而且呢，恐怕今后我也很少能再到这里来。不过，我会托付这里的兄弟，好好关照你。"

吕雉也知道他的苦衷，便说："萧大哥今天能来看我，我已是感激不尽。"萧何这才告辞。

吕雉所待的这个牢房，面积不大，光线也不太好，唯一过得去的就是有一块门板，可以用来做床。刚被关进来的时候，她经常坐在那里无所事事，对着空空的四壁。有的时候，想起自己不能见面的丈夫和孩子，她还会低低哭上几声。

沛县地方不大，监牢也未分男女，所以看守吕雉的狱卒是个男的。此人每天送饭都会和吕雉聊上几句，言语中颇多轻薄挑逗之词，有时更会趁机动手动脚。吕雉是又气又怕，可是又没什么办法，那些号称刘邦朋友的人为求自保，根本就不露面，使她无从依靠。

看看没人帮她，狱卒胆子越来越大。这天，他拎着酒壶，搬把椅子坐到栅栏门那儿，色眯眯地看着吕雉。

他一边喝酒，一边说："小娘子，那个刘邦现在不知躲到哪儿去了，把你一个人扔在这儿多可怜。本公爷一向怜香惜玉，你不如顺了我的意，将来即便不能放你出去，好吃好喝也少不了。"

吕雉低着头远远坐着，也不吭声，她对这种无聊之人已经习惯了。虽然心中有气，却不能和他发生正面冲突，以免对方强迫，自己名节不保。

对方看她不吭声，又说："我看得上你，是瞧得起你。你知道自己是什么人吗？死囚的老婆，也就是死囚。有朝一日被刽子手大刀一挥，你就什么都没有了。"说完，狱卒便要开门进来。

吕雉腾地站起身来，大叫道："你要敢无礼，我就一头撞死在这里，到时候看你怎么向县太爷交差！"

狱卒犹豫了一下，悻悻地说："算你狠，总有一天老子要给你点颜色看看。"说完往地上狠狠吐了一口唾沫，转身走了。

从此，吕雉无不担惊受怕，后来天下大乱，县狱的囚犯放的放，跑的跑，都出狱了，吕雉也在其中。

出了监狱，吕雉一路小跑回家，带上两个孩子去找自己的丈夫——刘邦！

第四回
丈夫久旱逢甘霖，贤妻献计举大旗

这时，原本躺着的一个浑身衣服被撕破的中年妇女尖叫一声，冲向那个为首的秦兵，紧紧搂住他的大腿，哀求道："官爷，饶了他吧，他还是个孩子呀！"

一　　夫妻重聚

转眼间，刘邦和他的十几位兄弟在芒砀两座大山中，已躲了一年多。这里是他们所能找到的最好的藏身之处，与其他地方不同，这里有很多天然岩洞，而且洞中有洞，人一进去便很难找到。至于洞外，则是蔽日遮天的树木和形态各异的怪石。

此时正是秋天，山中果实极多，刘邦他们倒不愁吃的。

一天午后，刘邦独自走出山洞，到树林里闲逛。一只野兔被惊动，从草丛中狂奔而出。刘邦大喜，拔腿就追，不知不觉间远离了自己的住处。

追到一个小陡坡时，野兔箭一般跳了下去，又蹿入草丛不见了。刘邦这才停住脚，看看周围，仿佛都差不多，根本没有人走过的痕迹。他苦笑一声，转身向回走，努力找寻自己来时的路线，可是事情就是这样，专注地去找却反而更易迷失方向。

刘邦越走越觉得陌生，转过又一片树林，面前赫然出现一个碧波荡漾的小小的湖。湖的四周全是树林，把这湖围在其中。湖水绿得像一池透明的液体翡翠，在太阳下反射着诱人的光。周遭的树木在水中映出无数的倒影，摇曳波动。

眼前奇特的景致让刘邦整个人都呆住了，他从没想过，也不敢想山里会有这样一个美丽的小湖。正在心神恍惚间，身后传来一阵浓郁的腥臭气，他的思绪也一下子被拉回到现实。回头一看，刘邦几乎吓尿了裤子———一只斑斓猛虎正朝他走来。

刘邦想要拔腿跑，但那猛虎喉咙里发出"呜呜"的声音，让他迈不开腿。

就在这时，不远处的树林中传来一阵悠扬的笛声，本想饱餐一顿的老虎像被催眠了一样，丢下刘邦向林中跑去。几乎在同时，刘邦瘫软在草地上，大汗淋漓地喘着粗气。

过了一会儿，那只猛虎又回来了，背上还坐着一人，悠扬地吹着笛子。刘邦惊诧不已，赶紧掏出匕首护住自己，然后颤声说："你是什么人，为什么驱赶猛兽伤人？"

那人放下笛子，从虎背上跃下，答道："实在对不起，我本是放这只大猫出来喝水，没想到它会有伤人之心。"

刘邦这才看清，对方竟是个面庞清秀的女人，看年纪不过二十几岁。

刘邦又说："你能不能管住它，这样我可以安全通过。"那女人笑着说："当然没问题，但不知先生这么晚要往哪里去？此地猛兽甚多，安全难保，不如我们护送你一程。"

刘邦这才发现，经过这么一折腾，天色已渐渐暗淡下来。他一下子也没了主意，回去吧，又找不到确切地点，于是敷衍道："我是过路的，我就出山去。"

听他一说，那女人大笑道："从这里出山根本就没路，真不知道你是怎么跑到这儿来的，这样吧，今晚我先带你去个地方，明天再送你出山。"

说完，她拍了一下身边的猛虎说："这位先生，请坐上来吧。"

刘邦打了个寒战，畏缩着说："不，不，这哪儿坐得？"

那女人看他那副样子，便讥讽道："你这也叫男子汉大丈夫，简直连女人都不如！"

被她一说，刘邦感觉一股热血直蹿头顶，他二话不说，过去一下便跨到虎背上。那女人一笑，坐到他前面，低声说："抓住我，千万莫要撒手。"

说完用手中玉笛轻轻拍了一下虎背，说："大猫，我们回家去吧。"

那猛虎仿佛能听懂人言，腾身而起，穿树林，过悬崖，最后进入一片竹林，竹林里有几间用竹子搭成的小房子。

走进之后，发现里面几乎是竹子的世界，几乎所有的东西都笼罩在那种悦目的新绿下。刘邦打趣道："你平时是不是吃竹子？"那女人扑哧一笑，反唇相讥道："你若想吃，我去给你砍上几根。要不，你干脆从这屋里吃起？"说完，把竹凳递过来。

刘邦顺手接过，当然，他不是要吃，而是要坐。

说起来，这天的晚饭是刘邦自进山以来吃得最惬意的一次。

饱餐了一顿山珍之后，刘邦问："你从哪儿来，怎么一个人住在山里？"

那女人叹息道："这事说来话长，其实都是让人逼的。"

刘邦惊异道："有谁敢逼你？"

那女人看了看刘邦，平时在山里待久了，很少与人交流，此番一经引导便全盘道出了自己的情况。

原来，这个叫曹珮瑛的女人，父母曾开了一家很知名的马戏班。由于演技高超，被始皇帝召到京里。不想，珮瑛的母亲天生丽质，身上又有江湖女子那种泼辣，风采远胜于宫中粉黛，被始皇帝一眼看中，非要留下不可。

珮瑛的父亲被暴君命人用金瓜击死。珮瑛的母亲伤心欲绝，又恐孩子再遭毒手，便假意应允，借机翻墙逃走。

说到这里，曹珮瑛的眼泪夺眶而出，哽咽着说："后来我们就到这儿躲着，母亲把她驯兽的本领传授给我之后，便一个人重返咸阳报仇，但终因寡不敌众，受了重伤，勉强跑回来便去世了。"

此时，她已是泣不成声，刘邦轻轻用手抚着她不停抖动的后背，安慰道："过去的事情都过去了，你应该想想怎样让自己过得更好，这样才对得起早逝的父母。"

等到珮瑛姑娘的哭泣平息之后，刘邦又说："其实你这样一个人，无拘无束，也没什么不好。说起来，我还不如你，知道家人在哪里却不能相见，与隔世又有什么区别呢？"

曹珮瑛问："为什么不能见她们？"

刘邦便把自己的来历，如何在沛县当差，如何放走犯人，如何力斩大蛇，说了一通。

曹珮瑛满脸好奇地问："那大泽有白蛇吗？我住在这里这么久怎么没听说过？"刘邦一笑，也不搭话。

过了一会儿，曹珮瑛又问："那你将来又有什么打算？"

刘邦眨眨眼说："我的抱负是杀掉皇帝，把他的江山夺过来。"

曹珮瑛说："就凭你，连我都打不过，怎么可能去打江山？"

刘邦一笑，指指自己的脑袋，说："打天下靠的是这个，而不是拳头。现在天下大乱，二世昏庸，荒淫无道，这正是夺取江山的好时机，正所谓得人心者得天下，现在只要能够抓住人心，天下简直是唾手可得。"

曹珮瑛一脸崇敬地看着刘邦。

第二天，刘邦在珮瑛的帮助下最终返回石洞。

一进石洞，众兄弟先被猛虎吓得乱窜，看清是刘邦在上面骑着之后，又是一阵惊呼。等珮瑛告辞之后，众人这才围过来问长问短。刘邦并没有据实作答，而是添油加醋地说自己如何降服猛虎，如何巧遇仙女，说得众人发出一声声惊叹。

此后，刘邦站到一块石头上，居高临下道："各位兄弟，现在已近深秋，长此以往，到了冬季我们不被饿死，也会被冻死，再说，这样躲起来，也不是大丈夫所为。"

下面有人说："老大，你说咱们该怎么办，我们听你的。"

刘邦点点头，说："众位兄弟，如今二世无道，天下群雄揭竿而起。你们如果信得过我，不如随我一起打天下，将来事成之时，大家同为功臣，共享荣华富贵！"

听到这话，众人有的喊好，有的嘀咕。

在刘邦主持下，大家用红布做了一面旗子，代表"红帝王"之旗。就这样，他们打着这个旗子，一起走出芒砀山。

刚到山口，迎面走来三人，其中一人大喊道："相公，相公，我可找到你了！"

刘邦定睛一看，那迎上来的人竟是自己的妻子吕雉，身后还跟着自己的两个孩子，不禁又惊又喜。惊的是自己刚一出山，便能遇到亲人；喜的是自己惹下滔天大祸，妻儿竟然没受株连。

他拉着妻子的手问："你们是怎么找到这儿的？"

吕雉用眼角偷偷瞥了一下其他人，有意大声说："相公，其实正所谓龙行云，虎行风，你走到哪里，头顶上都有一朵五彩祥云，普通人虽然看不到，为妻却可以很容易找到你。"

刘邦哈哈大笑，道："有理，有理。"

就这样，刘邦一行在沿途又招入一些遭秦二世迫害的人，队伍逐渐壮大到近百人。他们没有回沛县，而是径直来到阳里。

刘邦把家里当成了中军帐，对手下兄弟面授机宜，一部分人去乡里造舆论，说真龙天子如何出现在这里，如何神异，吸引乡人加入；另一部分人则到那些大户家里逼要钱粮，如果有哪家敢不给，或是倚仗家丁反抗的话，大队人马就去把那家铲平；最后就是一部分手艺人，被分派去制造战旗和打造兵刃。

晚上，忙碌了一天的刘邦终于回到吕雉身边，躺在床上，他一边爱抚着妻子的身体，一边说："那天你说的话是什么意思？"

"什么话？"

"就是什么龙啊，云啊的。"

吕雉一笑，两眼亮晶晶地盯着他，说："我先问你，斩白蛇是怎么回事？"

看丈夫不答，她又接着说："那龙啊、云啊和白蛇其实是一回事，你以为你做得出，我就想不到吗？什么真龙天子，不过是骗人的鬼话，所谓王侯将相，宁有种乎，天底下怎会有天生的皇帝？"

刘邦大笑道："知我者莫若妻也。"

二　初战告捷

阳里出了"真龙天子"，这件事一传十，十传百，很快便变得有鼻子有眼，天衣无缝了。

不管刘邦走到哪里，红旗一招，便会有人跟上来。他们情况各异，有的是穷困潦倒，想混口饭吃；有的则是曾遭秦朝迫害，早就意图谋反，只是人单势孤，不敢轻举妄动；其中还有一些人很特殊，那就是平日里最让人瞧不惯的游手好闲之徒，这些人其实也是颇有潜力，他们长期混迹社会，虽然下力不行，脑筋却满灵，对刘邦也是大有帮助。

人数增加这么快，是刘邦万万没有想到的。这种表面上看起来很红火的场面，实际上却是隐患颇多。既然刘邦号称让大家过上好日子，将来加官晋爵什么的，现在至少应该让大家吃上饱饭吧，可是一下子要养这么多张嘴，简直就像面对蝗虫啃庄稼，刹那间便一扫而空，长此以往，那些被迫提供粮饷的大户也会被吃破产，这样恐怕会导致人心涣散。

想到这里，刘邦禁不住愁眉紧锁。

这时，外面有人通报，萧何来了，刘邦连忙起身迎了出去。

萧何一进门就说："恭喜，恭喜，你现在兵强马壮，假以时日，一定能成为一国之君。"

刘邦苦笑一下，吩咐手下退出。看左右无人，刘邦把自己的顾虑和盘托出。

萧何想了想，说："不如从沛县县令那里想想办法，这些天来，陈胜的军队已经打到附近，朝廷又不派兵支援，那老儿急得如热锅上的蚂蚁一样。这不，听到你举大旗造反，他派我来探探虚实，想是希望借你之手与陈胜大军对抗。如果真是这样的话，我们倒正好敲他一笔。"

刘邦点头称是，又说："现在我的手下大多来自丰乡，要是再能到沛县招兵买马，那声势就真能壮大了。"

两人商定之后，萧何告辞。

晚上睡觉时，刘邦搂着吕雉说："夫人，你一向心思缜密，现在为夫有一事求救。"然后他就把自己目前组织队伍的情况和面临的问题说了一下，问吕雉有什么办法。

吕雉沉思良久，反问道："相公将众人集结在此，所为何事？"

刘邦不假思索地说："当然是聚众起事，推翻大秦。"

吕雉又说："你自认有这种胆量吗？"

刘邦动容道："怎么，你认为我不敢做吗？"

吕雉一笑，说："不是，我只是想既然你已有抛开一切之心，不如将这事做大，而且要尽快挑选一个地方开始攻击，这样才可以以战养兵。只有攻城拔寨，生存才有机会，否则只能坐吃山空。不过，这样一来，你再无退路，与现在独霸一方完全不同。"

刘邦道："夫人言之有理，不知能否与我相伴至登上大宝之日？"

吕雉答道："我虽是个弱女子，却也无所畏惧，愿与相公同甘共苦。"

时隔几天，萧何又来了。

落座之后，萧何说："我这次来是奉县太爷之命，他愿请你进城辅佐，以前的事既往不咎。"

原来，上次萧何回去之后，便径直去找县令，把刘邦那里的情况说了一遍，对方被吓得够呛，萧何便献计说："如今远有陈胜，近有刘邦，均非善类，以沛县目前的实力恐难与之抗衡，不如联合一方打击一方。"

沛县县令面有难色，说："与反贼联手，让皇上知道可是死罪呀！"

萧何看看左右无人，低声说："大人，其实现今皇上无能，全是赵高这等阉人在背后操纵朝政，大秦气数已尽，被推翻是迟早的事。不如趁此机会占地称王，将来名垂青史。"

一番话说得沛县县令怦然心动，是啊，谁人不想有所作为呢，于是把与刘邦最亲近的两人派到丰乡，找他商议共同起事。

刘邦一听真是大喜过望，没想到不费一兵一卒便可进驻沛县，于是他说："如果能联合起来是再好不过，即使将来让沛县县令居首也没关系。"

萧何道："那好，我这就去回报县太爷，你也让众人准备一下，随后赶过来。咱们进城后再共商大业。"

两天之后，刘邦带着手下和家眷，两三百人，浩浩荡荡赶奔沛县。

离县城不远，却遇到神色慌张的萧何。

刘邦笑道："怎敢劳烦你跑出这么远来迎接，看来县太爷还真是有心呀。"

萧何骂道："什么县令，说好让我找你商量，可一回来就变卦了，派人把府门封了，还要抓我治罪。幸好有兄弟通风报信，不然就要被砍头了。"

刘邦一听，忙问萧何："到底怎么回事？"

萧何把情况大概说了一下，原来他走后，县令又和衙门中其他亲信商量，这些人都说不妥，原因是刘邦与县令关系一向一般，这次他老婆又被关了那么久，难免怀恨在心，而且萧何是他的死党，两个人搞不好会反攻倒算，把沛县据为己有。沛县县令思来想去，还是觉得安全第一，于是待萧何回来之后，便派人加害。

听完之后，刘邦心中有些恼乱，转身对手下说："各位兄弟，沛县县令多行不义，现在又出尔反尔，今天我们既然已到县城，不如杀进去，擒了那狗官。"

　　说完，带队直逼沛县城下。此时，沛县城门已经紧紧关闭，刘邦空有一腔热血，只能望门兴叹。没办法，他们连用以攻城的云梯都没有。

　　萧何抬头看了看城上密布的守卫，心生一计道："现在守城的大多是些百姓，他们未必想跟沛县县令一起死，不如我写封信给他们，说服他们做内应，打开城门。"

　　写完后，萧何取了一支箭，把这封短信小心翼翼地绑好，回头问道："谁的臂力最大？"

　　有人应声出列，此人原是丰乡有名的铁匠。那铁匠一路小跑到城下，一箭便把书信射了上去，而后安全返回。

　　众人在城下苦等结果，可是城上依旧一片寂静。刘邦摇摇头，说道："这法子看来不行，不如大家就地扎营，养好精神，明天一早全力猛攻。"他和萧何等几个心腹到僻静处商议对策。

　　说起来沛县城门一关，高大的城墙对于刘邦他们来说也真是易守难攻。萧何他们都十分紧张，担心夜长梦多。一则城中家眷没能逃出，随时会遭灭顶之灾；二则时间一久，怕沛县县令通知朝廷，到时救援大军便会闻风而来，后果不堪设想。

　　真是心急吃不了热豆腐，一时之间也拿不出什么破城良策。最后，刘邦和众人商定，明天试着攻一次，如果不行，赶快放弃，转移到丰乡据守，以待来日。

　　转眼间夜幕降临，沛县城门突然大开，数十人手举火把走了出来。刘邦大惊，忙吩咐手下做好战斗准备。这些人一向以务农或是小作坊为生，初临战阵难免紧张，几乎每个人手心里都是一把汗。那些人越走越近，为首一人高喊道："大哥，莫要放箭，我是樊哙。"

　　刘邦仔细一听，确认是樊哙的声音，便迎上去，问："你们来干什么？"

樊哙一看带队的都是熟人，便说："各位兄弟，请进县城。"

萧何问："是县太爷叫你来的吗？"

樊哙笑道："那个老东西已经被我干掉了。收到箭书之后，大家都觉得有理，便杀进了县衙，你猜那老贼在干什么，正在大吃大喝，当真可恶，我上去一刀便把他脑袋砍下来了。"

说完，从身后拿出个包袱，打开扔在地上。众人围过来一看，正是此前不可一世的沛县县令。

刘邦大喜，说："妹夫，你可立了大功了！"

大家跟着樊哙涌进县城。此时天色已晚，街上行人已经很少了。看到突然来了几百个手执兵刃的人，他们吓得忙不迭地跑回家，门窗紧闭。

刘邦看到这种情况，想了想，说："各位兄弟，我们打天下不能忘了众乡亲，所以我要求大家行为谨慎，不要扰民，现在天色已晚，请不要喧哗。另外，今晚我们就在前面避风处露宿，切不可擅闯民房。"

大家依言行事，早早休息。

此时，很多惊恐的眼神慢慢变得平静，他们是那些隔着门缝观察的老百姓。

有人低声说道："刘老三真厉害，这么多人都听他的。"

又有人说："你不知道，他是真龙天子，是上天派来救大家的。要是没有他，我们早晚死在现在的皇帝手里。"

"是啊，听说过一段时间又要抓人去服役了，修什么陵墓，纯粹劳民伤财，孩子他爹就是死在那儿的。"

第二天一早，刘邦等人正式进驻县衙。他对同来人说："各位，现在沛县已在掌握之中，我们势必要选个人出来主持大局，不知意下如何？"

一些来自阳里的人道："刘老三，我们一直是跟着你的，不如就由你来做老大吧！"

刘邦推辞道："现在天下大乱，各路豪杰并起。我唯恐自己能力有限，一旦与朝廷作战失败，大家都将肝脑涂地，那时再后悔就来不及了。不如借此机会，推举一个德行高的人，能够保全大家性命，夺取大秦江山。"

大家见他推辞不就，便有人提萧何、曹参等文官。但两人更是坚辞不就，他们深知自己对行武之事一窍不通，且若遭失败为首者及其亲属必被处死，倒不如做个出谋划策的二把手，败则刑罚不会太重，胜则可共享荣华富贵。

此时吕公也来到县衙，看大家将个成龙之位推来推去，便说："老夫作为本地的乡绅，对政事一窍不通。不过，正所谓旁观者清，我觉得自己还能讲几句。"

大家敬他是刘邦岳父，便停下来听他讲。吕公看大家静下来，又接着说："刘邦虽是我的女婿，但更是真龙天子。想当初我招其为婿便是因其面相大异常人，此后，大家也知道，又先后出过几件事，如力斩白蛇之类。因此，我说，为首之人非刘邦莫属。"

众人听罢，都称有理。刘邦见此时已是众望所归，便不再推辞，欣然自立为沛公，并授萧何为丞，曹参为中涓，樊哙为舍人，夏侯婴为太仆，任敖等为门客，并命制红色旗号，挂于城中。

三　张良择主

张良的爷爷和爸爸都是韩国的大丞相，在韩国的地位仅次于国君，先后五代为国君效力，可谓功高盖世。可惜秦始皇大动兵戈扫平六国，因为在攻打韩国时死了很多秦兵，所以他们将率兵抵抗的大丞相一家老小几乎全都杀了。

目睹的一切给张良带来了巨大的心理阴影，几乎每天晚上他都会做同样的梦：

远处，一座住宅中传来兵戈相击、女人和孩子哭号的声音。韩国的百姓都知道，那里是他们丞相的府第，一向是不可随意靠近的。不过，今天情况不一样了，紧闭的朱漆大门被砍成了几块，斜斜地散落在墙边。院里院外往来奔走的都是凶神恶煞的秦兵，他们手持大刀、长矛驱赶着那些手无寸铁的家眷和仆役。

百宝橱后面，一双稚嫩的眼睛正在紧张地注视着一切。听着他们传出的喊叫声，那个小孩子忍不住去捂自己的耳朵，就在这一刹那，一个瓷瓶被从橱上碰了下去，砰的一声摔了个粉碎。那些秦兵停了下来，伸手去拿身边的兵器。

这时，原本躺着的一个浑身衣服被撕破的中年妇女尖叫一声，冲向那个为首的秦兵，紧紧搂住他的大腿，哀求道："官爷，饶了他吧，他还是个孩子呀！"

为首的那人哈哈大笑，把她扯到一边，一斧要了她的命。

惊恐的孩子像一只小鸡一样被拎到院里，扔在已经开始发硬的尸体堆上。他环顾四周，自己的兄弟姐妹、叔伯婶娘都在这里，他们无一例外地浸泡在血水之中，浑身上下都是惨白的，让人不敢正视。

那柄杀人无数的巨斧在阳光的照耀下发出幽幽的光芒，鲜血从上面徐徐滴落，趴在地上的孩子看着扬起的巨斧，尖叫道："不！不！"

这时，有人剧烈晃动他的身体，喊道："少爷！少爷！"张良这才从梦魇中摆脱出来,汗水把床单都浸湿了。

叫醒他的是忠心耿耿的老管家,这位和蔼的老人抚着他的头说:"少爷,你又想起过去的事情了。"

张良恨恨地说:"那些秦国的狗贼如此没有人性,我要将始皇帝碎尸万段,以报家仇国恨。"

梦里被杀的是张良的弟弟,当时张良正被老管家带着躲在另外一个夹墙内。

从家破人亡之日起,张良复仇的念头就与日俱增,他云游四海学本领,走遍南北交朋友,寻找灭秦的帮手。他曾经带着几个江湖好汉在博浪沙伏击秦始皇,可惜扔出的铁锥没砸到秦始皇的车。

后来,秦始皇暴死,张良就把自己复仇的目标变成了灭秦,这个目标可比刺杀秦始皇难多了。张良虽有智谋,却无援手,要想灭秦最好的办法就是借助他人之力。

这天,老管家从镇外归来,满脸笑容地说:"少爷,这次我们可以出镇,去投靠一个大英雄了。"

老管家喝了口茶,接着说:"此人姓刘名邦,本是当地一个亭长,后来因不满朝纲,愤然起事,攻城拔寨,势如破竹。"

听到这里,张良不禁拍手叫好,赞道:"此人将来必有大成,正所谓得人心者得天下,像刘邦这样能受到百姓拥戴的人真是少见,你我若想光复韩国就要找这样的人。"

于是,张良收拾行李,去找刘邦。

花开两朵各表一枝,前面说到刘邦自立为沛公。

沛公所做的第一件事便是开仓济民。他将粮仓中小部分留作军用,大部分返还于民。这一举动使他声震沛中,队伍更是一下子增至两三千人,而且每天都有人前来投奔。

此后，秦军大举前来镇压。沛公毫不畏惧，因己方人数较多，便与之正面作战，大破秦兵。为了乘胜追击，沛公命自己的同乡雍齿看守丰乡，自己率部分兵马追击敌人。

得胜班师之时，刘邦遇到一件怪事，丰乡守邑竟然不让他入城，而且还乱箭齐飞，造成不少伤亡。

原来受命看家的雍齿虽然表面对沛公百依百顺，心中却妒忌他有所作为，总想取而代之。偏巧曾被始皇帝平定的魏国，趁形势大乱复国，新任丞相周市，派说客前来招安雍齿，许以高官厚禄。想想也是，与其跟着刘邦瞎胡闹，倒不如进朝为官，于是，雍齿又说动手下人，将丰乡拱手送给魏国。

这样，沛公虽然未尝败绩，却因内讧而有家难回，只能在外扎营，正犹豫不决之际，有人来报："有个叫张良的前来投军，他要求见沛公。"

沛公点点头，示意让他进来。

稍后，走进一人，只见此人眉分八彩，目若朗星，真是光彩照人。

看见沛公，他抱拳拱手道："下邳张良，前来投效，愿为军中一谋士。"

沛公说："我军中俱是有能为之人，不知你有何能力可与他们相比呢？"

张良道："本人为相门之后，自认出谋划策无出其右，再者，我参悟兵法，一般谋士与我根本不可相提并论。"

此话一出，沛公帐下谋士大哗，有人说："沛公，此人哗众取宠，其实不过是金玉其外，败絮其内，千万不要被他蛊惑。"

沛公一笑道："各位少安毋躁，且听我与他交谈之后再下定论。"

沛公请张良坐在下首，然后问："先生既然熟读兵法，不妨给我讲讲胜负之道。"

张良环视四周，朗声答道：

"兵者，国之大事，死生之地，存亡之道，不可不察也。故经之以五事，校之以计，而索其情。一曰道，二曰天，三曰地，四曰将，五曰法。道者，令民与上同意，可与之死，可与之生，而不危也。天者，阴阳、寒暑、时制也。地者，远近、险易、广狭、死生也。将者，智、信、仁、勇、严也。法者，曲制、官道、主用也。凡此五者，将莫不闻，知之者胜，不知之者不胜。故校之以计，而索其情。曰：主孰有道？将孰有能？天地孰得？法令孰行？兵众孰强？士卒孰练？赏罚孰明？吾以此知胜负也。将听吾计，用之必胜，留之；将不听吾计，用之必败，去之。计利以听，乃为之势，以佐其外。势者，因利而制权也。兵者，诡道也。故能而示之不能，用而示之不用，近而示之远，远而示之近。利而诱之，乱而取之，实而备之，强而避之，怒而挠之，卑而骄之，佚而劳之，亲而离之。攻其无备，出其不意。此兵家之胜，不可先传也。夫未战而庙算胜者，得算多也，未战而庙算不胜者，得算少也。多算胜，少算不胜，而况于无算乎！吾以此观之，胜负见矣。"

沛公凝神听他讲话，时而点头，时而摇头。张良讲完之后，他说："我听你讲得抑扬顿挫，似乎颇有条理，可是那些之乎者也，又搞得人头晕，不知能否说清楚些？"

张良暗笑，心说，难怪有人说刘邦从来不读书，此说虽然夸张，却也足见这个草莽英雄的底细。于是耐着性子，尽量用刘邦能听懂的话解释一遍道："我刚才是说，战争是关系国家和众生生死存亡的大事，要想知道胜负就要从五个方面考虑，一是道，二是天，三是地，四是将，五是法。"

沛公听完，拊掌赞道："先生果然才学过人，说起话来很有道理。"

谋士仍有人存在异议，挑衅道："刚才所说的不过是自己该怎么做，可是要是不知道敌人的情况，自己忙了半天又有什么用呢？你说说怎么样才能探出敌人的虚实，该不是只有派探子一招吧？"

张良正色道："当然不是。判断敌人虚实，可以有多种方法，但这并不是战争中最重要的。实际上，你判断对方虚实的时候，对方也在判断你的，因此，只有做到知己知彼，才能百战百胜。不过，如果你觉得可以信赖我讲的话，我倒可以从兵法上阐述一下有关虚实的事。"

刘邦此时已知张良才学过人，便说："先生之言果然不同凡响，依我看来，你做谋士有些屈才，不如做个厩将吧。"

这样一来，张良虽然初入军中，却和萧何等人平起平坐，他自然满口答应。

刘邦又问："现在丰乡落入魏国之手，不知你可有什么办法？"

张良答道："来此之前我曾在丰乡四处看过，发现此地易守难攻，以沛公现在所率之兵，恐怕很难有所作为，倒不如暂时离开，由他处借兵再反杀回来。"

刘邦点头道："你说得有理，只是不知找何处借兵？"

张良答道："当今天下，真正有前途的不过寥寥。据我看来，除沛公之外，尚有一处兵马甚是厉害。不如从那里着手。"

刘邦又问："到底是哪里？"

"我说的是彭城的项梁，此人目前兵马甚多，让秦二世挠头不已。"

"那么你说的那个可能与我对抗的就是他了？"

"非也。"

张良答道："其实是他的侄儿——项羽，此人有万夫不当之勇，可谓当今天下第一善战之人，攻城拔寨易如反掌，要说对抗，以沛公眼下之实力不及其人之万一。"

接下来，张良缓缓道出项羽的一些情况，刘邦听后嗟叹不已，高呼："真英雄也！"

听张良讲完之后，刘邦赞叹道："像项羽这样力可拔山举鼎，斩上将首级如探囊取物的大英雄，今后我一定要和他好好交往。"

之后，刘邦按照张良的建议，带着自己的人马先行撤离，休养生息，待时机成熟就向项梁借兵打回来。

第五回

吕雉意外得奇药，珮瑛无奈回深山

奇怪的是，白蛇似乎并未察觉，依然在原地不动。眼见已经走到附近，曹珮瑛腾身而起，将剑狠狠地刺入水中。她只觉得一股大力从剑上反弹回来，嘣的一声，宝剑竟断为两截。再看那白蛇，居然没有丝毫变化，珮瑛大惑不解，以自己一剑之力怎会无法伤到它，即使是石头恐怕也砍进去了。她大着胆子伸手摸了一下那东西，如水般冰凉、溜滑，似乎毫无生息。

一　打翻醋瓶

这天一大早，刘邦刚起床，就有人来报，称外面有一女子求见，说是沛公的亲人。

刘邦一听挺纳闷，心说吕雉就在后面，这人是谁呢？总不会是妈妈或嫂子吧。他犹豫一下，说："请她进来。"

不一会儿，那女人走了进来。刘邦一看，高兴得不得了，原来是芒砀山中的曹珮瑛，几月不见，她又漂亮了许多。

待身边人都出去后，刘邦把珮瑛拉到身边，心中仿佛有千言万语，一时却又说不出。还是珮瑛先打破了沉默，说："你回山洞之后，我心里很挂念你，便常跑到湖边去等，不想没见到你，却遇见一桩怪事。"

那天，珮瑛独自一人坐在静静的湖边，看着碧波荡漾，她的心中起伏不定。在山里这么多年，她从来没有像今天一样感到孤独。很难想象，在这种与世隔绝的地方，一个男人突然闯入，就好像把一块石头扔进平静的湖面里，荡起些许水花后又趋于平静，可问题是，湖里多了那块石头。

突然，她怔住了，一团银色的光芒从水中折射上来，飘飘荡荡地仿佛是一条巨蛇。

珮瑛想起刘邦提过的白蛇，连忙把佩剑找出来，一步一步走进水中，向那条白蛇逼近，再逼近。

奇怪的是，白蛇似乎并未察觉，依然在原地不动。眼见已经走到附近，曹珮瑛腾身而起，将剑狠狠地刺入水中。她只觉得一股大力从剑上反弹回来，嘣的一声，宝剑竟断为两截。再看那白蛇，居然没有丝毫变化，珮瑛大惑不解，以自己一剑之力怎会无法伤到它，即使是石头恐怕也砍进去了。她大着胆子伸手摸了一下那东西，如水般冰凉、溜滑，似乎毫无生息。

曹珮瑛用双手去拉，那东西沉甸甸的，抱上岸一看，的确是一条蛇，却是用白银铸成的，不禁哑然失笑。她用笛声把猛虎招来，这才将银蛇运回住处。此后，她跑到山洞想告诉刘邦这件事，不想已是人去洞空。

回到住处，她开始更加想念刘邦，想念那唐突的一天，想念那迷人的男子汉的气息。

第二天，辗转反侧一晚的曹珮瑛便在猛虎的协助下，把银蛇运到山下，而后雇人推着，一路寻找刘邦。本想找个逃犯必然颇费周折，谁想此时的刘邦已经是远近闻名，被人称作沛公了。

在乡人的指引下，她很快便找到大营。

听珮瑛讲完，刘邦十分好奇地说："那银蛇现在在什么地方？"

珮瑛手向外一指，说："就在门口小车里，我打算把它送给你作军饷。"

刘邦大喜，笑着说："真是我的好老婆！"

珮瑛脸羞得通红，还不忘和他打趣："谁是你老婆，我才不稀罕你这种老人家呢！小心吕雉和你没完。"

刘邦把她搂到怀里，说："好啊，你敢说我是老人家，看我怎么让你认错的。"说完，又小鸡啄米般在她红润的嘴唇上来了一口。

两人正缠绵间，门口一阵大乱，传来激烈的争吵声。刘邦还没来得及问怎么回事，吕雉已经进来，他忙把珮瑛推开。

守卫随后跟进来，说："夫人非要进来，我实在挡不住。"

刘邦摆摆手，说："你出去吧。"

守卫出去之后，刘邦对吕雉说："你来得正好，我给你介绍个人，她叫曹珮瑛，在芒砀山中救过我一命。"

其实，吕雉对这些事都一清二楚，要不她也不会来得这么及时，刘邦和曹珮瑛那种异乎寻常的亲热样子她看得很清楚，心里更是气得要命。可是作为多年夫妻，她了解刘邦，知道闹下去只能对自己不利，最后落个鸡飞蛋打的下场。

吕雉笑吟吟地对珮瑛说："哟，这姑娘长得多水灵呀！还是山里的水土好，干吗跑到山外来呀？"

珮瑛说："我是给刘大哥送军饷的。"

吕雉摆出一副如梦方醒的样子，又说："噢，是为这事呀，那我也替你刘大哥谢谢了。不知你准备什么时候回山里呀？到时候我也送些礼物给你。"

曹珮瑛一时不知怎么说才好。刘邦插话说："吕雉，你别多事，珮瑛这次不走了。"

吕雉白了他一眼，说："我和小姑娘聊天怎么叫多事？珮瑛，珮瑛，你叫得倒是蛮亲的。"

刘邦知道她心中有气，想想也符合人情常理，毕竟是为自己生过两个孩子的糟糠之妻，家里突然多了一个年轻漂亮的女人，她心里的滋味可想而知。于是他干咳了一声，说："吕雉，曹姑娘赶路辛苦了，你先带她到后面梳洗一下，有什么事晚上再说。"

到了后堂，吕雉吩咐侍女打来洗澡水，自己则坐在一边。众人退去之后，她指着澡盆对珮瑛说："你一路劳累，洗个澡解解乏吧。"

看看吕雉四平八稳地坐着，一点儿没有要走的意思，珮瑛犹豫了一下，吕雉笑道："怎么，还怕嫂子看呀，都是女人有什么关系？快洗吧，一会儿水该凉了。"

珮瑛不好拒绝，只能缓缓把衣服脱了，溜进澡盆里。

看着珮瑛晶莹剔透的胴体，吕雉心中有些酸酸的。她皮笑肉不笑地说："妹妹真是好身材，怪不得你刘大哥这么喜欢你。"

珮瑛尴尬得不行，恨不得马上洗完。

珮瑛草草擦干身体，迅速把衣服穿好。在吕雉旁边坐了一会儿之后，她才有勇气开口，说："大嫂，我从山里出来不久，不懂世事，有什么做得不对的还请多指教。"

吕雉打着哈哈儿说："不敢当，不敢当。"

珮瑛又说："我走得累了，你看能不能找间房让我先休息一下？"

吕雉故作惊讶道："怎么，你不和我们睡在一起吗？"

她说话间有意无意把"睡"字拖得老长。珮瑛脸一红，说："不，不了。"

吕雉笑道："好，好，那你不如睡在隔壁吧，来，我带你去。"

安排好珮瑛，吕雉风一般跑回屋里。叫人打来一盆温水，仔仔细细把脸洗了洗，然后坐到梳妆台前，对着铜镜，自言自语道："吕雉啊吕雉，你哪儿比不上那个珮瑛呢？你一定会让相公回心转意的。"

整个下午，她都坐在那里，打扮自己，甚至为那些浅而细碎的皱纹叹息不已。

刘邦回来的时候，吕雉已换了一件若隐若现的衣服，坐在椅子上，摆出一副优雅的样子，品着香茗。一股飘忽不定的幽香引起了刘邦的注意，他打了一下喷嚏，问："什么味儿？"

吕雉按捺着兴奋的心情，淡淡地说："是龙涎香，还记得吗？这是你最喜欢的。"

刘邦若有所思地说："噢，我说鼻子有点儿不对劲。珮瑛呢？她到哪儿去了？"

吕雉不理他，站起来说："相公，你看我今天漂亮吗？"

刘邦看了看她，口中说："这是军中，你怎么穿这种衣服，明天别穿了。"

吕雉气得要命，二话不说，当时就把衣服换了。刘邦又问："珮瑛到哪儿去了，我忙昏了头，也不知道她吃饭了没有？"

吕雉气汹汹地说："放心吧，谁敢让她饿着，晚饭我让人送过去了。她现在就在隔壁。"

刘邦本想这就过去，看看吕雉，又坐下来，说："老婆，家里突然多个人，我知道你不高兴。"

吕雉噙着眼泪，说："我没有，我怎么会不高兴？"

刘邦又说："珮瑛这个女人很可怜，没爹没娘，一个人在大山里与虎豹为伍。再者说她又救过我一命，所以我打算收她做妾，不知道你怎么看？"

吕雉深深吸了口气，说："你现在是一方之主，娶个小妾很平常，犯不上跟我讲。"

刘邦点点头，说："还是老婆你深明大义，好，天色已晚，不如早点儿休息。"说完，他起身到隔壁去了。

吕雉把耳朵贴到墙上，静静听着。只听刘邦喊道："珮瑛，我来了，把门开开。"

然后便是一阵开门声，尔后一切趋于平静。

又过了一阵儿，珮瑛开始断断续续发出欢快的声音。吕雉的眼泪唰的一下流下来，她一头扎到床上，用枕头捂住自己的头，堵住耳朵，可是那要命的声音还是不断传来，绵绵不绝。

吕雉实在忍受不住了，她冲出房门，冲出大营，漫无目的地向郊外跑去，直到喘息着坐在一棵大树下面。她感觉头脑中一片空白，又仿佛有很多幅画面不停地浮现出来。她还记得结婚前和刘邦嬉笑玩耍的幸福时光，也记得被抓入狱，受狱卒凌辱的艰辛岁月。这么多年来，她为刘邦付出了很多，为自己的家庭也付出很多。可是现在，自己的梦破碎了，刘邦对她熟视无睹，早知这样，自己不如早早跟了别人，让他先后悔。

想着想着，吕雉哇的一声哭出来，两手在树干上狠狠地挠着。正在号啕大哭之时，林中有人阴沉着说："小姑娘，我看着你很久了，你为什么要哭呀？"

吕雉吓了一跳，蹦起来问："什么人，什么人在这里？快出来！"

那个声音又飘然而至："没有人在这里，没有人。"

吕雉想道："你不是人吗？还敢躲在这里，我已经看见你了，出来吧！"这时，林中四面八方都响起声音。

吕雉缓缓坐在地上，自言自语道："我不管你是什么，人也好鬼魂也好，你都吓不住我了，反正我已要死了。"

所有声音一下子消失了，一条灰白色的身影像落叶一般从树上飘到她身边，一个低沉的女人声音响了起来："小姑娘，你活得好好的，干吗要死？"

吕雉叹息道："我不是小姑娘，早就不是了，我有丈夫。可是现在就要没有了。"

听闻此言，那女人哈哈大笑。大笑过后，她得意地说："我是一个让人闻声丧胆的采花贼，那些男人没有不怕我的。"

吕雉越听越糊涂，心想采花贼不都是男的吗？怎么会有女的？便好奇地问："女人也能当采花贼吗？"

女人大笑几声说："这有何难？只要有这个！"说着拿出一瓶药。

吕雉两眼紧盯着那瓶药，恨不得自己也能拥有这种神奇的力量。那女人一笑，把药递给她，说："咱们姐妹有缘，这剩下的就送给你吧！这种苦情花每隔七年才盛开一次，且产量极少，你要好好使用噢。"

吕雉点头道："这样的话，真的可以控制住他们了。"

那女人一笑，说："告辞了。"

说完腾身而起，几个起落便已消失在茫茫夜色之中。

有了这番经历，吕雉的心情一下子开朗了许多。不管苦情花粉会不会真的很神奇，她都重新找回了自信，在那个瓶子里，是令人振奋的希望。吕雉大步流星回到房里，躺在床上美美地睡了一觉。

二 江湖险恶

自珮瑛来后，刘邦干脆不进吕雉的门了。吕雉的心里虽恨却无可奈何，终于盼得刘邦不在时起了杀心。

一夜吕雉用手轻轻拍门，低声叫道："妹妹，妹妹，睡了吗？起来开一下门，姐姐有急事找你。"

屋里依旧静静的，一点儿反应都没有。吕雉又用力拍了一下，门却应声开了，屋里黑洞洞的，什么也看不见。她直扑小床。在床上，影影绰绰可以看到人形，原来珮瑛已被蒙汗药迷倒了。吕雉抽出事先准备好的匕首，狠狠地刺过去，一下，两下，不停地刺，好像疯了一样。

在灯光下，她看到令人惊诧的一幕，床上除了一张团着的薄被，此外一无所有，本应死在那里的珮瑛竟然不知去向。

吕雉看着那床被刺得乱七八糟的薄被，不禁苦笑一声，没想到自己计划了半天，却失手了。她环顾四周，看到桌上的饭菜似乎并未动过，心中已明白大半。

过去一看，桌上还有一卷绢书，只见上面写着：你我姐妹相称，为何害我？世间险恶，我回山去了。

吕雉愣了一下，把那绢书在烛火上烧成灰烬。

回到屋中，吕雉一直在想，她不明白是什么地方出了漏洞。其实，吕雉是高估自己了，要知道珮瑛本是江湖儿女，对那些熏香迷药之类的手段虽不精通，却绝不至于上当。本来她完全可以躲在黑暗中，待凶手进来将其一并除去，只是此女生性善良，不愿加害别人。思前想后，感觉与沛公只是一时之缘，并无白头到老的可能，于是飘然离去，到山里过她的快活日子。

刘邦此时正在进攻丰乡，他把从项梁那里借来的五千人马，全都派上用场。丰乡这里本来就是个小地方，那些由农民组成的守卫，一看到威风凛凛的正规部队，腿先软了。未及被攻，很多人便弃械而逃。刘邦率队轻松破门而入，将丰乡诸父老全部集结起来，狠狠训斥一顿，至于那些顽固不化的叛徒则格杀勿论。

待到班师之时，他急于把胜利的消息告诉珮瑛，未卸甲胄就跑到后堂。不想吕雉听他回来，早已在院中恭候，一见面便说："相公，出事了。"

刘邦一愣问："什么事？"

"珮瑛走了。"吕雉答道。

"什么？"刘邦问，"她为什么要走？"

吕雉说："我也这么问她，她只是说过惯了闲云野鹤的生活，对这种军营的打打杀杀看不过眼。"

刘邦顿足叹道："珮瑛就是这样，为人善良惯了，可惜我未能早点回来开解她。"

珮瑛走了，刘邦整晚都闷闷不乐。吕雉偷偷从怀里摸出苦情花粉，犹豫了一下，乘刘邦不备弹到枕头上一点儿。她走过去轻抚刘邦双肩，道："相公这些天舟车劳顿，不如早些休息。"

躺下不久，刘邦便闻到那股异香，便问："这是什么味道？"

吕雉撒娇道："怎么搞的，这不是你老婆的龙涎香嘛，你不是最喜欢闻它吗？"

刘邦支吾了一声，转身便想睡去，可是不知为什么，口干舌燥却无法入睡。于是一夜不眠，等他累得睡去，只有吕雉在一旁暗笑。

第六回

乡间美景耐寻味，翁媳沦为阶下囚

吕雉是个精明的儿媳妇，她也注意到公公的变化，心中暗笑：老人家真有意思，想当初一门心思要把儿子踢出门外，去游荡四方。如今儿子发迹了，他又悠然自得地享受起来，仿佛什么事都没发生过一样。

一　乡间有情

从项梁那里借兵攻下丰乡以后，刘邦的实力慢慢大了起来。但是秦兵不停地来围剿他，所以他打算去和项羽大军会合，共同抗击秦军。此时，项梁已被秦兵杀死，他的部队由项羽率领。

在出发之前，刘邦对吕雉说："夫人，我们接下来要去项羽那里，沿途要经过秦军领地，打仗是不可避免的。你和孩子最好回老家，那样安全一些。"

吕雉想了想，说："好吧！"

各路反秦义军集结在一起，商讨灭秦大计，最后商定项羽和刘邦各率一路大军，分南北两路进军咸阳，先入咸阳者为王。

谁曾想，刘邦居然先入了咸阳。

但是，因为项羽兵力最强，所以刘邦没敢自称为王，而是采取"得人心者得天下"的策略，做了很多值得称赞的事情。

相反，项羽狂妄地自封为西楚霸王，并对破秦诸将大肆封赏，刘邦被封为汉王。

这些事情，吕雉不太多关心，因为她此时已回到了老家——阳里。

吕雉在历经长途跋涉之后，回到阳里和公婆住在一起。所不同的是，这次她并不需要做那些费心费力的粗糙活，只要嘴皮子一动，便会有许多人过来帮忙。

现在的刘太公已是年近八十的人了，可是自从儿子有了出息之后，他的精神反倒一天比一天好，每天都要拄着拐杖到街上走一走，那种威严的姿态甚至快赶上帝王出巡了。

吕雉是个精明的儿媳妇，她也注意到公公的变化，心中暗笑：老人家真有意思，想当初一门心思要把儿子踢出门外，去游荡四方。如今儿子发迹了，他又悠然自得地享受起来，仿佛什么事都没发生过一样。

当你不用耕田，不用做家务，远离战争困扰的时候，乡间的生活真的十分惬意。

这里有金色的阳光，宜人的气候，美丽的景色和泥土发出的充满原始味道的醉人气息。

经过这么多年的奔波，再次回到这里，吕雉觉得自己真应该好好享受一下。当年邻居家的野小子审食其也长成个挺拔的小伙子了，常常跟随她左右。踱在纵横交错的田埂上，吕雉颇为感慨地对紧随其后的审食其说："几年前，我还像个农妇一样，在这里背着孩子种地呢，现在……"

审食其奉承道:"大哥、大嫂是命中注定的贵人,纵然历经磨难,也是苍天不负好心人。"

吕雉看看左右无人,笑道:"是不是贵人,要看能不能打败项羽。倘若真有那一天,才真正能成为人中龙凤。至于你嘛,也少不得会跟着沾光呢!"

审食其面色反倒阴沉下来,说:"嫂子,我不这么想,假如汉王一统天下,你成了当今皇后的话,幽居深宫,小人恐怕很难再有机会接近了。"

看他一脸紧张的样子,吕雉不禁想起他对自己的呵护,心中禁不住一热,伸手搂住他的脖子,甜甜地说:"你又瞎担心,我们现在这样不是挺好嘛!将来的事,又何必这么早去担心呢?其实,我即使有做皇后的那一天,也不会忘记你的好处,又怎么会狠心抛下你不管呢?"说完,她温柔地抚摸着审食其的脸颊。

审食其渐渐地被撩拨得意乱情迷,突然做出一个大胆的举动,把吕雉整个人抱了起来,大步走进高可逾人的庄稼地里。

有开心的事情,自然也有不开心的事情。不开心的就是,刘邦的母亲病了,而且很严重。

吕雉这些天尽心尽力,始终守候在床前,帮助她擦身换洗,直到老人去世。灵棚搭起的时候,吕雉又是第一个守候在那里,悲痛地哀号着。前来送行的人暗中议论着:看看人家刘太公的儿媳妇,和婆婆感情多好!忙忙碌碌好几天,终于有机会喘口气了。吕雉躺在床上,静静地想:人命真是脆弱,好好个人说没就没了,看来我今后一定要多为自己着想,才不枉此生呀!

第二天,她找到审食其,说:"我们再到地里去走走吧,怎么样?"审食其这些天都没机会接近吕雉,听她这么说,忙点头答应。

　　两人走出村子不久，审食其见左右无人，便借机动手动脚。吕雉一把推开他，正色道："你小子越来越胆大了，我婆婆现在尸骨未寒，你就想这么做，合适吗？"

　　审食其没想会遭到当头棒喝，一时慌了手脚，跪在地上道："主母，我下次不敢了。"

　　吕雉见吓得他不轻，便哄道："你这人真是没有胆量，我不过和你开个玩笑，你又何必如此当真呢？"

　　审食其说："主母，其实我早就想过，咱们这样总有一天会被汉王发现的，到时候追究起来，恐怕我们性命不保。其实，我们不如趁现在这个机会找个地方躲起来，到时候双宿双飞，岂不痛快？望主母成全！"

　　吕雉脸色又开始阴沉起来，说："男子汉大丈夫，怎么能这么没志向？早知如此，我真不该委身于你。"

　　审食其哭道："主母，我虽然做不了什么大事，却绝不是贪生怕死的人。如果你信得过我，我一定会找机会证明自己，只要是为了你，哪怕是上刀山，下火海也不足惜。主母，你千万别离开我呀！"

　　吕雉面容缓和了许多，轻抚着他的肩头说："傻孩子，其实咱们能在一起，是老天赐下的缘分，你又何必说得这么悲壮呢？"

　　经过这么一哭一闹，两人的关系似乎又近了许多。甚至连吕雉自己都产生了错觉，审食其到底在自己心中占据什么样的位置呢？

　　常言道：日久生情。渐渐地连吕雉都无法否认，她真的对这个比自己小很多的英俊男人动情了。

二　沦为囚徒

项羽的残暴引起了越来越多的人的不满，反抗他的人也越来越多，不甘寂寞的刘邦也瞅准机会进攻项羽的地盘。

刘邦已经和项羽打了好几仗了，吕雉却全然不知，每天在老家和自己的小情人玩得不亦乐乎。

有一天正午，刘宅突然来了客人，口口声声要找刘夫人。吕雉闻声迎了出来，却不认识来的这批人。

为首的一个趴在地上叩头道："小人张龙，叩见夫人。"其他人闻言，也齐刷刷地跪在地上。

吕雉虽然论名分是个夫人，可军中那些出身草莽的人，很少拘泥礼节，她自然也没享受过这种待遇。现在这种场面让她心花怒放，腰杆儿挺直了许多，既不应允那些人站起来，也不伸手去扶，直到刘宅的人都闻声出来，她才颇为得意地说："你们起来吧。"

众人起身之后，张龙抱拳拱手道："夫人，小人奉汉王之命，特来接家眷赴大营。"

吕雉吃了一惊，道："大营？汉王现在不在蜀中吗？"

张龙道："夫人地处偏远，对前方发生的事有所不知，汉王现已离开蜀中，发兵攻打项羽，图谋天下。他担心项羽的部下会到此骚扰，特命属下到此。"

吕雉还要问几句，张龙却接着说："属下此行，沿途经过不少郡县，发现汉王担心不无道理，为了防止项羽派人偷袭，还请夫人及早与家人收拾细软，离开这凶险之地。"

　　吕雉见他说得紧急，便和太公稍微商量一下。刘太公此时年事已高，本来不想背井离乡，可是又怕真成了项羽的刀下鬼，便说："那好，我们就雇上几顶轿子，与这位官爷一起去吧。"

　　看他们同意，张龙又说："途中要经过项羽的地盘，人多了反而会引起对方注意，请夫人只带上汉王家眷和贴身随从，其他人各自散去。"

　　吕雉想想也有道理，便和太公、审食其等一起出发，至于其他人，干脆每人分些银两，给他们放了长假。

　　由于一路上都是坐轿，吕雉他们倒并不觉得疲惫。

　　转眼间，十余天过去了。这天，正行进间，张龙高喊道："夫人，大营就在前面了！"

　　吕雉掀开轿帘一看，好一座雄伟的大营，绵延竟有数里之遥。放眼望去，她突然觉得有些不对，大叫一声："停！"

　　轿子缓缓停下，审食其问："怎么了？"

　　吕雉紧盯着营中飘扬的旗帜，惊恐道："这，这是怎么回事？"审食其顺着她的视线望去，那面大旗上赫然写着一个"项"字。

　　还没等他们反应过来，每个人颈上都多了一把明晃晃的长剑。

　　吕雉伸手轻抚一下架在颈上的长剑，笑道："张先生，对一个手无缚鸡之力的妇道人家，有必要这样吗？"

　　张龙说："夫人，得罪了。我们是项王的人！"

　　楚军得了太公和吕雉，如获至宝，连忙同审食其一起，送到了项羽的帐下。进帐之后，吕雉偷眼向上看，只见一个黑漆漆的、如半截铁塔般的汉子威风凛凛地坐在正中的虎皮椅上，她心中暗想：这就是赫赫有名的西楚霸王项羽了。

　　其实，早在刘邦、项羽同在楚怀王帐下为臣的时候，他们关系便很密切。正所谓惺惺相惜，两个人虽然没有正式换过帖子，出入却常以兄弟相称。吕雉作为一个女人，没机会和项羽见面，却经常从丈夫嘴里听到项羽的事，大都是说此人如何了得，斩上将首级如探囊取物，性格残暴。当两个人四目相对时，吕雉心中竟猛地一颤，以致连对方的问话都没听清。

过了一会儿，看她没反应，项羽再次问道："下跪何人？"吕雉这时候才回过神来，低声而又有力地回答："当朝汉王之父刘太公，汉王之妻及其随从拜见西楚霸王。"

项羽一听是刘邦的父亲和妻子，当即哈哈一阵大笑，说道："这真是老天开眼，我可以报仇了！"

正在这时，项羽帐下闪出一人，高声说道："不可，千万不可！"

这人就是项羽的叔父项伯，他与刘邦、张良是朋友，自然有心袒护。他劝说道："大王，暂且还是不动吕雉他们的好，依我之见，先把他们严加看守，当作人质，刘邦知道他的父亲妻子被掳，投鼠忌器，自然要瞻前顾后，行动起来畏首畏尾。大王现在就把他们杀了，到那时刘邦便会无所顾忌，凭着一腔怒火，死心塌地与大王作对。当然，在座诸位都知道大王神勇，天下无人能敌，自然不会在乎多刘邦这样一个敌人，可是，外人会怎么想呢？他们会说你没本事杀刘邦，只会拿他的家人出气，不是个大丈夫。"

"这么说来，也有些道理，那么就依叔父你吧。我现在就把他们交与你，由你负责看押。"项羽答道。项伯听了这话，心中一块石头才算落了地，于是便派手下带太公他们去了自己的帐下。但等他办完事回营，转眼之间却不见了吕雉，只有刘太公和审食其两人还在。

询问之后，他才得知吕雉已到了项羽的后宫。项伯立即回到项羽帐前，有些不满地说道："大王既然已经答应不犯吕雉，为何又将她送入后宫？大丈夫说话算数，总不能出尔反尔吧！"

项羽听了愕然地说："我什么时候将吕雉送入后宫了，是不是有人搞错了？叔父不妨在此等候，让我亲自去看看。"说完，匆匆返回后宫。

到了后宫，只见他的一班侍女围着吕雉说说点点，忙忙碌碌着。原来就在吕雉和太公他们在帐后听候处罚之时，就有那聪明的侍女料定项羽要拿吕雉当老婆。为了讨好项羽，她们擅自把吕雉带入后宫。有的劝说既已落入虎口，不妨听话顺从，以免丢了性命，有的还忙着替吕雉涂脂抹粉，改换衣衫，把个吕雉打扮得像个新娘一般。

这时的吕雉心里正盘算着如何不使项羽得手又能保住性命的万全之策。表面看去，她正在含情脉脉、一声不吭地听从那班人折腾，实际上内心却做着激烈的思想斗争。

项羽进来，向众人道："是谁如此大胆，私自把吕雉领到后宫的？"看他一脸凶相，一时间众侍女面面相觑，不知所措。吕雉身不由己地上前一步，说道："大王在上，受犯妇一拜！"说着便盈盈地跪了下去。

项羽这才仔细打量了一下吕雉，只见眼前这妇人，貌美端庄不说，行为举止也透着大家闺秀的风度。虽说眼前她只是名生死未卜的阶下囚，但她那双眼睛里却全然没有怯意。

项羽看了一会儿，自觉出了神，有些失态，于是收回了那贪婪的目光，端正身子问道："你就是刘邦的夫人吕雉？"

"犯妇正是。"

"你今天成为我的阶下囚，有何感想？可知道你丈夫犯了什么罪吗？"

"打天下，争霸业，乃当今有志男儿的应投之路。这期间，自然要有一些人的牺牲，这个道理大王肯定也是知道的，自然，犯妇也是明白的。今天，犯妇不幸被大王所掳，两军对垒，实无所憾。只是，我乃一妇人，并未参与战事，不知大王掳我们到此是何主意？"

"呵，你还挺有一套。刘邦小儿受封之后，不安居蜀地，反而出来寻衅滋事。伤我营地，霸我城池，杀我将士，侮我宫人，我日夜都想着以血还血，以牙还牙。今天老天有眼，赐给我刘邦的老父和妻子，这分明是我报仇的好机会，可惜的是，你死到临头了，却不知为何掳你到此，这不是件很有意思的事吗?"

"犯妇不认为如此。"吕雉仍然不卑不亢地说道，"两军交战，不斩来使，这是众多军家公认的定理。何况我一个妇道人家，既没跟随军营征战，又无参与疆场厮杀，谁战败谁战胜与我等有何相干? 这也同时说明，大王抓来我等，也许并无害我之心，只是对战争的对方增加一点威胁而已，不知犯妇所说是否有道理?"

"嗯，确实有些道理。"项羽被吕雉的一番话打动了，认识到这位女人不但具有娇好的容貌，而且有着敏捷的思维，心里不禁对吕雉起了几分敬意。

"如此，犯妇将终生感谢大王之恩情。"吕雉再一次深深施礼。

项羽也还礼道："夫人不必多礼，军营之内，条件不比府上，还请夫人见谅，我这就安排人为夫人收拾房间，早些休息。"

说罢，项羽通知项伯，把吕雉和太公等交给项伯安置，并特意嘱咐，给吕雉优厚待遇，因为，吕雉毕竟是刘邦的夫人。

过了不久，前方便传来消息，汉军在韩信率领下，攻无不克，战无不胜，已对楚军构成威胁。项羽一边听着一封封加急军报，一边叹道："亚父要我千万不要小看刘邦的实力，没想到，他们还真厉害。"

第七回

汉王心属农家女，吕雉对阵楚霸王

戚女此时满面通红，娇嗔地飞了一个媚眼给刘邦。刘邦一下子感到浑身酥软，一只手轻柔地抚摸着那高低不平的地方，另一只手端起刚刚斟满的酒说："姑娘，请陪我同饮一杯如何？"戚家女稍作推辞后，便启动红唇，慢慢地喝干了杯中酒。这样，初次见面的刘邦与戚家女算是喝过了交杯酒。

一　天赐良缘

刘邦在韩信的帮助下，连战连捷，终于结束了逢项必败的局面。此前他又打入彭城，难免心高意满。这里与别处不同，是个大地方。刘邦及众将日夜有美色相伴，自然乐不思蜀。觥筹交错的酒会，香气四溢的美食，让大部分汉军难以控制自己，放开肚子大吃大喝。一到晚上，汉营中满身酒气，走起路来晃晃悠悠的将士可谓比比皆是。看到城中众将不加约束，寻常军士们也都得意忘形，连夜醉卧。

在一个漆黑的夜晚，汉军大营中，将士们刚刚进入梦乡，就被凌乱的脚步声和突如其来的马嘶声惊醒了。

戒备不严的汉军根本无力抵挡星夜偷袭而来的西楚霸王项羽和他的三万精锐之师。在很短的时间里，汉营便已大乱，汉兵除在迷迷蒙蒙中被杀之外，其余全都四散逃命，恨自己爹妈给少生两条腿。

项羽的一通乱杀，直杀得汉营昏天黑地，日月无光，汉军一溃千里。杀得兴起，项羽居然单枪匹马杀入汉阵，挑落数将之后，直接冲向刘邦。樊哙等人一见大惊，连忙过来拦阻，可是毕竟技不如人，再加上力量对比悬殊，未经几个回合，手中兵刃便被弹飞。其中一员武将急中生智，大叫道："大家三人一组，轮番上！"

一时间，阵前便出现了有趣的一幕，几个汉将围着项王打上几下，便要跑出来找飞落的兵刃，另几个人马上顶上去，不久便也败下来，如此反复多次。

刘邦看自己的上将如此狼狈，知道大势已去，便悄然拨转马头，二话没说逃之夭夭。一些眼尖的官兵见主子跑了，心中更加惊慌，开始四散逃命，只有一些老部下还追随着刘邦。项羽此时正在享受着猫捉老鼠的快感，随意挥洒之间便打得汉将团团乱转，禁不住放声大笑。

等他玩痛快了，却到了后悔的时候。刘邦，这个他最应该除去的人，竟然让手下当替死鬼，自己趁乱溜了。

脱险的刘邦看着茫茫天地，一时不知该向何处去。如果此时去找韩信显然不妥，一方面自己身为人主，却带头打了个大败仗，面子上有些说不过去；另一方面，两地距离遥远也是问题。想来想去，他眼前突然一亮。

"这里大约离家乡不远了，不如回家接上父老妻儿，免得落入项羽之手。另一方面也可以趁机补充一些士兵和给养。"刘邦主意一定，便带着随从一路向家中疾驰。他判断得没错，骑马不过两个时辰便已到了丰乡阳里村。

奔至家门前，刘邦觉得松弛了许多，轻巧地跳下马，走进昔日熟悉的大门。奇怪的是，他连喊数声都无人搭话，看着院中地上的一片狼藉，一种不祥之感袭上他的心头。家门依旧在，故人已不存。刘邦有种感觉，知道家人可能已遭不测了。这时，院外传来一个苍老的声音："谁呀，谁要找刘家的人呀？"

刘邦闻声迎了出去，看见问话的原来是村中的族长，忙过去行礼。族长盯着这个蓬头垢面的人好半天，才惊诧道："你，你是那个做汉王的刘老三吗？怎么这样了？"

刘邦顾不上多解释，只是问家人的下落。族长沉吟了一下，说："现在看来，此事恐怕有些蹊跷。"

见他答非所问，刘邦急道："老人家，你说什么呢？"

族长解释道："有人来接走他们，说是你派来的。"

听他说完此事的前前后后，刘邦只觉得自己的脑子里一声巨响。很明显父亲和妻儿都被人骗了，至于被骗到哪里就不得而知了。不过，就现在形势看来，他们十有八九是被项羽的人掳去了。没想到项羽兵分两路，彻底断了自己的后路。

想到这里，刘邦突然觉得应该说两句什么，他转向随从说："各位，今天的事你们都看到了，我刘邦为了铲除逆党连家都没有了。不过，我深信，只要大家齐心协力，就没有做不到的事，你们有没有信心？"

"有！"虽然人不多，声音却比平时响了很多。

"走！"刘邦一行人继续前行。

暂失家人的刘邦心里空空荡荡，放马缓缓而行，不知不觉中已走出了几十里路。与项羽殊死搏斗是在黎明，而现在却是黄昏，一抹淡淡的斜阳晃过他的双眼，他微微皱了一下眉头，抬头望了望渐渐消失的残阳，心里暗想，时间过得真快，鞍上逃亡已经整整一天了。

一天的失败，搅得刘邦心神不宁。由于疲于奔命，他暂时忘却了饥饿，当摆脱了追兵，紧张的神经完全松弛下来后，他才感到腹中已是饥饿难耐，鼓声如雷。

此时天气寒冷，人困马乏，一行人在乡间的小路上艰难地前进。

天很快就完全黑下来，刘邦突然有了意外发现，不远的地方似乎有光亮传来，他暗自庆幸道："真是天无绝人之路呀！"

大家抬头向刘邦手指的方向望去，只见前面是一片树林，透过树林缝隙，看见有灯光闪烁，影影绰绰仿佛有人烟。这微弱灯光足以点燃刘邦及一行将士们心中的希望。

"加速前行！"刘邦命令道，灯光使倦意一下子从他脸上褪去。其实不用他下令，每个人都已在不经意间加快了自己的步伐，他们仿佛要把那灯光变成饭菜，大口大口地吞进自己的肚子里。

一行人纵马扬鞭来到村口，恰巧碰上一位白发老者，看他悠闲的样子，想必是饭后出来散步的。"老人家，我们一行人，奔波一天甚是疲劳，请借贵处休息一夜如何？"刘邦翻身下马，对着白发老者深作一揖，态度诚恳地说道。

老人举起灯笼，仔细打量了一下眼前这人，不禁暗暗称奇，只见这人虽然尘土满面，着装散乱，但仍不失气宇轩昂，颇有帝王风度。他心知这个外乡人一定非同寻常，不是一般人物，忙躬身还礼道："看将军气宇不凡，却不知来自何方？"

刘邦并不避讳，如实相告。老者闻言，立即倒身便拜，说："不知汉王大驾光临，戚老汉有失远迎，还请恕罪，恕罪！"

　　刘邦暗自欣喜，本以为久居蜀中无人知晓，没想到在这穷乡僻壤之中还有人对他如此敬慕，远的不说，最起码食宿有着落了，他忙摆出一副和蔼可亲的样子，道："老人家，何必行此大礼？本王实在受不起，快快请起！"

　　在老人的盛情邀请之下，他们进入了村中的一座房舍。寒暄一番之后，老人向内室喊道："女儿，准备酒饭，有贵客来了！"

　　大约过了一炷香的工夫，一个二十岁左右的美貌姑娘拿着酒食，步履轻盈地走了出来。刘邦仔细端详了一下，只见那姑娘面若桃花，衣衫虽然简朴，却依然掩饰不住她丰满动人的体态。

　　"啊！想不到民间竟有这样的丽质佳人，清纯脱俗，与宫中精挑细选的脂粉美人又有所不同，别具一番特色。"刘邦在心里暗想，他的脸上也不由自主地流露出一丝暧昧。

　　老者偷偷瞄了一眼刘邦，心中暗喜：看来我这个穷窝里要飞出金凤凰了。他随口说道："女儿，过来陪汉王一起饮酒。"

　　戚女闻言，连忙过来翩翩万福，刘邦也忙起身还礼，四目相碰，准确地说是两目盯着两目，竟似有火花轰然迸发。刘邦见多不怪，戚女却立即面红耳赤起来。

　　就这样，刘邦在那里大吃大喝，戚家父女二人则一旁作陪。几杯酒下肚，刘邦的困乏也渐渐消失，话也多了起来，白天那惨败的狼狈样子和失去家人的惆怅也暂时放到了一边。"老人家，不知令爱是否已许配人家？"刘邦试探地问道。

　　"小女尚未许配。今天幸遇大王，不知是不是前缘注定。如大王不嫌弃，愿小女侍奉大王起居，不知大王意下如何？"说罢，老者笑眯眯地看着刘邦。

　　刘邦心里大喜，老者的话正合他的心意，说："既然老人家有这样的美意，刘某就恭敬不如从命。"当下为表诚意，他主动解下玉带，递过去作为聘礼。

"女儿，给汉王敬酒！"攀上一门好婚事的老戚激动不已，说话嗓门儿也大了不少。戚女双手把酒杯送到刘邦面前，说："大王请干这杯酒。"说完之后，她大大方方地翩然起舞，以助酒兴。

在略显昏暗的灯光下，人影婆娑，看上去给人一种颇为怪异的感觉。刘邦一边喝着杯中有些发涩的农家酒，一边欣赏着这种自己以往见所未见的舞蹈。不知道什么原因，戚家女如蛇般的舞动竟令这位见多识广的汉王坐卧不安。

刘邦自己也察觉到了变化，脸上不免流露出一丝尴尬，他偷眼向旁边望去，不禁长出了一口气。原来一直在旁边陪坐的戚老爹竟然恰到好处地消失了，想必是趁他和戚女眉目传情的时候走掉了。少了这个障碍，刘邦显然轻松了许多，他将剩下的酒一饮而尽，把杯子往桌上重重一放，朗声道："来，给我再斟杯酒！"

戚女应声走过来，刚把酒壶拿起来，一只大手便悄无声息地搂住她的身躯。戚女只是象征性地扭动了几下，便服帖地随他去了。刘邦是对付女人的大行家，见她如此配合，自然开始大胆起来。

戚女此时满面通红，娇嗔地飞了一个媚眼给刘邦。刘邦一下子感到浑身酥软，一只手轻柔地抚摸着那高低不平的地方，另一只手端起刚刚斟满的酒说："姑娘，请陪我人同饮一杯如何？"戚家女稍作推辞后，便启动红唇，慢慢地喝干了杯中酒。这样，初次见面的刘邦与戚家女算是喝过了交杯酒。

刘邦酒足饭饱，已是深夜时分。他深深地伸了个懒腰，看看左右无人，便用力去拉扯戚女的衣襟。戚女已是大姑娘，当然知道对方想要干什么，连忙阻止说："汉王，万万不可！"

这话给刘邦当头泼了一盆凉水，他脸色一沉，说："怎么，你难道不愿意吗？"

戚女用柔软而温暖的身躯撞了他一下，撒娇道："只要你将来疼我，我又怎会不愿意呢？"

刘邦被她撞得心里痒痒的，抚着她的头说："那到底因为什么呢？"

戚女咬了一下嘴唇，低声说："这里是双亲的房间，所以……"

刘邦哈哈一笑，道："一切由你安排好了。"戚女也不说话，只是拉着他进入自己的闺房，反手把门紧紧关死。

等到被褥铺好，罗帐放下，借着酒劲，刘邦拉住戚家女的双手，将她拥到怀中……

二　抛弃妻子

第二天清早，刘邦起床后拜见了老人，带着随从便要离去。戚家父女不想天赐良缘仅此一宵，苦苦挽留刘邦，希望他能多留几日。可这时刘邦更加清楚，自己要干的是大事业，岂能过分儿女情长？打不下江山，一切都会化为泡影的。

"岳父大人，爱姬，"刘邦一手拉着一个，对戚家老人和戚家女说道，"我军惨遭失败，大部分将士还不知散落何方，我绝不能在此久留。等我集结好军队，有大的城池可以居住时，一定会回来接你们父女前往。君子一言，驷马难追，我身为汉王，绝不食言。"

面对他那真诚的话语，戚家父女自然也没说的，流着泪送刘邦上马赶路。刘邦与戚女只得一夜春宵，心中均有些不是滋味，可是偏偏只此一晚，便让戚女暗结珠胎。刘邦硬着心肠，道声珍重，出门上马，扬长而去，重新踏上漫漫征程。

走着走着，突然前方烟尘四起，大约有数百骑奔驰而来，惊得刘邦一行人赶忙躲进树林里。骑兵临近之时，刘邦从树叶的空隙中偷眼望去，发现来的并不是楚军，而是自己的人马。为首一将不仅长得黑壮，而且还身穿黑甲，头戴黑盔，正是部将夏侯婴。

夏侯婴此时已被封作滕公，兼职太仆，负责保护汉王的战车。这次刘邦中途仓皇逃跑，丢下众将不说，连笨重的战车也弃之不用，这才与夏侯婴走失。夏侯婴倒也尽职，守着空车四处寻找刘邦，现在终于相遇。

"大王，请换马登车！"刘邦这两天骑马骑得屁股都疼了，对这一建议自然满口应承。换上了战车，抚摸着环绕的铁甲，他又重新拥有了帝王的自信。会合了夏侯婴，刘邦真是又喜又忧：喜的是重招了第一批散落将士，那么自然还会有第二批、第三批，力量会越来越大；忧的是此次失败，自己损伤惨重不说，还殃及池鱼，一时怨声遍野，这样一来老百姓不知是否仍会支持他，换句话讲，他是否应继续与项羽作战都是问题。

刘邦的车队向南行进，沿途看到的都是些逃难的老百姓。走着走着，经过一队难民，其中两个幼童引起了夏侯婴的注意。他们虽然尘土蒙面，可是相貌依然十分面善，总觉得自己似乎在哪里见过。那一男一女两个小孩子对这边也很注意，频频向战车上看。

夏侯婴抚摸着自己的后脑勺，冥思苦想：他们到底是谁呢？他偶一回头，看到刘邦，突然大叫一声："是他们！"

正在思索下一步对策的刘邦被这声惊叫吓了一跳，怒道："你没事瞎喊什么？"

夏侯婴指着车下说："这两个孩子莫非是大王的一双儿女？我看不清楚，请大王仔细辨认一下。"顺着他手指的方向，刘邦果然看到自己与吕雉生的两个孩子正混迹在难民堆中。他忙吩咐夏侯婴把他们找来，带到车上。

两个孩子骤然遇到亲人，心里高兴得不得了，围着刘邦连喊："爹爹，爹爹!"

"怎么就你们二人，你们的爷爷和母亲在哪儿呢?"孩子们一听他这么问，禁不住哭出声来。

其中较大的一个抹着眼泪鼻涕说："前两天，我们被人带到楚王那里，爷爷、母亲也去了。后来，母亲偷偷和我们讲，那个黑铁塔是爸爸的大仇人，让我们从大营的缝隙中赶快逃跑。"

刘邦听罢，心中暗想：老父和妻子既然被项羽接走，今后看来是没机会再见了。好在妻子反应快，才让自己的骨肉能够幸免于难。可是，真不知道今后还会发生什么事。于是他也不多说，只是催促夏侯婴抓紧赶路。

他的担心并非没有道理，车子还没跑起来，不远处已是尘土飞扬，一队楚兵又追了上来，领头的是楚军大将季布。刘邦以前和这个人打过交道，知道此人是囚犯出身，有一身好武功不说，打起仗来根本不要命，自己断然无法抵挡。因此，趁敌人相距尚有一段距离，刘邦催促车夫赶快逃跑。

车轴的转动跑不过马的四蹄，汉王逃一程，季布便追一程，距离越缩越短。眼看着楚兵就要追上，刘邦心急如焚，为了减轻车上的重量，他一把将自己的一双儿女推向车下，心想：这样或许能快点。

"大王，这是何意?"夏侯婴手疾眼快，边说边把两个孩子抓住，重新放到车上。走了一阵，刘邦眼看季布就要追上，心急如焚，他又第二次把孩子推下了车，但随即便被夏侯婴再次放回到车上。如此反复几次，刘邦发怒了，厉声呵斥道："我等万分危急，难道为两个孩子，断送我们自己的性命吗?

"可他们是大王的亲生骨肉呀，你怎么舍得送他们去死?"夏侯婴抗拒道。刘邦见后面越追越急，干脆拔出佩剑，恶狠狠地向他砍过去。夏侯婴万万没想到会出这种事，一时猝不及防，差点被砍中，要不是车子恰好被石头硌了一下，他还真有点儿悬。

"你胆敢再言，别怪我剑下无情了！"说着刘邦又一次把孩子踢下了车。夏侯婴不敢再说话，他直接跳下车，任凭刘邦的御车无人驾驭，落荒而去，自己则从手下那里要过一匹马，飞身骑上，左右两腋，轻轻夹住两个孩子，紧跟在刘邦车后。

的确，扔下孩子的车辆跑得是快得多，季布追赶不上，只好掉头返回了。

摆脱了追兵，刘邦紧张的心情才放松了一些。夏侯婴保护着刘邦一双儿女随后也赶了上来，刘邦下马接过孩子，一只胳膊揽一个，用手抚摸着他们的头发，嘴角抽动了几下，想说什么，但最终什么也没有说。

刘邦等人到了下邑，这个地方在砀县东，是吕泽驻守的地方。吕泽是吕雉兄长，刘邦的妻兄。那天，吕泽得到通报，说汉王即刻就到，因此，他早早就等候在了路口。一阵马蹄飞踏的尘烟消失之后，刘邦等人已来到了路口，吕泽迎上去，把刘邦接入了专为他搭设的行宫中。

在这里，刘邦总算有个固定的落脚之处了。刘邦心想，只要有个落脚的地方，就不愁部队集结不起来。刘邦自信，凭借自己的威望，在这诸侯纷争的时刻，自己不久便会重新强大起来。这次失败，实际上给刘邦当头一棒，让他懂得了骄兵必败的道理，面对项羽这样的劲敌，别说是占据一个彭城，就是拥有整个河山都不能掉以轻心，这个经验在刘邦的战争生涯中无疑起到了很重要的作用。

刘邦到了下邑，一些逃散的将士也陆续聚集过来，不久，军队便扩大了起来，声威与以往相比有增无减。

得知父亲和爱妻被项羽掳去后，刘邦心里十分不踏实。他在心里盘算，自己人在彭城时，曾欺辱过项羽后宫的女人，现在父亲被抓，当然性命难保，加上妻子吕雉风韵犹存，项羽岂能放过她？这样一来，即便是将来自己得了天下，却怎么有脸见人呢？想到这里，刘邦禁不住叹道："要是项羽把他们一刀杀了就好了。"

三　据理力争

时光轮转，日月更替，吕雉在楚营已经有半年之久了。在这半年时间里，项羽对吕雉既不提审，也不过问，一日三餐尽是可口饭菜，对刘太公和审食其也没有虐待。

这一天，吕雉突然让狱卒传话，说她想见项羽。

项羽很痛快地答应了，并当即让手下把吕雉带到了帐中。

"大王在上，犯妇叩见大王！"吕雉一进帐，就跪地施礼道。

"夫人请起！不知夫人要见项某，有何要事？"

"大王言重了，阶下之囚，何言要事。只是我已来到大王营中半载有余，大王既不杀也不打，这首先得感谢大王宽大的胸襟。不过，像我这妇道之人，有儿有女的，时日长了难免思儿想女，实在是难耐孤独，犯妇斗胆请求大王放我们回乡，我们将尽力劝阻我夫刘邦化干戈为玉帛，平息战乱，共享天下太平。不知大王意下如何？"

"这个……"项羽确实没有料到吕雉会提出这么个问题。按理说，像她这样的人，掳入营中不杀不斩，已够知足的了，没想到她还……

项羽心里暗想，这女人确是个有胆有识的人。因此，心里更加增添了几分敬意，同时，还把原先埋在心底里的那股对吕雉的占有欲撩拨了起来。于是，他对吕雉说："夫人刚才说回去的理由是'思儿想女'，仅仅如此吗？"

"那……那还有何解释？"吕雉脸颊飞起两朵红晕。

"思儿想女，人之常情，项某完全理解。不过，夫人正值风月年华，如此空房之寂，难道不是另一个原因吗？"项羽试探地说道。

"大王戏言了。犯妇自与刘邦结发后不久，他就南征北讨，常年不在家，空房的寂寞我早已习以为常了。"

说着，她抬头看了一下项羽，见项羽直盯着自己，一下子便明白，这是不可能的，天底下不会有这样的好事。

项羽又是一阵大笑，笑毕，说道："今天项某高兴，要为夫人设宴敬酒，以示项某对夫人的敬意。"

"犯妇实在不敢当。"

"哎，什么敢不敢的，就这样定了！你先回房收拾一下，等酒宴准备就绪我亲自去请。"

"这个……"

"来人！"

几个武士循声走了进来。

项羽说："先送夫人回房。"

吕雉没再说什么，只是瞪了项羽一眼，便跟着武士回去了。

酒宴摆好后，项羽果真亲自去接吕雉。

席间，项羽仍不肯放吕雉离去。吕雉稍一思索，说："如果大王将犯妇留作妻妾，那至少有三点不利。"

"哪三点不利？"项羽瞪起了眼睛，不服气地问道。

吕雉不慌不忙地说："这一，会给天下人之口实，说大王不仁不义，不利于大王成就霸业。这二呢，会给刘邦增加战心，夺妻之痛，加上成就霸业的雄心，二者交织在一起，刘邦会不顾一切地与大王死拼，并且大王是行不义在先，刘邦是讨不义在后，天下百姓自然心向刘而背向大王，那自然是很不利的了。"

项羽听得津津有味，问道："那么，三呢?"

"这三嘛，是退回一步之假设。假设大王治军有方，征战有功，终于打下了江山，成就了霸业，可任何成就霸业者，都得以百姓为基础。大王试想，您今天的不义之举已遭百姓厌恶，即便是大王强行成了霸业，那百姓也难以俯首听您的。"

"嗯，有些道理。"项羽低下头思考了一下，对眼前的女人刮目相看。

第八回

吕雉刘邦终团聚，试探韩信未成功

吕雉慢慢蹲下身子，用手抚摸着那殷红的沙块，遥想当年楚霸王的雄姿。

突然，她心里一阵疼痛，那手情不自禁地抓了下去。她把手转到鼻子跟前闻了闻，好似有股项羽当年的酒味和汗味，就在这时，吕雉陷入了沉思。

一　夫妻团聚

光阴似箭，日月如梭。一转眼，吕雉在楚营里已度过三载时光。凭着自己的美貌和机敏，她安然无恙地活了下来。

三年后的刘邦，重整旗鼓，军队不断壮大。这时，他已经与项羽形成了对立之势。这期间，战过几回，相持不下，刘邦便派人在项羽的后方，截断了项羽的粮草供给。

刘邦对项羽实施的是围而不打、拖而垮之的战术，项羽因为军内粮草缺乏，想尽快决战，但刘邦就是不出战。无奈，项羽只好每日到刘邦阵前叫骂，逼刘邦出战。

　　项羽正为刘邦不愿出战的事情烦心，下人通报说，刘邦派了一个叫陆贾的人来谈判。

　　陆贾一进来，项羽劈头就问：“你家主人到底还打不打？”

　　“当然要打，否则天下怎么划分呢？”

　　“哈哈，有意思！既然想战为何不派兵卒，而派使者前来？”项羽愤愤地说道。

　　陆贾不紧不慢地说：“大王息怒，听我说完话嘛。”

　　“讲吧。”

　　“大王错怪我主了。我家大王是拘于人情才不能发兵决战。”

　　“噢，为什么？”项羽不解地问。

　　“现在，汉王的老父和妻子还押在你们营中，这你是知道的，如果我们大王发兵决战，人们就会说刘邦重利忘义，为了江山连老父妻子都不顾。这个罪名实在太大，因而不敢出兵。”

　　“这有什么，我不是没有杀他的家眷吗？”项羽说。

　　“是啊，现在没有杀，不等于将来不杀。现在你们军队强大，有打胜仗的希望，不必杀汉王的家眷。一旦决战失败了，大王还能保证不杀他们吗？”

　　听到这儿，项羽一阵狞笑，说道：“你们主人又来欺骗于我，难道我还能上他的当吗？他无非是想骗走家眷，才让你假意游说罢了。”

　　陆贾仍不慌不忙，侃侃而谈：“大王此话不对！”

　　“有何不对？”项羽瞪着眼睛问道。

　　“大王你是带兵打仗之人，对于没把握的仗肯不肯去打？”

　　“当然不肯了。”

　　“对呀！目前如果我们大王与你打仗，不但是没有胜的把握，而且未打就已输到了家呀！”

　　“这不就结了。既然如此，还不快快来降！”项羽兴奋地说道。

"不！降与不降是以实力敌不敌为前提的。如果在公平的前提下进行决战，虽说我们汉王武艺不敌大王，汉军也没有楚军勇敢，但到那时打不过再降也不迟呀！军人嘛，宁愿战败而降。但现在条件不公平，大王押着我们汉王的老父妻子，这就使我们汉王左右为难……"

"嗯，你说得有几分道理，刘邦怕我一气之下杀了他的老父和妻子。不过，依我看，即便放了他老父妻子，刘邦也未必敢和我决战。"项羽有些心动地说道。

"不！决战是肯定要进行的。不过，决战的胜负就难说了。"陆贾说道。

"此话怎讲？"

"人说'得人心者得天下'。如果大王慨然允我之请求，释放太公和夫人，天下诸侯谁不称道！楚汉营中兵士谁不服大王仁厚！大王既不杀人之父，又不污人之妻，还不扣押人之家眷作为战争筹码，所以大王还愁决战不胜吗！"

项羽是个喜欢奉承的人，听了陆贾这席话，当即答应放太公和吕雉，还捎话给刘邦，赶快展开决战。

按商定的时日，今天是太公和吕雉回来的日子。一大早刘邦就亲率文武大臣出营迎接。骨肉团圆，相互视望，一时悲喜交集，万语千言，反而无从说起。刘邦将妻子和父亲领入帐内，扑通跪下，抚着太公的膝盖说："孩儿不孝，只因为了天下，致使父亲身陷敌营，受尽苦难，还望父亲重治孩儿不孝之罪。"

太公一面掉泪，一面扶起刘邦说道："为父虽然吃了不少苦，幸而托老天之福，总算安然回来了，再说我儿已得了王位，这也算是有得有失嘛。不过，今后还望我儿再接再厉，成就大业，也不枉为父受这场苦。"

"孩儿谨记，孩儿谨记！父亲现已年龄大了，不必为孩儿冲锋陷阵操心，只是自己怎么快乐就怎么办，要穿的尽管穿，要吃的尽管吃，安享晚年，也算是孩儿的一点孝心吧！"刘邦垂泪说道。

在旁的吕雉听着丈夫和公公的对话，心里一阵阵酸楚，早已哭成了泪人儿。看着刘邦向自己走来，她一下子就扑到他怀里，大哭起来。刘邦用衣袖替她擦着泪，说道："现在总算大难已过，家人得以团圆，应该高兴，切莫再悲伤。"

"这几年你在外封王封侯，哪里知道为妻的苦楚呢？"吕雉止住泪说道。

"贤妻的苦楚，我岂能不知？但愿老天助我，早早成就大业，打得天下，到那时让你享尽人间荣华，加倍偿还你所受的苦难。"

太公和吕雉，一时高高兴兴自然不提。

"哎，孩子呢？他们在哪儿，怎么不见？"吕雉突然问刘邦道。"噢，请夫人放心。一双儿女都很好，盈儿同他妹妹住在关中，过几天，我就送父亲和你也去那儿住，那儿是后方，条件也好些。"

这天晚上，刘邦命在后帐大摆宴席，给父亲和妻子压惊。饭后，刘邦与吕雉携手入室，吕雉才将别后之事一一告诉了刘邦，最后她说："我们在家中的时候，全靠审食其无微不至地关怀。逃难的时候，他多次奋不顾身，全力保护。在我们被楚军抓获之时，他本可以逃脱的，但他哭喊着，奋力扑向楚军，想从他们手中夺下我和老父，结果他也一同被掳去，跟着我们受了三年牢狱之苦。像这样多情多义的人物，不论从公还是从私，你都要重用才是，不然反落个咱们有恩不报的骂名。"

听了吕雉的话，刘邦也深为感动，他说道："审食其这人，我仅知道他老于世故，机敏灵活，所以就托他料理家务，没料到他还有这般忠心，真是我刘邦的福气啊！好了，既然如此，我给他一个官位便是，也算是他料理家务伴你之劳的奖赏吧！"

刘邦当即召来审食其，说道："夫人已将你的好处全部告知于我了，我得重谢你才是啊！"

审食其自从楚营归来后心里一直不安，他怕他与吕雉的私情被刘邦发觉，那将是脑袋搬家的事啊！正因为这样，他连正眼都不敢看刘邦。突然听到刘邦深夜召见，更是吓得差点死过去。就在传令兵领他会见刘邦的途中，他还打算着要逃走，只因地形不熟，又看到四处都是岗哨，料定自己逃不出汉营，只好硬着头皮来到刘邦的后屋。

听了刘邦刚才的话，审食其骨碌碌飞转着眼珠子，想听出是福是祸来，但刘邦说到紧要处，却再没接着往下说，这使他更为后怕。他抬头向刘邦身后的吕雉望去，吕雉在向他点头，他错以为吕雉在说"咱们的事让他知道了"。

审食其脑袋里嗡的一声，没容他多想，"扑通"一声跪在地上，颤声说："大王饶命，小人一时糊涂，罪该万死……"

"嗯？"刘邦显然被弄糊涂了，什么"饶命"、"糊涂"？他转身向吕雉投去了询问的目光。

这时的吕雉听审食其说的那些话，就知道他误解了刘邦的本意。她在心里狠狠地骂了一句：你这个蠢猪！接着她走近刘邦说道："你看见了吧，这也足以说明他的忠心了。"

刘邦仍不解地看看吕雉，又看着趴在地上的审食其，吕雉接着说："郎君不是让他料理家务吗？他呢，他怎么照料的？老父和我被项羽掳去，一双儿女下落不明，他为没有照顾好家眷而感到有罪，故而向你请罪嘛！"

"咳，原来这样啊！哈哈哈。"刘邦仰头一阵大笑，随后说道，"审食其，你起来吧，我恕你无罪，在那兵荒马乱的时候，家人走散落难，又怎么能怪你呢？"

审食其这时方才明白过来，为刚才自己的唐突出了一身冷汗，差一点不打自招送了小命。"谢谢大王宽恕，小臣到死难忘。"审食其说着站了起来。

这时吕雉提到嗓子眼的心才放回了肚里。

刘邦看着站在一旁的审食其，捻着胡子说道："念你一片忠孝之心，天下平定之时，我就封你为辟阳侯吧，望你今后谨慎从事。莫负于我。"

"谢恩！"审食其说着又一次拜谢，同时他对于吕雉，更有了一种死心塌地的报恩之感。这种报恩之感加上他俩那层关系，直伴随到吕雉死去。

从此，吕雉就成了汉王后，告别了朝不保夕、胆战心惊的生活。

二　柔情女人

纵然项羽武功盖世，他依然在楚汉之争中落了下风，最终因为不肯过江东而自刎江边。

刘邦不禁哭泣道："当年，我与王曾结拜为金兰兄弟，后来图谋夺取天下，进而与王发生矛盾。可是你曾经抓太公、吕后，恩养三年，毫无失礼的举动，这是古代大丈夫之所为啊！在这方面，我实在不能与你相比。没想到你今天死了，我实在是很痛惜。"

吕雉在旁边听着，心中暗暗佩服，不佩服别的，单佩服丈夫的演技，明明是在他的操纵下，项羽才死于刀剑之下；明明是害死自己的兄弟，现在却哭得像要为他报仇一样。最有甚者，还有一些将官在那里为他的慷慨陈词而落泪。

项王既然已死，楚地也就随之安定，汉王兑现承诺，加封吕马通为中水侯，王翳为杜衍侯，杨喜为赤泉侯，杨武为吴防侯，吕胜为涅阳侯。这五个小卒一飞冲天，令人赞叹，也落下一个五肢侯爷的雅号。

对于楚霸王这个一代枭雄，刘邦把他的后事处理得让别人都说不出话来，他吩咐在乌江立庙，又命令有司一年四季进行供奉，祭奠亡灵。

一天夜里，吕雉说："大王，我想去江边项羽自刎的地方走走。"

刘邦惊愕不已地问："为什么？"

"这个……"

"这个什么？有什么好走的？你说呀！"刘邦有些不解，更有些着急。

吕雉推了推刘邦，说道："大王连这都不能理解啊？想当年，我与太公被囚楚营，无数次审问，无数次威逼，我们受尽了罪，吃尽了苦，今日项羽战败，我恨不能亲手杀了他。我要去他死的地方走一走，是让他知道，我胜利了，如今他已做鬼，而我却成了胜者。"

"不错，"刘邦有些不好意思地摸摸脖颈，说道，"如此说来，夫人就去走一走吧。不过，我倒不想去。我与项羽虽征战多年，但就从德和义上讲，他并未负我。当年鸿门宴，他要杀我易如反掌，但他没有，后来他又掳去你和太公，仍然未动毫发，他是在与我拼真本事。而我，我愧对于他……"

"这么说，大王怕项羽阴魂不散，有害于你？"

"笑话，他堂堂西楚霸王，败于我手，我还在乎什么'阴魂'、'阳魂'？我只是不想去而已。对了，夫人要去江边，多穿点衣服，江边风大，小心着凉。"

"知道了。"

吕雉说着带了几名随从便来到了江边。

到了江边，吕雉又返回到岸上项羽自刎的那片沙滩上。

借着火把的亮光，吕雉寻找着项羽的遗物，哪怕一丝头发、一根胡须，或者一片衣物，但什么都没有，战场打扫得出奇的干净。

她在那一片沙滩里转来转去，终于，她眼前一亮，盯着地上一摊殷红的鲜血站住了。吕雉让侍从退后一边，她要在此静坐一会儿。

吕雉慢慢蹲下身子，用手抚摸着那殷红的沙块，遥想当年楚霸王的雄姿。

突然，她心里一阵疼痛，那手情不自禁地抓了下去。她把手转到鼻子跟前闻了闻，好似有股项羽当年的酒味和汗味，就在这时，吕雉陷入了沉思。

三　接近韩信

自从与丈夫一起迁入彭城后，吕雉有了更多的闲暇。刘邦和部属、城中的红粉佳丽整日把酒言欢，根本没时间与自己的结发妻子相处。吕雉经过这么多年，也知道这个丈夫是什么品性，因此干脆听之任之，落个眼前清静。

人在有闲工夫的时候，总是会产生这样那样的想法，吕雉也不例外。在她脑海里，总浮现出一个人的身影，那就是韩信。自从三军会合之后，她便对这位威震四方、有勇有谋、年轻英俊的大将军倾慕不已，因此，时不时以商议军务为由，把韩信调至帐中攀谈。虽然几年前便有过接触，但吕雉仍忍不住惊叹，这世上还有如此高人。

韩信与张良相比较，实际上韩信未必高出多少，但韩信年轻气盛，志大抱负大，锋芒毕露，不加掩饰，所以处处显露出高人一等来。而张良毕竟经过的事多了，处世走一步看三下，顾虑重重，做事从不张扬，更不愿让人看出他高明来。相形之下，吕雉反而更喜欢有些飞扬跋扈、盛气凌人的韩信。

"想到不如做到"，既然喜欢，那么就要想办法得到手。

这天，韩信闲来在城外散步，心思仍在考虑楚军大将的下落问题，这些人中有的是可造之才，有的则是心腹之患，因此他们是死是活，一定要有个结果才行。到目前为止，楚军的大将钟离眜尚不知身在何处，如果他还没死，那么起码还带着一支数目不小的军队。还有季布，战场上也没有找到他的尸体，说明可能还活着。这两位楚军大将，都有着很高的声望，即使项羽已死，只要他们两人领头招兵起事，就可以重新拉起队伍。

另一方面，钟离眜虽然是项羽的心腹，他和韩信却是八拜之交。现在，刘邦四处缉拿项羽余党，韩信自然有些为自己的金兰兄弟担心。如果能够尽快把钟离眜网罗帐下，他不仅多了一个得力帮手，而且还不会违背当初同生共死的誓言。不过，事与愿违，几乎每天都有一个又一个打发出去的探子回报说："钟离眜、季布仍然没有下落。"

正在韩信焦躁不安的时候，报事官的声音从外面传过来。"吕夫人驾到，要求见大王。""什么？她怎么自己到这儿来了？"韩信心中嘀咕着。

正迟疑间，吕雉已轻移莲步，一摇一晃地走了进来。"韩将军近来可好吗？"

韩信见吕雉到来，赶忙屈身行礼，说："不知夫人驾到，请恕臣未曾远迎之罪。"

"哎，韩将军何必客气，我只是途经此地。听说韩将军正在营中，就临时改道来拜见将军，唐突得很，将军不会介意吧？"吕雉边说边用温和的目光打量着韩信。她心中暗叹道：真是人配衣服马配鞍，满身盔甲的韩信与以前那个混迹市井的小混混，从形象上看实在有天壤之别。

"夫人请就座！"韩信侧身说道。

"请！"吕雉说着毫不谦让地坐在首席。

吕雉的到来，确实让韩信措手不及。尤其在这时候，韩信私下命人去找楚将，并未通知汉王，显然有失礼仪。要是吕雉知道这件事，回去再吹吹枕边风，自己恐怕还真有些不妙。想到这里，韩信心里就有些不踏实，但表面上还得装着寒暄。

吕雉对韩信娇媚地笑笑，说："对于我的到来，韩将军一定感到突然吧？说来也怪，我也没有料到还能在此处与你相遇。"

韩信此时是心中有事，对方轻飘飘的几句话便说得他心绪不定，干笑道："夫人说得对。韩某承蒙汉王器重，侥幸除掉项羽。如今天下一统，韩某一介武夫，留在这里也无甚大用，理应引兵还乡才对。只是属下将士久经战阵，身心都已疲劳不堪，只好继续驻扎在此，以便休养生息。从这方面讲，夫人能再在这里见到我本来是正常之事嘛！"

"噢，这么说韩将军还要在这里停留一段时间了？那实在好得很！"吕雉阴阳怪气地说。韩信搞不清她葫芦里到底卖的什么药，只能在旁边随声附和。

"现在天下太平，军中无事，我只是随便走走，才会到这里来。将军可能不会相信，我对将军的一切都十分感兴趣，即使是在楚军的大营中也是如此。"说着吕雉脸上掠过一丝不易察觉的红晕。

吕雉说的是实话。当年她与韩信初次见面，心中便颇多感慨，随着此人屡次显露才华，她更是难以从心里放下。她清楚，韩信不像审食其，也不像项羽，他是个极具才华且极为有主见的人，如要这样的人围着自己转，光靠表面上的几句亲热话是远远不够的。可是，一旦能够与此人交上朋友的话，好处也是显而易见的。

韩信听她话中有话，便敷衍道："韩某无才无能，烦劳夫人费心了。"

吕雉笑道："韩将军过谦了！如果你这样也叫无才无能的话，那天下人都是白痴了。据我所知，就连汉王都说：'我能得天下多半功劳是韩信的。'"

韩信听她说到这里，脸上露出一丝喜色，道："大王果真这样夸奖为臣，实在令人汗颜，不敢当呀，不敢当！"

吕雉心说：难怪刘邦说韩信爱争功，今天一看果然名不虚传。我不过是随口胡扯两句，他就美得像娶了新媳妇一样。照这样看来，韩信虽然才智过人，要求却不太高。便随口说道："汉王能有将军辅佐，实在是他的福气。"

韩信此时脸上竟有些微红，拱手道："夫人言重了。汉王对我有知遇之恩，我又怎敢不效犬马之劳呢？"

吕雉心说：看不出来，如此贪功的人竟然还会饮水思源，便打趣道："汉王因为有你而得天下，我不知道又能有什么回报呢？"

韩信沉吟了一下，说："汉王和夫人本是一家，又何必分彼此呢？"

吕雉笑道："我与汉王当然不分彼此。我刚才那么讲完全是就事论事。"她轻描淡写的几句，让韩信更有些摸不着头脑，只好顺着对方意思问："那么夫人到底希望韩某做什么来报答你呢？"

"什么也不做，只是希望你能常伴左右。"吕雉把目光盯在对方脸上，热辣辣地说。

韩信是个聪明人，话说到这里，已知对方来意，心想：看不出来这个女人倒是很会耍手腕，居然想利用我。便毫不示弱地说：

"韩某非常感谢夫人垂青，只是这种事如果是汉王命令，微臣自当从命。如果只是夫人一时心血来潮的话，微臣不敢从命！"

吕雉刚露出本意，便碰了个钉子，她有些不甘心，便说："韩将军是不是因为我是一个女人，所以不愿意从命呢？"韩信答得倒也干脆，说："正是！"

帐内的气氛一下子紧张起来，两个人沉默不语。过了好久，吕雉见实在无法继续谈下去，便起身告辞。

审食其一直奉命待在营外，看到吕雉从里面出来，忙吩咐随从备车，自己则三步并作两步迎了上去。一见面，审食其便问："怎么样，那个大将军说什么了？"

吕雉瞪了他一眼，冷冷地说："告诉你有什么用，要是你像他一样文武双全的话，我还有必要到这里来吗？"

审食其有些委屈地说："夫人，话可不能这么讲呀！我要是有机会领兵打仗的话，闹不好比他还强呢！"吕雉呸了一声，说："你有多少能耐我还不知道吗？"

审食其和她相处多年，知道这个女人是个顺毛驴，只能服从不能顶撞，否则不定什么时候就会遭她报复。于是，他干脆拿自己取乐儿，说："夫人圣明！"说完，他特意做了一个怪样子。

吕雉也被他逗乐了，低声说："你小子在我面前这么嚣张，小心被人发现告到汉王那里去。"

审食其吓了一跳，连忙把鬼脸收起来，向吕雉作揖道："夫人饶命。"

吕雉故意板着脸，说："要我饶你也行，不过，你要戴罪立功，为我办件事。"

审食其忙问："什么事？"

吕雉说："你到韩信大营中了解一下，看看他最近都忙些什么。"

审食其道："我可以联系他营中的同乡，相信很快就有结果。"

　　吕雉想了想，觉得这法子还不错，便说："好，就这么办，你去吧。"

　　审食其抹了抹头上的汗，像获得了大赦一样，一溜烟跑了。吕雉则坐上车，在众人的簇拥下打道回府。

第九回
蛇蝎女人杀韩信，彭越惨遭剁肉泥

　　韩信刚一踏进门槛，两扇大门咯吱一声便关上了。接着四条绳子从天而降，同时搭在了韩信的身上和脖子上。八名武士一人牵着一头，同时各向着一个方向猛跑几圈，便把个韩信结结实实地绑了起来。随后又上来四名武士，把韩信重重地摔倒在地，然后用绳子分别捆了双手和双腿。

一　强占人妻

　　这些天来，宫中发生了很多事，让吕雉备感威胁，自从丈夫功成名就之后，她的竞争对手一天天多起来。

　　先是定陶人戚家父女被接了进来，后是一个卖酒的，天晓得丈夫在外面有多少个女人和子女！即使是现在，刘邦也已很少到她那里去。

　　要说汉王在女人面前也的确是魅力非凡，就拿薄姬来说吧：当初汉王在韩信的协助下，将反王魏豹拿下，虽然饶他一命，却又命将魏豹家眷，除老母年迈不能充役外，其余均抓入宫中为奴。薄姬是魏豹的小妾，自然也被抓了起来。她姿容最美，本来被发往织室做工，后来无意中被汉王看见，颇觉中意，又命人把她送入后宫。

说起来，这个薄姬也是个命苦的女人。她的母亲本来是魏国的王室中人，在秦始皇平定魏国之后，便流落他乡，成了一个普通老百姓，与一个薄姓男子私通，做了一对有实无名的夫妇。不久，生了一个女儿，也许是承袭了王室的血统，出落得雍容华贵。

魏豹做国君的时候，薄姬已经到了婚嫁之年，因为是远近闻名的美女而得以入宫，做了魏王的小妾。当时，在河内有个算命的半仙，是个姓许的老太太，她擅长相面算卦，言无不中，世人称为许家老太。

魏豹在宫中也听到许家老太颇为神奇，就请她进来为家属看相。许家老太看别人只是微笑，等看到薄姬时，不禁愕然道："这里怎么会有如此富贵之相？她将来一定会生龙种，而且孩子一定是真龙天子。"

魏豹大喜，以为是说自己，忙对许家老太说："真有此事吗？你不妨试看我面，应该是如何命运。"

许家老太深通玄机，用慧眼一看，已知结果，就赔笑说道："陛下天生贵相，今已为王，难道还用说什么富贵吗？"其实，她是话中有话。

魏豹也有察觉，知道自己不过为王，不过既然能够得子为帝，也胜过自己亲自为之，倒也十分欢喜。于是，魏王当下用金银珠宝厚赠许家老太，并派专车送她回家，此后更是格外宠爱薄姬，爱护之心甚至超过对正宫娘娘。

而且，就是兴兵背汉，也为了许家老太这一句话。他想如果要有子为帝，必须由自身先立基业，方可造成帝王之家。如果只是服侍汉王，又如何可以独立，如何完成霸业？所以他决意叛汉，以应天命。偏偏魏王痴愿难偿，反而招致国亡家破，那相亲相爱的薄姬，竟被汉王抓去，罚做宫妃。最重要的是，他竟然没来得及把这个女人的肚子搞大，那么天子的爹自然也就做不成了。

薄姬也自伤薄命，甘心充当罪人，充当贱役，开始居织室为奴，继而幸运入汉宫，却终不见有喜！时间长了，她对许家老太的话也就淡忘了，死心塌地，做个白头宫人，便算了却一生。哪知过了一年多，却得了一个梦兆，竟是一条苍龙盘踞腹中，薄氏大惊而醒。

她抚床暗想：好好的怎么冒出一条龙来，却不知此事主何吉凶，一时也无从了解。第二天起床，并无征验，直到夜间，正要早早入睡，突然接到内使宣召，汉王命她前去服侍。她身为宫妃，不得不略略整装，前去应命。

一阵欢愉之后，薄姬才将昨宵梦兆说了出来，又把往事告诉汉王，汉王笑道："这是富贵的征兆，我今晚就与你成此事。"

说也奇怪，经过一番雨露，薄姬便得怀胎，十月满足，果生一男，取名为恒，也就是后来的汉文帝，只晦气了一个魏王豹，求福得祸。

这天，吕雉在散步的时候遇到了刘邦。

看见刘邦，吕雉下意识地整理一下衣服，迎了上去，笑着说："这么晚，汉王还没睡？"刘邦此时想找人聊聊，自从除掉项羽之后，他第一次体会到成王败寇的感觉。很多人，甚至是自己的同乡、朋友对他都是敬而远之，见面时总是低着头。刘邦一度对这种感觉很陶醉，可他不久便发现这样很危险，至少下面的声音已很难传达到这里。

刘邦要找回过去，他满脸堆笑地朝吕雉点了点头，说："你也是。"

吕雉望了望纯净的天空，若有所思地说："这个世界变得太快了，谁能想到会有今天呢！"刘邦心中也是颇多感慨，这些年来自己一直在过一种漂泊不定的生活，逃亡，战争；战争，逃亡，周而复始。

吕雉见他不说话，便问："什么事？"这是多年夫妻的一种默契，刘邦也不隐瞒，把众王联名上表让自己称帝的事说了一遍。

吕雉一笑说："韩信很精明，你不担心吗？"刘邦不置可否，只是说："我准备登帝王之位，只是不知群臣……"

吕雉明白他的意思，便说："将表文昭示群臣，自然会有结果。"

第二天，刘邦果然照方抓药，把情况和大家讲了一遍，说："我听说古来帝王之名，只有贤明的君王才能承担得起，这本来只是一个虚名，并不足取。现在众王一致推举我，实在有所抬高，以我的德行，恐怕难当此帝王之名。"

群臣齐道："大王诛杀不义之徒，平定海内，功臣都得到裂土分封，可见大王并无私心。现在大王德加海内，诸侯王根本无法与你相比，可见大王居帝位是实至名归，也是天下老百姓的幸运。"

既然大家都这么说，刘邦也只是客气一下，这件事便顺畅了许多。刘邦即命太尉卢绾和博士叔孙通等挑选良辰吉日，在汜水北岸行祭天大礼，正式登上帝位。与此同时，将死去的母亲封为昭灵夫人，吕雉为皇后，刘盈是皇太子。

成了名正言顺的正宫娘娘，吕雉心情别提有多好了，她故意在丈夫招来的那些女人面前走来走去，目的简单得不能再简单，就是让她们多行礼，以解自己的心头之气。另一方面，她曾经饱读诗书，知道皇后不只是个名称，还是个身份。由于这个原因，她才可以参与朝政。

二　广植心腹

　　吕雉不是那种闲得住的人，她对宫中许多事情需要知道，对朝政大事也需要知道。总之，她身边需要几个得力之人。

　　她心里清楚，审食其虽然会死心塌地忠心于她，但此人在朝中属于一无功劳、二无能力的碌碌之辈，说话办事自然都没有力量。相比之下，韩信的优势十分明显。他是全国闻名的战将，在朝野上下都享有很高的声望，要是他能跟自己一条心，那将来还有什么不好办的呢？

　　不过，吕雉又感到很麻烦，韩信总是对自己敬而远之。再加上有过一次尴尬的经历，吕雉不得不慎重一些。但是，为了自己的地位更稳固，她拉下脸皮再次前来劝说韩信。

　　这次，趁着刘邦去楚国出巡，吕雉也要同去，刘邦欣然同意。一方面有她在，更具游山玩水的假象；另一方面，他让吕雉有机会特别留心一下，韩信在背后对他这个皇帝是否忠诚。吕雉也说："我这次出巡，主要就是为了这个。近来许多人都在说韩信的坏话，我倒要亲自看看这个当年的功臣有什么变化。"

　　"哼，什么功臣，谁没战功？我朝武将个个战绩卓著，难道只有他韩信是功臣吗？"刘邦对吕雉的大实话竟也表现得愤愤不平。

　　"陛下说得对。"吕雉是个善于察言观色的人，她看到刘邦一提韩信，就来了气，显然，刘邦对韩信的不信任日益增加。

　　看到这种情况，吕雉心里不禁暗暗高兴，不管怎么样，刘邦对韩信的不满日益加剧，韩信这么聪明自然也能体会到，那么，作为臣子的韩信,自然需要寻求另一方的保护,放眼世界,恐怕找她吕雉是最合适的。只要韩信能够忠于她,她就有办法让刘邦改变对韩信的看法,起码她可保他不会发生意外。

当然,如果韩信不肯买她的账,只要继续到刘邦那儿"美言"几句,韩信的前程也就可以到此为止了。

就这样,吕雉出其不意地来到楚王的宫殿。这位皇后娘娘刚坐定,就对韩信说:"韩将军别来无恙啊!"

"承蒙娘娘挂牵,臣韩信还可以过得,这都是托皇上的恩泽。"韩信从一开始说话便十分小心谨慎。

"哎,什么皇上的恩泽?别人可以这么讲,楚王就不必这么讲了。楚王自己过得怎么样,恐怕大家是心里有数吧。"吕雉边说边用眼睛观察着韩信的反应。

"娘娘此言过了,臣并无怨言,并无怨言。"韩信稍事停顿之后又说,"我大汉基业的创立,固然离不开许多有志之士和战将的共同努力,但作为臣子,岂能在皇上面前争功呢?皇上又怎么会亏待我呢?"

吕雉碰了个软钉子,脸上显出几分难堪之色。她干笑着又说:"楚王,凭你的功劳和才华,你不应该久居楚国,也不该久为楚王,应该担起更为重要的担子才对,你说是吧?"

"这个……"韩信一时难以捉摸吕雉的话中含义,并没有直接回答她。但韩信凭直觉,感到吕雉这个女人不是等闲之辈。他曾惊奇地发现,从未涉足过军政事务的吕雉,竟有超人的军事天才和指挥若定的大将风度,张良曾与韩信提起过自己有同感,他说,这女人就看她把聪明才智用到何处,用到正处便使刘邦如虎添翼,如走歪道,那将来可就要朝中大乱了。

当时韩信认为张良说得对,不过他心里一直认为吕雉是刘邦的结发妻子，两人相处多年，多多少少应该有些感情，相信她至少不会做有负于刘邦的事情。

"楚王，你当前已经快成孤家寡人了。你不用瞒我，皇上已把你身边那些忠于你的得力干将全部调开了，万一将来……"吕雉用眼瞅着韩信没有往下说。

"娘娘的意思是……"韩信显得一脸茫然。

吕雉心里一阵窃喜，她以为韩信被她说动了。其实她想错了，韩信这时还不清楚吕雉这回来楚地的目的。不过，他为了要进一步弄清楚，故意含糊地应对着，让她进一步说明一些，自己好有对策。

"楚王是个明白人，对朝中政事和仕途的险恶不会一点都预料不到吧？当今圣上虽然曾经很器重你，但你更应该知道，你那齐王是在什么条件下被封的。对于封你为齐王，皇上一直心存不快，认为那是你以形势要挟所得。就说你领兵出征，协助皇上歼灭项羽吧，虽然你功不可没，但在皇上那里却没有获得好印象。所以，在歼灭项羽后，便有了不让你回齐地而改任楚王的情况。"

说到这里，吕雉故意不再说下去。

韩信低头沉思，心里揣度着吕雉此行的真正目的。吕雉此时又长叹一声，道："将军，由于你太出类拔萃，因此，朝中百官无不感到你的威胁，难免会蜚短流长，说些闲话。时间一长，就连圣上都怕你功高震主，所以才想尽办法削弱你的实力呀！"

"娘娘，别人怎样看，那是他们的事，我并不十分在意，反正只要皇上知道我的忠心就行了。"韩信不露声色地说道。

"忠心？将军能挥师征战，攻城拔寨如履平地，对战事料敌如神，却怎么对官场的事如此麻木？你不在意，别人可要在意你呀！"

韩信面不改色地说："别人在意我又怎么样，大不了继续做楚王罢了！"

"唉，将军不要曲解我的意思，你看看，当今朝里，都是些居功自傲的家伙，他们生怕别人超过自己，于是对有才略的人总是心有不服，如此说来，你我之间就得有个相互照应才对。将来只要你我同心，朝里朝外的事不就都好办了吗？"说到这里，吕雉眼里流露出一丝得意的神情。

韩信这才明白吕雉此行的用意，原来她是想把自己拉到身边，成为她的人。看来吕雉还真有耐心，上次就被自己拒绝了，没想到隔了这么长时间竟然还不死心。他心说：你一个女流之辈对我有什么用？我们联合起来，恐怕只会对你一个人有帮助，这种亏本买卖我可不做。

"楚王，你的意下如何呀？"看着沉思不语的韩信，吕雉心急如焚地问道。

"回娘娘的话，"韩信从容地说道，"韩信不能从命。从君臣方面说，皇上对我恩重如山，可以说我今天的一切都是皇上所给予的，我对楚王之位已很知足。"

"噢，这么说就没有回旋余地了吗？你我同心，是针对百官，不是对皇上，这点你想过没有？"吕雉仍不死心。

"娘娘此言差矣，同僚不合，必然导致朝纲不稳，朝纲不稳，怎么能说与皇上无关呢？总之，只要不背弃圣上，我韩信什么话都好说，什么事都可以做，但如果有人想背离此信条，强迫我干这干那的话，那是绝不可能的！"

"好！好一个忠贞不贰的贤人君子！"吕雉看到韩信不吃自己的那一套，面带尴尬，语带双关地说，"皇上有你这样忠心的大臣，那是大汉之幸，皇上的福气。可是，皇上是不是真的这么想，你我心中有数。"

吕雉想到她今天的所作所为，不免有些后悔，如果韩信把这些话传出去或者报告给刘邦，那她还怎样立足？所以，她必须想办法把韩信的嘴堵住。

三　杀人灭口

刘邦打败项羽后，曾用计将韩信的大元帅印要了回来，然后又借口楚地难治理，改齐王韩信为楚王。刘邦称帝后，又找借口剥夺了韩信的楚王封号，改为淮阴侯，并把韩信骗到都城控制起来。

刘邦还赏给韩信一所宅子，只是不再让他带兵、参政。不过，这个住所具有严密的防护，数十名身份不明的人在府中随意游走着。韩信心里清楚，他这是被监视起来了。

两个月后，韩信原先的部下陈豨叛乱，消息传到长安以后，满朝文武大惊。

刘邦召集群臣商议派谁讨伐叛军，此时楚王韩信已成"阶下囚"，大家认为只有淮南王英布、大梁王彭越才能打败陈豨。刘邦立刻下诏，催二人讨伐陈豨。

没想到，韩信听说陈豨叛乱，又听说皇上准备让英、彭两路人马讨豨，立刻修书两封，差心腹预先通报与淮南、大梁二王，着二王不可遣兵救应。

信上说："我有大功，见今废置不用，二公若应诏讨豨，早擒豨，暮即杀二公矣。盖汉主可以同忧患，不可以处太平。……信恐二公不悟，误投陷阱，所以星夜差人吐心露布，幸二公详察，不可如我今日之悔！"

英、彭二人得信，遂托病不至。差人回奏，刘邦大怒，决定御驾亲征，命周勃、王陵为先锋，领精兵十万先行。

刘邦御驾亲征后，吕雉便与审食其密谈，认为对韩信要严加防范。

最初，高祖率大兵出长安时，韩信称病不随皇帝出征。后来打听到陈豨屯兵曲阳，又觉得陈豨应当占据邯郸，阻塞漳河才为上策，怎么可以屯兵曲阳呢？高祖假如占据邯郸，陈豨就凶多吉少了。

想来想去，自己虽然无法起兵呼应，至少应该提醒他一下。于是马上奋笔疾书，把自己的想法倾囊相授，而后暗中派心腹前去送信给陈豨。此外，他在信中还特别提到：请派遣良将精兵从小径攻长安，我却从中起事，让高祖首尾不能相应，如此必获全胜。

心腹带书信出城，路上遇到熟人，结果酒喝多了，把韩信的秘密说了出来。他那个熟人恰巧是审食其的手下，立马把此事报告给了审食其："韩侯与陈豨勾结，意图谋反！"

审食其立刻到宫中去见吕后，把此事详详细细重新讲述一遍。

"我就知道韩信绝不会就此罢休，果不其然，他跳了出来。"吕雉恶狠狠地说道。

"娘娘，我带领人马立即到侯府擒了韩信，不然他先动手就麻烦了。"审食其摩拳擦掌地说道。

"愚蠢！韩信是谁？你带上几个人，有什么用！对付韩信，必用智取，万万不可强行。弄不好，我们先成了他的刀下之鬼了。"

"对，对，还是娘娘料事周全。"审食其讨好地说道。

"你再发展几个内线，让他们严密监视着韩信，绝不能让他离开府宅半步！"吕雉说道。从这时开始，韩信便已经向死亡的深渊一步步迈去，可悲的是，他还蒙在鼓里，一无所知。韩信和往常一样，不上朝，不出门，整日心事重重，有事没事地站在地图前发呆。

刘邦出兵征讨陈豨，临行前嘱咐：长安宫里所有政事，内托皇后吕雉，外委丞相萧何代管。于是，吕雉连夜召萧何入宫密商对策。她流着泪对萧何说："皇上现在远离都中，若让韩信得逞，非但我母子肝脑涂地，只恐汉室社稷一倒，黎民百姓又要遭受战乱之苦了。请丞相速速定计剪灭叛贼才是啊！"

这给萧何出了个大难题，他同韩信有着很深的交情，当年，韩信投奔刘邦未被重用，愤而离去，幸亏萧何独具慧眼，月下追回韩信，登坛拜将，从此执掌三军，辅助刘邦夺取了天下。韩信因此一向十分敬重萧何，而萧何也特别赏识韩信的才能。

现在韩信犯了死罪，他真不忍心诛灭，但面对吕后那一番话，他又不得不放弃私情。他想：自己身为丞相，本以江山黎民为重，岂能因为私情而庇护反逆？于是，萧何躬身说道："皇后陛下请放心，臣自有良策擒拿韩信。"

"唉，请问丞相有何良策？"吕雉急火火地问道。

"臣以为，韩信乃当今无人可敌的骁将，如果硬碰硬地去擒拿，势必有很大的困难。所以，我们只能用计擒拿而不能硬性去拿。"

"嗯，这话不假，依丞相看，该用何计呢？要知道，韩信并非只有勇，他也是很有头脑的人啊！"

萧何说："明日差人前往牢中，拣一重犯与陈豨模样相似者斩首，同时派人报捷，只说圣上已得胜，杀了陈豨，将首级传入长安，号令关中。群臣闻此，必定要来贺喜，韩信必然出朝。我们找几个力士就可以抓住他，任凭娘娘处置。"

"这宫中何人设埋伏，就由娘娘定。到时候，我亲自到淮阴侯府上去，让他和我一起进宫。"萧何说。

"最要紧的是不要让韩信发觉我们的行动，不然就会打草惊蛇。"吕雉不放心地叮嘱萧何道。

"娘娘请放心！"萧何说完便告辞出来了。

萧何回到自己府上，百感交集，但事已至此，他又毫无能力挽回。他一边布置着抓韩信的步骤，一边在心里说道："韩老弟，请见谅啊！"

几天之后，一名将士风尘仆仆驰入长安，直奔吕后住的长乐宫。

他自称是皇上从前线派来的使者，向皇后太子以及朝中大臣传报佳音，说反贼陈豨已被扫平，圣上不日将班师回京。

第二天一大早，未央宫钟鼓齐鸣，宫门大开。文武大臣鱼贯而入，纷纷上殿向吕后道贺。等礼乐奏完，大臣们一一退出，唯独没见韩信上殿。过了一会儿，只见丞相萧何匆匆赶往淮阴侯府。

萧何亲自来请，这是韩信万万没有料到之事。在韩信看来，去与不去，并非什么大不了的事，既然萧何苦苦相劝，那就依他吧。稍缓，韩信笑着说："既然丞相要我去，那就去一趟吧。"

"好，我们同行。"

于是，淮阴侯韩信，随着丞相萧何向长乐宫而去。到长乐宫的南门，他们都下车步行向内。一路上，两人都沉默着，谁也没有说话，韩信扭头看一眼在一旁并行的萧何，发现他老态龙钟的样子，面容上似乎还带有一些忧郁的神情。韩信心想：看来，他的生活也并不安乐。

刚到长乐宫前殿，就有四名执事上来，说道："娘娘在临华殿等候淮阴侯。"韩信躬身应是，回头看了萧何一眼，那意思是：为啥单独接见我，还不许丞相入内？

萧何拱手一笑，说道："既然皇后有旨单独召见，那就请韩将军快去吧，我在前殿候命。"

韩信刚一踏进门槛，两扇大门咯吱一声便关上了。接着四条绳子从天而降，同时搭在了韩信的身上和脖子上。八名武士一人牵着一头，同时各向着一个方向猛跑几圈，便把个韩信结结实实地绑了起来。随后又上来四名武士，把韩信重重地摔倒在地，然后用绳子分别捆了双手和双腿。

这时韩信才知上了当，但他心不死，左右扭头看着，在找萧何，他大声喊道："丞相救命啊，丞相救命！丞相萧何，你在哪里呀？"

韩信喊也是白喊，萧何早跑得无踪无影了。按照吕雉的旨意，萧何把韩信骗进宫来，就算完成了任务。

武士们把韩信押上殿。吕雉怒视着韩信，斥道："没良心的东西，皇上待你不薄，如何一而再，再而三地谋反？"韩信大喊冤枉。

吕后一点都听不进去，打断韩信的话说道："你冤枉？你要冤枉，我就更冤枉了。现在奉皇上诏令，将反贼韩信立即处死，灭三族！"

韩信大喊道："你要杀我容易，可是先拿出证据来，天下人才会信服，我也死而无憾！"

吕雉冷笑道："好一个死而无憾！皇帝从陈豨大营中搜出你的亲笔信了！"

韩信只觉得脑子嗡的一声，一句话也说不出来。这时，韩信才知道自己上了当，并且是上了至交萧何的当。他心里一阵钻心的痛。他悔恨交加，悔不该让萧何骗他进来，现在羊入虎口，毫无办法了。

不过，现在怨萧何已经晚了，他只能面对现实，面对吕后。韩信突地从地上站了起来，仰头一阵大笑之后，怒目瞪着说："你想处死我？"

"对于逆臣反贼，理当处死！"吕雉毫不妥协地说。

"既犯有死罪，也该是圣上降旨处死，哪能轮上你来处死，谁给你这个权力？"

"哼！你太精明了，不过再精明今天你也是死定了，除了你就是皇上降的旨。"

"圣旨在哪儿？让我看看！"韩信争辩道。

"我看就没这个必要了吧！"

"那好，圣上曾赐我三不杀：见天不杀，见地不杀，见铁器不杀。我问你，你如何处死我？"

吕后冷笑一声。

韩信知道这次在劫难逃了，就仰天长叹道："我真后悔当初不听蒯彻的劝告，以致今天这样冤死。唉，不想我韩信一世英雄，今日竟死于一妇人之手！"

吕后命人拿来一块大布和许多一人多高的削尖的竹签。武士们将竹签一根根竖在地上，另外几个武士将韩信从头到脚裹上。

吕后对裹在布里的韩信说："我今天叫你死在这竹签上。你现在抬头看不见天，低头看不见地，你到死都见不到铁器，还有何话可说？"说完，吕后得意地笑了起来。

几个武士得到吕后的命令，将韩信一下子抬起来，架到了竹签的顶端，然后喊着号子一齐松了手。竹签深深地刺进了韩信的身体，鲜血顺着竹签慢慢地流下来，染红了未央宫的地面，渗入到未央宫的泥土里……

四　兔死狐悲

彭越是灭楚的重臣元老，他在朝中的功劳仅次于韩信。自从韩信被贬为淮阴侯以来，彭越就有一种不祥的预感，总觉得有什么灾祸随时都可能降临。彭越与韩信有着很深的私人交情，韩信被杀害，彭越有一种兔死狐悲的不祥之感。

"他们这是卸磨杀驴，过河拆桥！"彭越有时自言自语。

成了惊弓之鸟的彭越，几乎不再进京，这时的彭越已是梁王，有事要报奏朝廷，他派使者，朝廷有令，他也会积极执行，就是从不进京，也不轻易与刘邦见面。他心想，韩信的教训就是太轻信他们。

彭越这种敬而远之的态度，在刘邦看起来倒还没什么，吕雉却好似如鲠在喉。她心里暗自盘算着，一定要尽快除了这个心头之患。

终于，机会来了。韩信死后，他的一些旧将在楚地相继起兵造反。刘邦亲征，出发前，吕雉对刘邦说："陛下，为何不让梁王与你会师一起剿灭叛贼呢？"

"哎，对呀！这倒是个好主意，这样既可省去长安兵力远途跋涉，又可以给京城留够兵力，用彭越的兵，就近而且……唉！恐怕……"刘邦犹豫了。

"陛下有何为难处？"吕雉明知故问。

"这几年，自韩信贬王封侯以后，彭越似乎逐渐和我故意疏远，这次让他出兵会师，未必听我的。"

"陛下，治天下讲究令行禁止。作为王侯，连皇上的诏令都不听，那还了得？如果彭越胆敢不率兵会师，那就说明他有谋反之心，不妨尽早设法剪除，以绝后患。"

"那么，就试他一回，等他不出征时再作道理。不过，我还是要多带一些兵，以防彭越不出兵。"

"这样当然好！"吕雉高兴地说道。

吕雉的目的达到了。她明知彭越绝对不会出兵，但她向刘邦建议的目的就是把彭越这种敬而远之的态度更加挑明了，让他们君臣之间的矛盾公开化、明朗化，使双方都没有退路可走。

果然，刘邦出发前，就差人通知彭越，让他率军到楚地与自己会师，共同征讨叛逆。

彭越思前想后，不敢前往。他已经意识到刘邦对自己的不满，也从韩信的死中得到了启发。所以，他派了一个部下将官率三千精兵与刘邦会师，自己称病而未去。

这事自然激怒了刘邦，他立即遣人专程赶到了梁地，指责了彭越。面对刘邦的指责，彭越进退两难。他知道，违抗诏令，是要杀头的，自己已经犯了死罪。为了挽回这被动局面，他准备铤而走险，亲自上阵前往谢罪。

但是，彭越的属下扈辄劝他说："大王要是现在去，已经于事无补了。"

"为何？"彭越问道。

"大王前日没有应召会师，已经完全失信于皇上，现在绝对没有挽回的余地。如果大王今日前去，必定要遭暗算，事已至此，还不如就此举兵，截断圣上退路。"

彭越听了，觉得是这个理儿，但可惜的是他只听了扈辄一半计策，仅仅仍是借口生病而没去谢罪，并未起兵造反。

虽没起兵造反，但扈辄和彭越的谈话被另一位他的部下听到了。这人密报了刘邦，刘邦出其不意地将彭越和扈辄一举捕获，押到了洛阳，交给廷尉审讯。

审讯的结果是：彭越不听扈辄唆反之意，无大罪。但彭越若是孝忠汉室，就应该将扈辄治罪。因此，彭越也是罪不该赦。

刘邦心里暗想，刚刚杀了韩信，再杀彭越，怕人说他连杀功臣，招人不满。因此，他决定处决反臣扈辄，赦了彭越死罪，废为庶人，发配到四川，以观后效。

吕后得知关于刘邦对彭越的处罚后，心里是喜忧参半。喜的是又一名异姓王被除掉，剔除了她心头一块疾患。忧的是皇上竟没有杀他，这无疑等于放虎归山，将来必成心腹大患。她立即命令内侍，不顾暑天燥热，直奔刘邦居住的洛阳南宫。

进城后，吕雉没等通报，径直来到刘邦的寝殿。这时，刘邦正与戚夫人饮酒作乐，吕雉突然闯入，使刘邦有些不高兴，但念及她远道而来，并没说什么，只是淡淡地问道："你怎么招呼不打一个就来这儿了？让你在宫里主持内务，你忘了吗？"

"我怎么忘了，我是有急事而来，办完事后明日便立即回去。"

"究竟出了什么事，这样风风火火的？"刘邦又追问道。

"臣妾在长安闻报，梁王彭越谋反，陛下不加以重罪。我就是为这事而来。"

"咳，就是为这事呀？"刘邦不屑地说道，"彭越哪里是什么谋反，他不过是想走韩信的老路，怕我诱捕他而没有率军会师而已。不过，他的罪过在于对唆反叛臣没有及时除掉，所以死罪可去，活罪难免，我已判他流放四川了。"

"陛下，"吕雉向前坐了一下，接着说，"这样对待彭越，恐怕有放虎归山之患。彭越和韩信一样，都是顶天立地的汉子。韩信之所以后来造反，就是因为免去了他的王位才不满的。既然韩信还有个侯爵的位子都谋反，那彭越被你发配流放，就能不明不白地受罪吗？如果他在四川再图谋反，凭借着天府膏腴之地，兵精粮足，到时陛下恐怕后悔就来不及了。再说了，太子仁孝懦弱，还需我们做长久考虑。俗话说一拳是打，两拳何尝不是打呢？"

这一席话把刘邦说动了，他越往下听越觉得吕雉所说有道理，也为自己一时冲动免去彭越死罪而后悔。想到这里，他又说："你说得不无道理，但我已经当面赦了彭越的死罪，岂能当作儿戏，说变就变呀？"刘邦有些为难。

"这有何难？就说彭越不服，在发配之时又谋反，这不就有证据了吗？"

"对，这事就交给你去处理。"

就这样，彭越被吕雉带到洛阳，安顿在一所昔日旧交的府中，吃喝起居等方面都较优越，又把彭越的部分随从从梁国调了过来。表面上看似没事人一样，其实用的是外松内紧之策。

吕雉一面指派彭越手下舍人告发彭越，说他回洛阳后又重新图谋造反，一面又策划着如何捕获彭越。因为彭越也是一员虎将，力大无比，擒获他必须用计，不敢硬拼。

彭越回到洛阳，成天乐悠悠地这里转转，那里走走，还不时地嘴里哼哼叽叽地唱上几句。

这天一早，吕雉的侍卫官带着一行人来到了彭越的住处。"梁王听着，皇后有诏，请你速去见驾。"

"是，臣立即便去。"彭越终于盼到了信息，他以为吕后在皇上面前求情准许，这是诏他进殿宣布呢，他高兴得声音都有些变了。

捕获彭越与捕获韩信如出一辙，吕雉也令武士设伏在门边，等彭越一跨进门槛，便用绳子缠捆了起来。

被捆住双手双脚的彭越仍未醒悟过来，他叫着说："这是怎么回事？我是梁王，是奉皇后之诏来晋见皇后的，你们瞎了眼了？"

武士们也不与他多说，只顾捆得结结实实之后，才把他拉进了殿门。

吕雉端坐正中，满脸怒气，看着彭越。"娘娘，这是怎么回事啊？"彭越大声问道。

"住口！彭越匹夫，圣上对你不薄，你却谋反。圣上念及你曾屡立战功，宽恕了你，只治你发配流放之罪。这已经够宽恕你的了，谁知你不知好歹，又在住所图谋造反。今天你还有何说的？"

"我冤枉啊！请娘娘明察，我确实是冤枉的呀！"

"你冤枉？我让你见一个人，一会儿你就不喊冤枉了。"吕雉说着招了招手，武士领进一个人来。

"彭越，你抬起头来看看他是谁？"吕雉又说道。

彭越抬起头转向那人，那人立即低下了头。彭越看看那人，又看看吕雉，不解地问道："娘娘，他怎么了，怎么也弄到这儿来了？"

"你问我，我问谁去？"吕雉看了一眼彭越，接着说道，"你刚才不是还在喊冤吗？你究竟有多大冤屈，与你这位属下说说吧。"

彭越瞪着眼睛又转向了他身边的那个人。

这人叫胡参，是彭越多年的旧部，曾跟彭越一起起兵，南征北讨，两人感情不错。只是半年前，已成都尉的胡参因调戏民女被彭越重责了一顿，谁知对此胡参一直记恨在心。这次吕雉到了洛阳，得知这一情况后，便秘密把胡参召来，如此这般地教唆了一番，让他当堂作证诬陷彭越图谋造反，并答应事后封他官爵。

"胡参，把你们商议谋反的事再说一遍！"吕雉对胡参说。

"皇上、娘娘他们都知道了，你就招了吧。"胡参连看都不敢看彭越，低着头怯怯地说道。

"什么？我招什么？"

"就咱们谋反之事呀！"

"咱们谋反？我与你？我何曾与你商议谋反？"彭越又急又气地问道。

"咳，大王，你怎么就这么固执呀？那天我从梁地来洛阳看你，一见到你，你就关上门对我说：'皇上逼得咱们活不成了，只有奋起反抗，才可求得一条活路。'你还叫我赶快回梁地率兵攻打洛阳，说趁皇上带兵不多，我们乘虚而入，一举把皇上擒住，然后……"

"呸！无耻小人，我怎么就瞎了眼，我更悔的是为何当初没有一刀砍了你这败类，今日你乘人之危，落井下石，你还配做个人吗？"彭越说着就要扑过去踢胡参。

胡参吓得连连倒退，不时用眼看着吕雉。吕雉向他摆摆手，胡参会意地立即走出了殿门。

"娘娘，这纯粹是无中生有！"

"无中生有？哈哈哈！无中能生出有，那也是本事，彭将军你说是不是？"

"你！"至此，彭越才知道他上了吕雉的当。他冲着吕雉骂道："你好歹毒的心肠！我彭越就是死了，也要变成鬼来索你的命！"

话音未落，一位侍卫拿来了弓箭，连发数箭，彭越胸脯、颈项等处都被射伤，倒在了血泊中。

吕雉看到彭越被制伏，走到跟前笑嘻嘻地说道："反贼，我看你还有何招数？"

彭越由于流血过多，倒在地上已没有说话的力气，但他瞪着血红的眼睛，久久地盯着吕雉。

吕雉被彭越看得毛骨悚然，她急忙吼道："把这逆贼推出去立即斩首！"武士们刚要把彭越拖出去，又听她说，"拖回来，就在殿堂里斩首，我要看看逆贼的脑袋是不是肉长的！"

于是，武士们又把彭越拖了回来，重重地放在地上，其中一名武士手起刀落，彭越的人头便落了地。

吕雉看着那如注的血，感到一阵阵头晕恶心。她闭上眼稍顿一会儿，说道："把这逆贼的下场诏告各路诸侯，将来谁要胆敢谋反，定是同样下场！去吧，立即照我的吩咐去办！"说着她在几名侍卫的搀扶下回到了寝宫。

等刘邦从前线战场上回来时，彭越已经被杀，向各路诸侯送信的人也全部出发了。

听说了这个事情，刘邦恼火地说："彭越固然可气，但你这样做，也未免太残忍了！更不该的是，你还要警告各诸侯，你这不是成心要给那些功臣摆脸色吗？你如此做法，我们会失去人心的。治理天下，要靠仁靠德，要取信于人，你！你以后少参政、少添乱，不该你管的事，你就不要管！"

刘邦气愤地看了一眼吕雉，接着说道："你明天就回长安去，好好治理后宫的事。"说完便起身扬长而去。

吕雉挨了一顿训斥，虽说也不高兴，但她心里还是坦然的，不管怎样，这下又除了一个她心头的祸患，为儿子将来当皇帝提前扫清了一个障碍。

第十回

大权独揽杀异己，吕后弄权倾朝野

　　宫女们按原先的吩咐，架起戚夫人，先把事先煎好的聋耳药灌进了耳朵，随着戚夫人的惨叫声，又把致哑药灌入口中，不过数刻钟，戚夫人已叫不出声来了，只是大张着嘴，捣蒜似的在地上磕头，求宫女们放过她。

一　争风吃醋

　　吕后的性格，随着她地位的变化，也变得越来越尖刻和挑剔，变得难以容人。她刚从楚营获释回来时，见到后宫嫔妃个个都像天仙一般，她照照镜子，自感不能与那些嫔妃们相比。但那时刘邦还没有得着天下，如果那时她就吃起醋来，显然有些不妥，她是个聪明的人，善于审时度势。因此，她只好忍耐着。还有一个原因就是刘邦最为宠爱的那位薄姬，对吕后百依百顺，十分恭敬。不但不与吕后争宠，反而每见刘邦要去她那里时，她总设法婉言拒绝，有时还亲扶着圣驾，送往吕后的宫中，这样就使吕后不便发作。所以相当一段时间里，倒是相安无事。

后来，曹氏、戚氏的进宫，使情况发生了变化。曹氏和戚氏进宫后就被刘邦封为夫人，曹夫人倒还谦和温婉，但那位戚夫人却使吕后大为反感。戚夫人相貌妖艳，风情万种，深得刘邦的宠爱，她对刘邦格外殷勤。因此，便使吕后特别忌妒。

这一天，刘邦到太上皇那儿去了，吕后并不知他不在宫里，以为又在戚夫人那里取乐呢。吃午饭时，她没见到刘邦回来，心里就不高兴起来。她先差遣一名宫女出去打听，她自己却悄悄地来到了戚夫人宫外。

戚夫人的宫女见皇后驾到，正要进去通报，请戚夫人出来迎接，但吕雉却摇手示意，不让她进去通报。

吕雉走到窗外，用眼睛偷偷往里窥视，她看见刘邦不在房内，正要转身离去，却听到戚夫人对儿子如意说："你这等年纪，应该好好学习，以便将来帮父皇料理天下大事。"

如意说："书当然要读，不过帮助父皇料理大事嘛，却未必就能轮到孩儿了。"

"这话就不对了，你是你父所生的儿子，哪能说轮到轮不到的话？天下是刘家的天下，江山是刘家的江山，轮不到你还能轮到谁呀？"

吕雉听到这里，已经气得浑身发抖。她不容多想，便抬脚闯了进去，一屁股坐在刘邦平时所坐的椅子上，怒容满面，一言不发。

吕雉突然进来，戚夫人手足无措，她知道吕雉一定已在窗外听了半天，可为什么宫女竟没有率先通报呢？

戚夫人忙向吕雉行礼道："娘娘驾到，未能远迎，请娘娘不要生气。"

"哼!"吕雉气呼呼地把脸扭向了一边。

"敢问娘娘为何生这么大的气?"

吕雉仍是不言语,正待戚夫人再问时,吕雉忽从椅子上站了起来,啐了戚夫人一口,说道:"皇宫之内,哪有你这乡村人家说话的分儿,你简直是上下不分,大小不知!我问你,什么叫作帮父皇料理天下大事?"说着吕雉冷笑一声道,"这还了得吗?"

戚夫人因为进宫时间不算长,一是对宫内险恶性估计不足;二是自恃皇帝宠爱,心想要是她与吕雉打起枕上官司来,未必就会失败;三是当着那么多宫女,被皇后这样无端地凌辱一顿,自己要是连话都不敢说,岂不叫人轻看?四是她自知她说的那句帮助料理天下大事的话本身并没什么错。正因为这四层缘故,戚夫人此时便顾不了吕雉的威严,也不示弱地说:"娘娘怎能如此无礼!开口骂人算什么?我说错什么了?"

看着这种僵局,如意赶忙跑过来,跪在吕雉面前,拱起小手说道:"母后不必生气,孩儿母亲,一时带了酒意,还望母后恕罪!"

正在这时,薄姬路过这里,听见房里戚夫人与娘娘斗嘴,便急急地进来劝说。

在薄姬的劝说下,吕后愤愤地离去了。而后,薄姬返回身对戚夫人说:"戚妹怎么顶撞娘娘?不管怎么样,她是正宫娘娘,连皇上也得让她三分呢,何况我们这些妃子!与人家相比,咱们是低人一等呀!"说着,薄姬眼圈微红,热泪涟涟。

"薄姐爱护妹子是好意,但那吕雉也欺人太甚了!"戚夫人也泪汪汪地说道。

薄姬忙过去捂住戚夫人的嘴,神色慌张地说:"隔墙有耳,说者无心,听者有意,不要弄得太僵了,对谁都没有好处呀!"

两个人又说了一阵话后，薄姬便起身离去了。

从此以后，吕雉和戚夫人的仇算是彻底结下了。吕雉发誓，一定要把戚夫人干掉，因为她不仅抢自己的丈夫，还想抢自己儿子的太子之位。

二　排除异己

刘邦对自己的太子并不满意，因为他总感觉刘盈太笨，他更喜欢戚夫人的儿子——如意，如意不仅聪明伶俐，而且特别会讨刘邦的欢心。所以，刘邦一直有改立太子的念头。

吕雉岂能容忍自己的儿子被剥夺太子之位，于是她想尽一切办法，向张良、萧何求助，找商山四皓帮忙，最终巩固了儿子刘盈的太子之位。

改立太子的事情让吕雉下定决心杀死戚夫人。刘邦活着的时候，她杀不了戚夫人，但刘邦死了就好办了。

在刘邦刚死的那天晚上，她迫不及待地派了一队人马手持宝剑，高举火把，将戚夫人绑了起来。吕雉吩咐宫女把戚夫人身上的凤袍剥去，换上粗布衣裳，然后又把她头上的首饰一件件摘去，捎带着还拔了几把头发。戚夫人顿时痛得哭天抢地。

吕后冷笑一声说道："因为你平时太作威作福，不让你吃点苦，那可是太便宜了你！"

在之后的几个月时间里，吕雉毒杀了赵王如意，降低了齐王刘肥的地位，这解除了她心头最大的疾患，因为她最怕刘盈的皇位落入这两人手中。

然而，这些事情办完后，她又闷闷不乐起来。

这一天，审食其见了吕雉，看见她面有愁容，预感她可能有心事，因此，便试探地问道："太后因什么事闷闷不乐呢？"

"你能看出我有心事？"吕雉问。

"我跟随太后这么多年，连这点眼力都没练出来，那不是太说不过去了吗？"审食其讨好地说道，"不就是戚夫人吗？"

吕雉没吱声，不置可否地看着他。

"咱们马上把她处死不就行了，这连吹灰之力都费不了，还用得着太后你犯愁？"

吕雉听了后，道："处死她，自然易如反掌，但如果顺顺当当地让她死去不是太便宜她了吗？我犯愁是因为想不出个让她死的办法。"

"要杀要剐，不是由着你一句话吗？怎么说想不出个死法呢？"

"不！我既不杀她，也不打她，我要想出个特别的死法来，要想一个从古至今没有人用过的刑罚。"

几天之后，戚夫人便大祸临头了。宫女们按原先的吩咐，架起戚夫人，先把事先煎好的聋耳药灌进了耳朵，随着戚夫人的惨叫声，又把致哑药灌入口中，不过数刻钟，戚夫人已叫不出声来了，只是大张着嘴，捣蒜似的在地上磕头，求宫女们放过她。但又有谁敢呢？

刘如意的死，给刘盈的打击太大，他一直卧床一个多月，刘肥来后，才渐渐好了起来。可好景不长，刘肥被吕雉贬了身份随鲁元公主回了齐国后，刘盈又陷入了无限的痛苦之中。

这天，突然有长乐宫的宫人过来，向他奏道："启奏陛下，太后有谕，听说陛下近日心情郁闷，怕有伤情志，特派臣来请陛下过去看戚夫人，以消愁闷，壮肝胆。"

刘盈正无聊之极，便跟着宫人去了。

但他所见到的戚夫人早已不堪入目。

刘盈回到寝宫，便吐了一口鲜血，他简直不敢相信自己的母后会如此残忍。从这一天起，刘盈的病便越来越严重。

三　临朝称制

近日来，刘盈的身体一天不如一天，这可急坏了吕雉。她并不是为刘盈的身体着急，而是因为刘盈到目前为止，还没有个正宫娘娘，更别提子嗣后代了。如果日后刘盈驾崩了，皇位该由谁来继承？她自己的地位会不会受到威胁？

想到这些，吕雉急召来妹妹吕嬃，二人如此这般地密商了一番，商定了一个主意。

第二天，吕雉就对外宣布，立鲁元公主之女张氏为皇后，以亲上加亲，后又自做主张，让张氏对外说怀上了刘盈的骨血。

几个月后，吕雉将一个宫女生的儿子抱了过来，宣称张皇后生下"太子"刘措，接着，没几天刘盈就死了。

古话说，国不可一日无君。在当时的那个特殊时期，就更是如此。刘盈安葬完毕后，"太子"刘措继承皇位，因为还小，无法料理朝政，所以，吕后开始临朝称制。

吕雉临朝称制几年后，少帝刘措渐渐长大，吕雉害怕他长大后跟自己要权，所以找了个借口，把他废了。

从此，吕后广植心腹，一干吕姓家臣逐渐掌握了大权。

　　吕后继续临朝称制，处理朝政。此时的吕后已经得到了皇帝的一切权力，除了那个可有可无的"皇帝"称号。

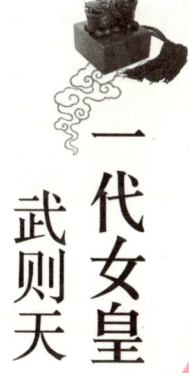

一代女皇武则天

她是雄心万丈的女人；

她是开明圣贤的女皇；

她是心如蛇蝎的母亲；

她是娇柔美艳的情人。

她出生不俗，相士断定她能成"人主"；

她天生多情，14岁就渴望爱情；

她蛇蝎心肠，掐死女儿、杖杀皇后、杀死兄长；

她开明圣贤，统治时期国泰民安，延续贞观之治……

她就是武则天——中国历史上唯一的女皇帝。

　　作为中国历史上唯一一个女皇帝，武则天临死的时候却说："我死后，我坟前的石碑，不要刻字，我的一生由后人去评说！"

　　那么，武则天究竟是一个怎样的女人？

女王档案

姓名： 武照

籍贯： 四川广元

职业： 大周皇帝

生卒： 公元 624—705 年

老爸： 武士

老妈： 杨夫人

老公： 李世民、李治

家庭出身： 官宦之家

毕业院校： 私塾

最得意： 废唐，改国号为周，成为中国历史上唯一一个女皇帝

最擅长： 谋略

最痛苦： 亲手掐死自己的女儿

个性签名： 一代女皇

第一回

武家有女初长成，情窦初开觅前程

武照并没有乐得立即跳起来，她心里很矛盾。去京师吧，还真舍不得小情人徐士杰。他们曾多次拥抱、亲吻，而且徐士杰不但人长得清秀俊美，而且还有一身武功，拥抱时是那样有力……可是去京师，进入皇宫就有可能被皇上宠幸，也许皇上年龄大，也许皇上生得很丑，但是，皇上却是全国权力最大的人，一旦被皇上宠幸，自己也会借光有权，那时……她沉思着。

一　天生贵命

三月的时节花红柳绿，草长莺飞。

一个晴朗而又美丽的春日，安静祥和的一座小城突然变得喧闹起来。大街上，不时有轿子经过，还有一些骑马者飞驰而过。

今天，武士彠的女儿满月，他正张灯结彩，大摆筵席。

武士彠以前是个木材商人，虽然现在身居高官，但是他对金钱依然有着无与伦比的热爱，为自己的女儿办满月酒就是一个很好的赚钱机会。

身为当地长官，武士彟的女儿办满月酒，自然是高朋满座。不要说他自己的下属，就是当地大小官员，有哪个敢不来送礼道喜？何况还有所辖各县之官吏，以及富商大贾、士绅、富户等，所以，前来道喜的客人络绎不绝。

客人虽多，但是能让武士彟亲自到门口迎接的没几个，除了刺史大人，还有一个算命先生。

这个算命先生可不简单，就连当今圣上都经常找他给自己的臣子看相，他就是名扬天下的袁天罡。

袁天罡是个出家人，四海为家，今日路过利州，听说武士彟正在为女儿办满月酒，因为以前有过一面之缘，所以就顺路过来道喜。

听说袁天罡大驾光临，武士彟连忙出门迎接。"有劳袁先生大驾，在下有失远迎，还望见谅。"他说着话，抱拳为礼。

武士彟说着话，身子一侧，伸出一只手，做了个请的姿势。

"贫道何德何能，有劳大人远迎，罪过罪过。"

袁天罡亦将手一侧，道："大人请。"

两人客气过后，并肩步入正厅。

武、袁二人走进后堂，分宾主落座。丫鬟立即献上香茶，两人各啜了一口茶。

袁天罡将茶杯放在桌上，道："今日贫道路过宝地，听说大人为女儿办满月酒，特来道喜！贫道没有什么贺礼，大人不嫌弃的话，容贫道为令爱看看面相。"

听说袁天罡主动为自己的女儿相面，武士彟乐不可支。要知道，号称"天下第一相士"的袁天罡轻易不给人看相，很多达官贵人即使花重金都不能如愿。武士彟连忙让夫人去把武照抱来。

武士彟的第一个夫人生了两个儿子，分别叫武元庆、武元爽。

后来，第一任夫人病逝，这才娶了现在的夫人——杨氏。杨夫人生了两个女儿，大的叫武顺，刚满月的这个叫武照。今天这个满月酒就是为武照办的。

在杨夫人去后房抱武照的时候，武士彟把正在门前玩耍的武元庆、武元爽、武顺叫到自己跟前，请袁天罡为这三个孩子相面。

袁天罡注视了武元庆、武元爽一会儿，道："此二子皆保家之主，日后官至三品。至于年寿，非贫道所知。"

武元庆、武元爽虽不完全相信，但既有"保家之主"说，又有"官至三品"的希望，也不由得暗自高兴。两人同声道："谢道长神相！"然后躬身致礼。

袁天罡相了一会儿武顺，道："恕贫道直言，此女当大贵，然恐不利其夫。"

武顺尚小，对这些话还不理解，但是出身富贵之家的她不紧不慢地向袁天罡还礼道谢。

说话间，武照被杨夫人抱了过来。

袁天罡看了一会儿，面现惊奇之色，接着又注视一会儿，惊道："此女龙睛凤颈，贵人之极也。"

他说着话，从椅子上站起来，围着武照转了半圈，不住地点头、眨眼，口中啧啧有声，惊叹道："此女实不可测，后当为天下之主矣！"

满屋子人表情不一，心内想的各异。

元庆、元爽心内暗笑，这个袁老道，一个女孩子能有什么贵人之极，又什么为天下之主？但两人并未敢笑出声来。

武顺只在想自己"不利其夫"一语，并未细听袁天罡的话。

几个丫鬟已听过老爷与袁道人的对话，也听过老爷和夫人说过袁道人相过的人很准，此时对袁道人的话半信半疑。

杨夫人也是似信非信。女儿贵相当然好，可是，女儿又怎会为天下之主呢？身为女儿身，别说皇上，就是连个宰相也当不上呀！最高的地位，也不过当个皇后娘娘。

恐怕连娘娘也难当得上。她知道，历代皇上选后，多是名门望族。她虽出身名门望族，可是丈夫姓武，而武姓却不是名门望族，女儿连被选为皇后的机会都没有，又何谈其为天下之主呢？

武士彟却大为高兴，从心里高兴。他是完全信服袁道长的。至于女人何以可为天下之主？他不去想。

他当即命人摆酒，为袁天罡洗尘、接风。在女儿满月酒的时候得到袁天罡的"吉言"，武士彟太开心了，开心得居然喝醉了。

武照从小就表现出与众不同的地方。

因为武照贪玩，所以杨夫人就安排了武照的乳母带着几个小丫鬟陪她玩。武照只选那些生得俊美、清秀的丫鬟陪自己玩，对长得比较丑的连睬也不睬。

这几个丫鬟中，有一个叫叶儿的，生得最俊秀。可惜是个丫鬟，如果生在富贵之家，一定是一位可尊敬的小姐。

都督府有个花园，园内有亭台，有花草，有树木，还有一条引进来的小溪，溪上有桥，水内养着荷花。

武照很爱在花园里玩，她命令丫鬟们去捉蝴蝶、蜻蜓、蝈蝈、蚂蚱……而且专要叶儿去捉。其余三个丫鬟捉来，武照不但不玩，而且还令她们放飞，令叶儿重新去捉。

武照玩蝴蝶、蜻蜓的方法与一般孩子无异，让丫鬟用丝线将蝴蝶、蜻蜓拴住，只拴住肚腹，丝线的一头握在她手里，然后让蝴蝶、蜻蜓去飞。一般孩子玩过之后，就将蝴蝶蜻蜓放飞，武照则不同了，无论多美丽的蝴蝶或好看的蜻蜓，她玩过之后，就把每一个小生命都弄死，一只也不放过。

叶儿专司捕捉，每天累得气喘吁吁，香汗淋漓。但是只要武照看到了蝴蝶、蜻蜓，必令叶儿捉住。其余三个丫鬟只许用丝线拴住蝴蝶，不许去捉。

乳母慢慢地就看出了武照的用心。这位小姐并不爱美，似乎讨厌美。叶儿是最美的，所以她要折磨叶儿；蝴蝶、蜻蜓是美的，所以她要将它们撕成碎片。

一般女孩，愿意将美丽的花儿戴在发上或别在衣服上。武照不同，她拿过花来，先放在鼻子下闻一闻，然后再举在眼前端详一会儿，随即将花放在身边，先拿起一朵，将花瓣一片一片地揪下来，而且做得非常细致，一次只揪一片。这还不算，她揪的花瓣也不让它完整地留下，而是将花瓣再扯成碎片。

当初，袁老道给武照看相时，乳母听见袁老道说的话了。她暗想，难道这样调皮、捣乱、任性、胡为的武照就能成为天下之主吗？乳母不敢说出口，每逢武照折磨丫鬟，弄死蝴蝶、蜻蜓，扯碎花朵，她只是轻轻地摇头，轻轻地叹气。

乳母还发现了武照另一点与众不同的地方，每当仆妇、丫鬟或男仆，因犯了一点小过而受到笞杖的责罚的时候，武照并不是害怕，躲起来不看，而是走得近些，歪着脖颈看，似在欣赏一件有趣的事物。

父母宠爱武照，下人不敢惹武照。武照成了武府中的小霸王。在这期间，父母给她添了一个妹妹——欢儿。

转眼间，武照8岁了。

武士彟与杨夫人商议，道："武照8岁了，该让她读书了。庆儿、爽儿都是7岁开始读书的。武照贪玩，我才让她晚一年读书，再不能晚了。"

"老爷看着办吧。不过，武照这孩子有些古怪，一定要请个饱学之士执教。"

"好吧，我尽量去请，请不到秀才出身的也要请个明经出身的。"武士彟道。

就在武士彟准备给武照寻找一位名师时，自己却病倒了。

是急病，请来医生，诊断不出病因，不敢投药。他没有留下一句遗言，竟然撒手人寰，等到元庆、元爽从外地赶回来时，武士彟已在灵床上停了三天了。

杨夫人及武照三姐妹自然是悲戚莫名，痛哭失声。

元爽见到停在灵床上的爹爹遗体，没等跪下去叩首施礼，就对跪在灵床侧的继母杨夫人大声怒道："爹爹有病，为什么不早些给我们送信？真正是岂有此理！你有何话说？"

杨夫人只顾啼哭，却一句话也说不出。

武照也跪在灵床侧，她听了元爽的话，抬起头，大声道："爹爹病了即给你们送信，一刻也没有耽误，有送信人为证，你们来迟，为什么反倒怪罪妈妈，你讲不讲理？"

这一下倒把元爽问住了。

旁边的亲友忙向元爽解释，说明武士彟得的是急病，大夫诊脉之后，连药也未投；得病之初就给他们兄弟送信；等等。

武士彟的葬礼甚为隆重，陪葬器物也相当多而贵重。

元庆、元爽的想法是，他们不能瓜分遗产，一是他们不需要，二是怕众人议论。因此，二人力主厚葬，葬事后，府中贵重之物所留无几。

就连一直跟着武士彟生活的侄子武惟良、武怀运，此时也跟着元庆、元爽一个鼻孔出气，极力赞成。

杨夫人虽心中不愿，却又说不出口。

元庆与元爽临走之前，元爽对杨夫人道："爹爹的遗产，我们兄弟二人一物不取，一文不要，全留给你们母女，望你们好自为之。"说完，二人径自走了。

惟良与怀运也对杨夫人说了些虽是本家，并不想瓜分伯父遗产的话。说话时面现讥讽，很不礼貌。

杨夫人气得脸发白，却一句话也说不出来，只是瞪视着。

元庆、元爽与惟良、怀运等走后，武照对杨夫人道："妈妈，不要和他们一般见识，不要生气。等我长大了，我一定要惩治他们。什么兄弟哥哥？连一个朋友也不如！"

杨夫人搂住武照，边流泪边道："不要说孩子话了，我们孤儿寡母的，又有什么力量去惩治他们呢？"

"妈妈，我会的，我长大了一定会的，一定要惩治他们！妈妈，你相信好了！"

杨夫人知道女儿没有那个力量，却暗自称赞女儿的志气，她不再说什么，只有暗自流泪。

二　情窦初开

武士彟殁了，没有了俸禄，当然也没有了送礼之人，没有了收入，只能靠家底过日子。杨夫人将仆人大加裁减，近两百口之家，一下子裁减得只剩下不足四十人了。

又过了一年，武照9岁了，武顺即将出嫁。杨夫人指挥男女仆人忙着喜事。

离武顺婚期仅剩八天了，一切准备就绪。

夜间，杨氏母女被喊叫声从梦中惊醒。

杨夫人从床上坐起来，挑开帐子向外看，却什么也看不见，只听到叫喊声，却又听不清叫喊什么。喊声未停，又响起了兵刃互击声。

杨夫人已知坏事，吓得只顾哆嗦，一句话说不出来。

过了一会儿，外面的喊声住了，听不见兵刃互击声，外面突然亮起了灯笼火把。

突然间，杨夫人住室的门开了，一个人提着兵刃走进来。

那人发话了，他道："杨夫人，你们母女没事吧?"

杨夫人不知该如何回答。

一个仆人举着火把出现在门口，管家也随之出现在门口。

管家道："夫人，方才来了一伙强盗，后来多亏这位大侠领着一个少年把强盗赶跑了。"

杨夫人这才定住神，她忙走下床，对门口那人道："多亏大侠相救，请教大侠尊姓高名，小妇人这里拜谢了。"说着福了一福。

提刀的人笑道："夫人不必行礼。在下姓徐名有义，就在府上左侧不远处居住。在下听得府上有叫喊声，立即领儿子赶来，可惜来晚了一步，一些强盗已携着一些物品逃去。在下怕强盗伤着府上的人，没再追赶，犬子仍在搜查，看是否有藏下的贼人。夫人，快与管家去查看一下，看一看丢了些什么东西，在下尚可陪伴一时。"

"爹爹，这府上已没有暗藏的强盗了。"一个童声从门外传来，接着，门口出现一个十一二岁的少年，手中拿着一口刀。

没等徐有义搭话，少年又道："那边一个房中，有一个姐姐在哭。"

"那一定是顺儿。"杨夫人惊慌地道。她说着话，径直往外走。

杨夫人一走进武顺的住房就吃了一惊，给武顺准备的嫁妆陪奁全没有了，屋里翻得乱七八糟，箱箱柜柜的盖儿全扔在一边。

武顺听见脚步声、开门声，抬起头，首先看见妈妈走进来，她从床上溜下地，扑到杨夫人怀中大哭起来。

徐有义觉得无话可劝，他道："夫人，事情已经发生了，还是点检一下，看看损失了一些什么东西。估计强盗不会再来，在下就此告辞，明天一早再来看望夫人。"

他说完话，转身欲走。杨夫人用手抹了一下泪水，道："多谢大侠救了我孤儿寡母，谢谢！谢谢！附近没有我们的亲戚和朋友，以后还请大侠多关照。"

第二天，徐有义领着儿子来到武府。武府一片凄惨景象，所有上下人等，一个个垂头丧气，无精打采。早晨，虽然厨房做熟了饭菜，只有几个仆妇、丫鬟随意地吃了几口，而杨夫人母女，除欢儿吃了一点外，杨夫人、武顺、武照则一口也未吃。

徐有义问及昨夜的损失。

杨夫人未语先流泪，然后才叙及损失情况，结果令徐有义也吃惊。

原来，这伙强盗真狠心，不仅抢走了武顺的全部嫁妆，连平时所有的好衣服也全抢走了，令人吃惊的还不只这些，而是将武府所存金银、衣物、铜钱也全部抢走，所余的也只剩杨夫人屋中现存的了。

"还多亏徐大侠父子来相救，否则我们将没法活了。"杨夫人又流泪了，"请教徐大侠，此事是否该报官？"

徐有义道："我们彼此是邻居，寒舍离府上不远，请夫人不必再称我大侠，我也不是什么大侠，夫人直呼我名好了。至于报官的事，是应该报官的。不过，报了官之后，想让官衙捉住强盗，追回赃物是没多大希望的。官衙接到报案，也不过出一纸海捕文书了事，他们是不会认真去追找的。"

杨夫人一听追不回失物，又流泪了。

武照见妈妈流泪，她也流泪，只是没有哭出声来。

杨夫人道："长女嫁期已迫近，嫁妆全丢失，再置办，一是没有那么多的钱，二是恐来不及了。"

徐有义道："在下家无余产，在财物上无力相助，如果能用到在下的人，尽可帮忙。依在下之见，既然府上财力不足，只尽力草草置办一些也就可以了，我想夫人的亲家知道府上遭此不测，也不会过分挑剔的。不知夫人以为如何？"

杨夫人点点头道："也只能这样了，我一妇道人，很少经办大事，况今又出了这样的祸事，没有什么主见，就请大侠，啊！不！请徐兄弟过来帮一把吧。交浅言深，徐兄弟见谅。"

在徐有义的协助下，变卖了杨夫人房中存下的珠宝，总算为武顺又置办了简单的妆奁。又是徐有义帮忙，打发武顺出了嫁。

杨夫人又在徐有义的帮助下，卖掉了武家大院，另买了一座小院。遣散了男女仆人，只留下一个男管家、一个男仆、一个厨师、一名仆妇、两名丫鬟。

武顺出嫁了，杨夫人却为武照的学习发愁了。

徐有义道："此事不难。我们十几家公请一位先生，我和先生说一说，大概能行。先生也不过多教一个学生，何况他又可得一份报酬，多一个学生也不碍他的事。"

徐有义又亲自将武照送到学馆，先拜至圣先师，然后又拜师。

徐有义的儿子徐士杰，今年11岁，就是随徐有义去武府赶走盗贼，又报告武顺哭的那个少年，他也在这间学馆学习。

于是，武照和徐士杰每天一起上学、玩耍。

　　转眼间，武照14岁了，长成一个美丽的少女了。瓜子长脸儿，细白如腻，长长的睫毛，眼皮下是一双会说话的大眼睛。粉白的两腮及樱唇不抹胭脂，自然红润，尤其是两腮，每当一笑即现出两个小酒窝。洁白细小的牙齿，整齐排列，鼻似悬胆，颈如蝤蛴。身材修长，亭亭玉立。

　　杨夫人为有这样美丽的女儿而高兴。

　　由于徐有义不时帮助杨夫人处理一些需男人去办的事，两家来往甚密切。徐有义的妻子时常来杨家，杨夫人也常去徐家。由此，徐有义则叮嘱儿子照看武照。

　　徐士杰有父亲侠士之遗传，且又随父学了一身功夫，一口刀，一袋暗器，如果去闯江湖，已是一般武林人所不及。既有父嘱，就担起照顾武照的重任。

　　每天，上学前，徐士杰去武府接武照，放学后，再将武照先送回家，五年如一日。

　　正由于他们每天都在一起，所以真正是两小无猜。何况徐士杰比武照大两岁，处处照顾她，事事依着她。

　　当第一个春假之期，武照打算出外游玩——出城玩一玩。

　　杨夫人不同意，她对女儿道："你还小，娘又不能带你去。还是在家里温习功课吧。"

　　武照道："有士杰哥陪我去。"

　　"士杰也是个孩子，不行啊。"

　　事为徐有义所知，他对杨夫人道："让他们去吧，别看士杰年龄不大，他会些功夫，不会出事的。"

　　武照与徐士杰走出城。今天是清明，又是个晴天，所以踏青的人很多，绝大多数是青年男女，很少有老人或小孩。

武照虽才 14 岁，由于个子高些，加上人又生得美，很引人注意。徐士杰已 16 岁了，个子如同成年人，而且人也生得俊朗，体格又好，路上行人很多都要看看这一对少年。有的人则啧啧称赞这一对少年，有的则互相议论，认为是很般配的一对，一对未来的小夫妻。

两人走了一阵子。

"走！咱们到树林中去看看。"武照指着山脚下的一片树林道。

这是一片好大的树林，林中山雀吱吱啾啾地叫个不停，声音悦耳。

武照道："士杰哥，你能打下一只鸟来吗？"

"试试看吧！"徐士杰从地上捡起一块小石块，随手向一株树上抛去。只听叭的一声，声响鸟落。徐士杰俯身捡起来，举到武照面前道："运气不错，打中了。"

这是一只小鸟，红头，黄腹，褐色羽毛。

武照将鸟接过来，端详一下，道："是打中了翅膀。"她一手提着鸟腿，道，"士杰哥，你能否打中它的头？"

"试试看吧。"士杰还是那句话，又随手从地上捡起一块小石块，又随手向一棵树上掷去。又是叭的一声，一声过后，鸟落下来。

武照走几步，将地上的鸟捡起来，她看了看，又举到徐士杰面前，喜道："士杰哥，你真是好手法，果真打中鸟头！"

徐士杰微微一笑，道："不是手法好，是碰巧，不是我打中鸟头，而是鸟头碰上了小石块。"

武照听了徐士杰的话，扑哧一笑，随即双手扔掉两只死鸟，两手往前一伸，搂住徐士杰的脖子，随即将嘴覆上去，在徐士杰脸上狠狠亲了一口，又将嘴亲在徐士杰的嘴上。

起初，徐士杰被武照的举动惊住了。几年来，他一直把武照当小妹妹看待，处处照护她，事事依着她，却从没有想到别的事。今天，在出来之前，徐有义还嘱咐他，一定要照顾好武照。

及至武照亲了他一口之后，他一愣之间，立即明白了。所以，当武照亲了几口后，他不再让武照亲着他时踮着脚费力，他主动地低下头，伸出双手搂住武照的柳腰。

大概是累了，武照先把嘴离开徐士杰的嘴，撤下搂着徐士杰脖子的手，随手一拉徐士杰的手，道："我累了，咱们坐下歇一会儿吧。"

两人挽着手，并肩坐在树下的草地上。

"士杰哥，我喜欢你！"武照喜滋滋地看着徐士杰的脸说道。

"我也喜欢你！"徐士杰道，同时，他捏了一下武照的手。

"过两年，我要嫁给你。咱们永远在一起，永远不分开！"

"我一定娶你，除了你我谁也不要！"徐士杰发誓般地道。

"我也一样，除了你我谁也不嫁。"武照说着话将头歪在徐士杰怀中。

徐士杰动情，又低下头去亲吻武照的樱唇，武照闭上眼睛，任凭徐士杰亲吻着。

三　偷尝禁果

纯真的情感在两人的心中滋长着，武照急切地盼望徐士杰娶她的那一天快些到来。

但是，一声霹雳将二人的好梦破灭了。

一天，利州刺史陪着一位太监，带着随从、衙役，鸣锣喝号地来到武家小院。

刺史对杨夫人道："圣旨下，快快跪下接旨。"

那与刺史同来的太监，走向正面，展开圣旨，尖着像女人的嗓音，读道："奉天承运，皇帝诏曰，闻得已故利州都督武士彟有一女，名武照，容颜秀美，贤淑惠雅，特召入京，以备后宫之选。钦此。"

刺史道："杨夫人，叩头谢恩。"

杨夫人终是大家出身，她边叩头边呼道："吾皇万岁，万岁，万万岁！"然后站起来，对太监及刺史道，"寒舍狭窄，简陋，且又贫穷，无法招待公公和刺史大人。"

太监道："不劳夫人费心。"又回头道，"快将衣履头饰呈上来。"

刺史道："杨夫人，令爱在哪里？"

"在学馆读书，未归。"

刺史道："这位汪公公不能久等，请将令爱接回来，明天香汤沐浴，换好衣服，先接进下官衙内，后天汪公公将动身回京。"

太监及刺史等人走后。杨夫人即命家人去学馆将武照接回来。

武照一进屋，杨夫人即笑着道："照儿，天大的喜事，咱们母女该翻身了。"

杨夫人将汪公公及刺史之来及圣旨内容细细地说了一遍。

武照并没有乐得立即跳起来，她心里很矛盾。去京师吧，还真舍不得小情人徐士杰。他们曾多次拥抱、亲吻，而且徐士杰不但人长得清秀俊美，还有一身武功，拥抱时是那样有力……可是去京师，进入皇宫就有可能被皇上宠幸，也许皇上年龄大，也许皇上生得很丑，但是，皇上却是全国权力最大的人，一旦被皇上宠幸，自己也会借光有权，那时……她沉思着。

　　武照终于下定决心，进京。但是她却淡淡地道："妈妈，这算不得什么天大的喜讯，我进入宫中，也许当一辈子宫女，终日为皇后、嫔妃端茶送水。那时候，咱们母女想见一次面也不可能。"

　　杨氏一听女儿说得有道理，一腔子高兴立即散了，将笑开的口闭上了。

　　武照看了妈妈的表情，又道："妈妈，不要灰心，你女儿也许不当一辈子宫女，碰巧了也许有出头之日。"

　　武照又道："妈妈，此事该当去告诉徐叔叔，让他也高兴高兴，有些事还得托徐叔叔帮忙张罗张罗。我也该去和几个要好的学友告个别，说说话，再见面就难了。"

　　武照到了徐家，对徐有义道："徐叔叔，我妈请你到我家去一趟。"

　　武照到学馆，先跟先生说明，代徐士杰请假。先生有些奇怪，先是武家来人，找走武照，这时，武照又来找徐士杰。他不便多问，准了徐士杰的假。

　　徐士杰跟随武照到了屋外，问道："你家发生了什么事?"

　　"走，咱们到城外去，到了城外再和你说。"

　　"发生了一件大事，天大的事。"武照故弄玄虚，不直接说明。

　　"是好事还是坏事?"

　　"我还说不清算好事，还是算坏事。"武照仍未直接说明。

　　"不论是好事还是坏事，你说出来听听。"

　　武照将圣旨内容说了。

　　徐士杰愣了。他知道，圣旨是任何人也不能违抗的。凡违抗者，就是杀头的罪，甚至还可能满门抄斩。但是，这圣旨却活活拆散了他们这对未来的夫妻。他曾经多次憧憬着美好的未来，这一道圣旨，把他美好的未来全毁了。他悲，他愤，他怒，他想喊，他想大叫，皇上为什么这样不讲理，皇上为什么就可以拆散人家美满幸福的未来？皇上为什么要毁灭他的美好生活？他没有叫，只是悲愤地咬住嘴唇，却说不出话来。

"士杰哥，你说话呀！我该怎么办？我舍不得离开你，可是，圣旨能违抗吗?"

徐士杰仍无语，他不是气蒙了，也不是悲愤得说不出话来，他是在想办法。

两人已走到了清明节踏青时，两人拥抱亲吻的那座树林。

徐士杰站住，扭头对武照道："照儿，你是不是决心跟我一辈子?"

武照不明这话中之意，她道："我曾说过非你不嫁，可是这圣旨……"

"不管他什么圣旨还是屁旨。"徐士杰打断武照的话，"你要决心跟我一辈子，咱们就逃走，逃得远远的，一夫一妻过日子。"

武照想了想，道："家怎么办？我妈妈、妹妹怎么办？你爹爹、妈妈怎么办？能全逃得了吗？皇上是一国之主，他下令捉我们两家人，能逃得了吗？如要捉住了，后果不堪设想，我们两家人全是灭家之祸，这你不是不知道。"

徐士杰又沉默了。

武照温语道："忘了我吧，我对不起你。"

徐士杰转身抱住武照亲起来，泪水却已流到武照脸上。

武照也流泪了。

两人的泪水混合在一起。

武照悄声道："士杰哥，我把身子给你，你拿去吧。"

徐士杰本不想那么做，他此前一直在等待那即将到来的洞房之夜。可是，今天他想了想，动心了。他不再矜持，主动代武照宽衣解带。

武照自己也动手解衣带，她大大方方地脱掉了身上所有的衣衫。接着，她又为徐士杰宽衣解带，一边解，一边说："士杰哥，女人最看重的，是自己的贞操，这是我的第二条生命。这条生命，只能献给自己最心爱的人。此刻我就把它献给你，因为它是属于你的。"

两具躯体、两颗心融化到了一起。

直至太阳将落山时，两人才返回城中。

在返城的路上，徐士杰道："明天，不！后天，我送你进宫行吗？"

武照想了想，道："我明天和宫里来的太监说说，大概能行，因为你有一身武功，保证在路上不会出事。那太监也怕路上出事，我就说你是我的表哥。"

"你可以当着刺史的面说，刺史一定知道我爹爹的武功高，因为刺史曾多次派人到我家，请我爹爹到刺史衙门当官，当什么参军事，全被我爹爹婉言拒绝了。"

第二天，刺史派人役轿夫，将武照抬进刺史衙门。

武照到了刺史衙门，即要求见刺史和太监。刺史与太监不敢怠慢，立即相见。

武照道："此去京师甚远，为防路上出事，可请我表哥徐士杰帮助护送。因为表哥跟表叔学了一身武功。"

"请问，令表叔是哪一位？"刺史恭谨地问道。

"表叔姓徐名有义。"武照道。

"原来徐大侠是令表叔，太好了！是否可请徐大侠帮助护送呢？"刺史道。

"表叔年事已高，表哥的武功并不亚于表叔，表哥去也一样。"武照平静地道。

"汪公公，这位徐大侠武功甚高，江湖上送号为'巴蜀第一刀'，有徐大侠之子帮助护送，路上万无一失。公公意下如何？"

"就请大人派人去请吧！今天也歇在这里，明天一同起程。"汪太监吩咐道。

刺史立即派人将徐士杰请来。

徐士杰来到刺史衙门，身后背着单刀，肋下挂着暗器袋，英姿勃勃。

汪太监与刺史一见就中意了。

第三天，杨夫人带着欢儿、徐有义等全到刺史衙门来相送。

车轿走了。

这一行人也很威风。前面是一羽林郎将，率领一队兵在前开道。其后是武照的轿，轿后是一辆车，车内是刺史现买的四个丫鬟，以备在路上侍奉武照。车后汪太监与徐士杰都骑着马。后面是刺史派一名游击将军率一队兵殿后保卫。

在路上，武照和徐士杰很少有机会交谈，每天也只能见三次面，即早晨起程，中午打尖，晚间歇宿。

出发的第三天，早晨将起程时，武照将徐士杰叫到面前，附着徐士杰的耳朵悄声道："你得给我准备红颜料，我入宫后也许没机会弄到。"

"今天就买来送给你。"徐士杰小声答道。

当天，徐士杰买到了红颜料，亲手交给武照，武照珍藏起来。

武照一行人路上还算顺利，没发生什么麻烦事，只用了二十多天的时间，就到达了京师。

第二回
皇上面前得宠爱，小树林里有玄机

　　武才人每日当值二至三个时辰，在她当值的时间内，很少说话。但是却让皇上非常满意。皇上口渴了，才人及时地送上香茶。茶凉了，保证会换上热的，而且是正可口那样热，既不烫嘴，也不太凉。当皇上要揩一下脸，不等皇上开口，手巾已送到皇上手中。皇上要读的奏章，整齐地摆在案上，而且分出轻重缓急。急需的、重大的一定摆在上面。当皇上需要批答时，墨已研好，笔也摆在架上，随手可用。所以李世民不但满意，而且离不开了。

一　得见天子

　　进入京城前，武照将徐士杰叫到身边。徐士杰牵着马，步行于轿侧。

　　武照道："士杰哥，你在京城休息几天，玩一玩然后就回去吧。"

徐士杰低声道："不！我不回去了，就留在京城陪伴你。"

"傻哥哥，"武照悄声道，"你连我的面也见不着，怎样陪伴我？回去吧，回去后找个好姑娘结婚吧。"

"不！"徐士杰道，"我此生不再娶妻。照儿，你不用劝我，我不会离开京城的。"

"你我不能见面，留在京城有何益处？"武照不解地问道。

"我在京城离你近些，我心就踏实了。"徐士杰固执地道。

"既然你不愿意离开京城，如果有机会，我向皇上推荐你当个武官吧。"

"我不想当官，况且当了官还有可能被调出京城的。"

"如果能在宫内当个小官，你也许能愿意吧？"武照试探地问道。

"如果能留在宫内当然好了。那样，也许还有机会看到你。"徐士杰高兴些说。

"试试看吧。也许那个汪太监能帮点忙。"武照道。

"他可能是皇上的亲信，你何不问问他？"徐士杰建议道。

"你们在路上没交谈过？不知道他在宫中是什么身份地位。"

"我们很少交谈，我讨厌他那男不男女不女的嗓音。"徐士杰轻声笑道。

武照道："让我来问问，你去叫他过来。说话要客气些，为了我也为了你。"

徐士杰点头答应，走回汪太监身边，恭敬地道："汪公公，我表妹请你过去说几句话。"

汪太监听了，立即跳下马，走到武照的乘轿旁，轻声道："姑娘唤我何事？"声音尖尖的，很难听。

武照想笑却没笑，她掀起轿帘，道："汪公公，我表哥一路护送，多少有点功劳，公公准备怎样安置他呢？"

汪太监老于世故，一听武照的话就明白了，他笑着道："我已想好了，等将你送入宫内后，将徐小侠先送到馆驿休息，明后天，咱家去兵部打个招呼，让他们去安置，有了咱家的话，最低也得安置个校尉或参军的。姑娘尽管放心好了。姑娘的至亲，咱家敢不尽心？"

说完又讨好地尖声笑着，看着武照的脸，等待武照满意的赞词。

"汪公公，你大概还不知道，我表哥若愿意当官早就当上了。去年，利州刺史曾多次派人去请我表哥，要我表哥去当什么参军，我表哥没答应，就在公公到利州前一个月，刺史又派人去请，我表哥仍未答应。刺史为什么总请我表哥呢？因为我表叔武功高强，我表哥将我表叔的一身功夫全学到了。公公请想，我表哥在家里不愿当参军，反到京城来当参军？"

汪太监一听明白了，是嫌参军官小哇，他忙赔笑道："姑娘，兵部只有那么大的权，再大的官得请皇上任命。姑娘，你看这样行不行，请徐小侠先在馆驿休息，过几天，咱家奏明皇上，凭小侠一身武功，大概能得到皇上的欢心，满可以当个将军。"

"汪公公，谢谢你了！最好能请皇上亲眼看看我表哥的武功。"

"这个请姑娘放心，咱家会想办法让皇上看看徐小侠的武功的。"

"谢谢公公！我如有出头之日，不会忘记公公的！"武照先开了一张空头支票。

说话间，武照一行人就进了京城。

入宫后，汪太监命人安置武照休息，他自己去向皇上禀报。

皇上即太宗李世民。

李世民要武照进宫是碰巧了。

李唐王朝自以为是老子李耳的后人，所以特崇道教。一个偶然的机会，李世民从一个被接见的道士口中得知武照是个小美人。那道士在利州见过武照一面，他说武照乃天下第一美人，西施、昭君、貂蝉也不如武照。李世民听了这席话，才下诏接武照入宫的。

李世民见到汪太监，头一句话就问道："武照接来没有？"

"奴才不辱圣旨，已将武照接来。"汪太监跪在地上答道。

"现在在哪里？"李世民急急地问，他甚至都顾不得让汪太监起来回话。

汪太监只好跪着答道："奴才将她安置在后宫休息。"

"快去叫她即来见朕！"

"遵旨！"汪太监这才站起来，小跑着向后宫奔去。

武照还没洗去路上的尘土，就被汪太监领来见李世民。

武照见到皇上，立即跪下叩头，道："民女武照，叩见皇上，愿吾皇万岁万岁万万岁。"

李世民急于细睹武照的芳容，即道："武照，站起来回话。"

武照站起来了，却仍低着头。

"抬起头来！"李世民命令道。

武照抬起头。

李世民一看，真个是美！虽然风尘仆仆，但仍容光照人，美丽无比，美颜压倒后宫数千嫔妃。

李世民问道："你可是已故都督武士彟之女武照？"

"回陛下，奴婢是武照。"

"今年多大了？"

"回陛下，奴婢 14 岁。"

李世民心中暗喜，真个是一株将放之花苞。他为了多看一会儿，又问道："家中还有何人？"

"回陛下，奴婢家中一母杨氏，一妹名欢儿。"

"读过书吗？"

"读了五年多书。"

"下去吧。"

李世民当夜即令召武照侍寝。

武照香汤沐浴后，更是美艳出众。当她被领进皇上的寝殿，李世民在灯光下看武照，更是如出水芙蓉，心中欢喜自不必说。

第二天，皇上下诏，封武照为才人，赐号"媚"。

李世民爱武照之美貌、年轻，令其连夜侍寝。

汪太监一看，拍马的机会来了。一天，李世民退朝后，他向皇上禀道："启禀皇上，此次奴才接武才人进京，唯恐路上出麻烦，由武才人一表兄徐士杰帮忙护送。"

"这徐士杰是何职武官？"

"徐士杰乃一庶民，但有一身好武功，所以路上非常顺利，皇上是否可赐徐士杰一职，以奖其护送之功，况又是才人至亲。"

"明天领来见朕，朕要亲自看看。"

"奴才遵命。"

第二天，汪太监领徐士杰见皇上。

皇上见徐士杰一表人才，于是让他展示武功。

徐士杰施展了轻功，一跃上房，瓦片不响不动，落地无声。接着施展刀功，且命太监向他身上泼水，待收功后，身上无一滴水。最后施展暗器，令太监于五十步外悬一丝线，下坠一珠。他从囊中取出一弹丸，大如指肚，一下抛去，线断珠落。

看到这儿，皇上心中已经有数，当即赐职爵为左监门卫中郎将，暂充内护卫副统领。

二 强龙戏凤

　　一个偶发事件，改变了武才人的命运。

　　李世民在涉猎宫中藏书时，偶读到一秘籍，秘籍云："唐三世后，则女主武王代有天下。"李世民一惊。他百思不解，于是秘召李淳风询问。

　　李淳风博览群书，精通天文历算，阴阳五行之术，他的师父就是那位名震天下，说武照定为人主的袁天罡。袁天罡去世后，"天下第一相士"的荣誉称号被李淳风继承。

　　李世民知其有预知之能，故召问之。

　　李淳风听了皇上的叙述，当即奏道："臣据卦象推算，其兆已成，然其人已生，在陛下宫内，以后不逾三十年，当有天下。诛杀唐氏子孙殆尽。"

　　李世民道："如此说来，朕将搜检宫内，凡疑似者尽杀之。"

　　李淳风道："启奏陛下，天命不可违，但是也不能枉及无辜。根据卦象显示，此人在宫内，已经成了陛下的眷属。再过三十年，她会衰老，心地仁慈，不会损伤陛下的子孙，今天如果杀了她，又会冒出年轻的替代者，如此反复，永无宁日。希望陛下仔细考量。"

　　"据此看来，只能听其自然？"

　　"陛下明鉴，天命不可违。"

　　正因为秘籍中有"女主武王代有天下"之语中，有一"武"字，李世民此后不再召武照侍寝。

　　从此，李世民开始讨厌"武"字。当时李君羡已封武连郡公，任武卫将军，小名五娘子。李世民忆及此事，命御史奏称李君羡与妖人勾结图谋不轨，遂下诏斩之。

可是武照不知道这个事情啊！她夜夜盼望太监来下诏侍寝，整整一年过去了。三百六十五天，武照空盼了。

这一年当中，徐士杰与武照曾相见过，但都无机会多交谈。徐士杰虽有一身武功，也不敢贸然去武才人宫中幽会。因为人多，有武功的人也多，他不敢冒险。如果事发，他自己死了是小事，定会毁了武才人。

其实，李世民并未忘掉武才人。

武才人的音容笑貌，那苗条的身材，不时萦回在李世民脑际。他知道，自己无法忘掉她。召侍寝，又忌一"武"字，想忘掉又不能。怎么办？

过了几天，李世民终于想出一个两全其美——他认为——的办法，立即下诏，令武才人为皇上随侍。

从这以后，武才人与李世民形影不离。

一日，李世民狩猎于终南山下。

当时，有西域大宛国进贡来一匹大马。这匹马身材高大、身披红毛，全鬃长尾，四蹄雪白，真正是一匹骏马。只是其马尚未驯服，驯马师牵马随行。

世民见其马，道："朕将乘此马。"

驯马师禀道："启陛下，此马难驯，今尚未驯服。"

"朕倒要试试看，它又能烈到哪里去？"李世民不服气地道。

众随从大臣皆劝李世民不要乘骑未驯服的烈马。

李世民犟劲上来了，置众臣之言于不顾，牵过马来，自己牵着走了几步，又绕了几个小圈，看不出这马烈在哪里。他自己动手，紧了紧肚带，扯了扯缰绳，然后认蹬，一翻身跃上马背。李世民屁股刚落在鞍子上，其马不奔不跑，却蹦跳起来，前竖蹄、后尥蹶子。竖蹄时，后腿直立，尥蹶子时，后蹄离地有一人高。且是前一下后一下连续着。这样的烈马，人所未见。尽管李世民骑过不少次马，他是马上打过仗的人，但是，却仍被这马折腾得坐不住马鞍，被一下子扔在地上。

众大臣、随从、亲近侍卫、太监一下子围上去，有的人去扶皇上，有的人口中不住地慰问。李世民被扶起来了。李世民没理睬众人的问候，他却用眼去找那匹烈马。他看见了，却是随身侍从武才人在用手拉住马。

李世民赞许地点点头，暗道："众人只知顾我，却不知要擒住摔我的凶手——马。可见武才人是有心人。顾我，有几个人足可以，为什么全围上来，而置马于不顾？"

武才人牵着马，扭头对皇上道："皇上，此马摔疼了皇上，可否予以惩治？惩治之后，可能驯服。"

有人小声嘟囔道："此烈马连驯马师都认为难驯，你又有何高招？"

武才人听到了，她却仍对皇上道："皇上，驯此马可用三招。第一招，先抽它三百鞭子。如其不服，继用竹抽打三百下。如仍不服，只需一把尖刀或一柄铁锤，尖刀可刺其喉，铁锤可击其头，结果定会服的。"

有些人听了暗笑，笑武才人，仅为一随侍，却在皇上面前大谈狂话。

皇上没有斥责武才人，只是对武才人看了几眼，眼神里更多的是赞许。

三 情属李治

太子承乾被废。

晋王李治被李世民立为新皇太子。

李治是李世民的第九个儿子，贞观二年生，封晋王。自将其立为太子后，即令随朝观政。

李治当了太子之后，才第一次看到武才人，他当时就被武才人迷住了。但是，他明白，这个皇上随侍是皇上的侍妾，他只能偷着看，不能在皇上面前表现什么。

武才人初见李治，并没什么好感。李治长得瘦瘦的，脸色虽白净，却缺少火色，身子单薄，不像皇上那样雄壮、威武。她拿这父子二人相比较，皇上身材魁伟，雄武有力，自有一股英姿，令人望而生畏。而太子却像一根竹竿或豆芽菜，猥琐、懦弱，初看似文弱书生，令人望而生怜。

她认为，只有像李世民那样才有皇上的威势，才真正像个皇上。而太子只不过是命好而已，即使以后当了皇上，也不像个皇上。但是，她也明白，这李治长得再不像样，也是未来的皇上，是一点也不能得罪的。

自从李治被立为皇太子，几乎每天都可看到武才人，但是，两人却从未说过一句话。

武才人每日当值二至三个时辰，在她当值的时间内，很少说话。但是却让皇上非常满意。皇上口渴了，才人及时地送上香茶。茶凉了，保证会换上热的，而且是正可口那样热，既不烫嘴，也不太凉。当皇上要揩一下脸，不等皇上开口，手巾已送到皇上手中。

皇上要读的奏章，整齐地摆在案上，而且分出轻重缓急。急需的、重大的一定摆在上面。当皇上需要批答时，墨已研好，笔也摆在架上，随手可用。所以李世民不但满意，而且离不开了。

自从李治随朝观政，武才人从不正眼看皇太子，只是偶尔用眼角溜一下。

李治虽有和武才人说话之意，却无说话之机会，况且在皇上面前，他也装得老老实实的，也从不瞪着眼看武才人，仅是偷窥而已。

在这次陪皇上狩猎的时候，机会终于来了。

皇上去追逐一只小鹿，众随从喊叫着，策马于皇上之两侧或其后。李治看见武才人却策马向一侧的小森林奔去。李治随皇上出猎，仅是跟随而已。他既不带弓，也不带箭。当然，皇上用的弓箭也不自己带着，自有侍卫代为背弓带箭。可是李治根本就没有箭。此次也是一样。

他见武才人策马奔向小树林，迟疑了一下。这一迟疑，他的马已落在众人之后。他见武才人身披大红缎子斗篷，骑着一匹白马，红衣白马，飞奔而去，煞是好看。他见武才人已接近小树林，人下了马，人马将进入树林，他一拍坐骑，向小树林飞奔而去。

李治奔到小树林处，下了马，一眼就看见武才人的马就在林内不远处，却不见武才人。李治也将马牵进树林，将马和武才人的马拴在一处。他刚拴好马，打算找一找武才人在何处，却见红衣一闪，武才人已从林深处走过来。

李治眼睛一亮，因为他看见武才人脸上一改平日不苟言笑的冷漠之容，脸上却挂着令人迷醉的微笑。李治有点看呆了，他想和武才人说话，却也不知头一句该如何开头。

武才人先开口了，她道："太子，您没去射猎?"

平日里，李治拙嘴笨舌，今天却来了机灵，他道："我看见一只火红的狐狸跑进这树林，所以就追过来了，火红的狐狸不见了，却看见你在这里。"

武才人已明白太子在调侃她，她笑道："太子，你的弓呢？箭呢？"

"我不用弓箭，只用手捉。"李治说着话走向武才人。

武才人见李治走向她，她一动不动，两眼看着李治，脸上仍挂着笑容。

李治距武才人只有一步之遥时，猛地伸出双手，抱住了武才人，说道："我这不是捉住了吗？"随着话音，他已将武才人搂到胸前。

李治已是渴慕武才人多日。今日有此良机岂肯放过？他将武才人搂得紧紧的。

武才人道："太子，不可以的，万一被皇上知晓，奴才将死无葬身之地！"她虽如此说，却不推拒。

"不要怕，一切都由我做主，万一被人知晓，我一个人承担责任！"李治说着。

两人就这样许了一生。

李治道："我们……"

"不要既得陇复望蜀，可一不可再。以后能有机会，当然可以。而机会是可遇而不可求的。"

"可是，我割舍不下你！"李治有些悲伤地道。

"太子，妾已明言，机会可遇而不可求，耐心等待吧！"武才人平静地道。

第三回

皇宫里太子衷情，尼姑庵媚娘有意

李治心痒难挠，他日夜在想办法。功夫不负有心人，办法终于想出来了。他召来皇宫总管太监，命令他收拾一间屋子，以备他在劳累时休息之用。

一　短暂欢愉

武才人说得对，机会说来就来。

这年秋天，皇上远征高丽，武才人不能随侍，于是摇身一变，成为太子的随侍。

李治很高兴，武才人也暗自高兴。

头一天，武才人来当值时，站在李治身边。李治假装看摆在案上的文书，手却在案下伸出去抓武才人的手。

武才人不能走开，不能推拒，她轻声道："殿外还有人。"

李治笑着说："放心吧！他们听不到召唤，或者不喊报，不敢入内。"

于是，武才人的手任凭李治握着。

武才人侍奉太子如同侍奉皇上一样尽心尽力，端茶、递手巾、整理奏章……

李治对武才人的侍奉很满意，他感到遗憾的是不能和武才人亲昵。

每当武才人值夜班，李治都会留恋到很晚才回东宫。

大臣们还以为李治是个精勤于政务的人，一个很好的未来皇上。其实，李治是在恋着武才人。但是，不管李治何时离开，他与武才人还是无机会亲热，因为屋外就站着随时准备答应、差遣的太监，而且还不止一个。

李治心痒难挠，他日夜在想办法。功夫不负有心人，办法终于想出来了。他召来皇宫总管太监，命令他收拾一间屋子，以备他在劳累时休息之用。

这是顺理成章的理由。这里离东宫很远，总不能让太子在处理政务劳累疲乏时，跑回东宫去休息，然后再跑回来。

其实，这个办法武才人早就想到了，她为什么不向太子提出来呢？她怕。

武才人端着茶盘，盘中有茶杯、茶壶等，紧随李治身后。

门口站着两个小太监，年龄皆在十三四岁。这是总管预备供李治随时所需、差遣的。

进了屋，李治一把搂抱住武才人，口中轻声道："我不要茶，我要你。"

武才人伸出一指，向门口指了指。

李治仍轻声道："他们不敢进屋。"说着话将武才人双手托起来，走进里间。

第二天，李治和武才人的激情重演。

忽听外面有敲门声。

敲门声把李治和武才人吓得魂飞魄散，脸色煞白，张口结舌，不知如何是好。

还是武才人比较稳健，她只披上衣服——并未穿好，走向外间，在门内问道："有什么事吗？"

门外当值太监道："五百里加急快递送到，请太子过目。"

"你先回去吧，我这就去唤醒太子。太子正在打盹。"武才人说完，走回里间。

此时，李治已不怕了，他正在穿衣服。

看过快递，李治方知是皇上已从高丽退兵还朝。李治很不高兴。其一，太监的禀报，打断了他与武才人的好时光，他暗自骂快递来得不是时候；其二，皇上退军还朝，用不了多久就会回到京城，皇上回京之日，就是他和武才人分开之时。

武才人站在李治身侧，也看清了快递的内容。

她还是明智的，知道皇上还京已成事实，喜忧皆无济于事，所以心情又平静了。她想了想，又向门口看了一眼，轻声道："皇上还京，太子当率众文武百官出京百里之外迎接，以示对皇上的关心与孝敬。"

李治点头低声道："你说得对，不是你提醒，我还没想到。"

第二天早朝时，李治当着众大臣宣布了快递的内容。不过，他把退兵改成凯旋。同时说明要率朝中众臣正四品以上文武官员出迎一百里。

散朝后，李治先到了休息殿。当然，此时仍是武才人当值。

李治道："明天还有一天，后天，我将率众大臣出迎皇上。而明天又不是你当值，今天，算是咱们最后一次了。这以后恐怕……"

"太子，你我都年轻，来日方长，还怕没有相会吗？只是请太子不要忘了我就知足了。"

"我说过，绝对不会忘掉你！"李治说着话，将武才人搂在怀中。

两人又缠绵了一阵子，才分开。

二　逐出皇宫

转瞬间，过了年。李世民的身体一天不如一天，眼瞅着就要归西。武才人开始思考自己的后路。

贞观二十三年五月，李世民死于翠微宫之含风殿。

丧事办完了，就该处理像武才人这样的人了。她们被送往城郊感业寺为尼。

为了不让庶民看见这些女人的面孔，特备了几十辆车，每车两人，放下轿帘，在太监率领百名禁兵押送下，送往感业寺。

这一百个女人中，什么样的都有。有的哭泣，哭自己的命运不好，舍不得宫中的锦衣玉食，不愿去伴青灯古佛，茹素饮淡；有的唉声叹气，自怨自艾；有的满面愁容；有的听之任之。武才人当然也在其中。

她还在盼，怀着一线希望，希望新皇上记起她，将她救出火坑，但这希望也很渺茫。自古以来，尚无一个已入寺为尼的宫人被皇上召入宫中。她也想开了，是福不是祸，是祸躲不过。

到了感业寺，众女拜了佛祖，换上圆领道袍，正准备剃度时，送宫女来的太监却道："圣上有旨，令此众带发修行，无须剃发。"

此语一出，寺内听者皆不解，这可是从来未有的事。众女也不解其中之故。但既然是圣旨，就听从呗。

唯有武才人心中一喜。皇上既然令带发修行，自己的希望可能不会落空。如果不是为了让自己重新入宫，又何须诏令留发呢？

剃发免了，法号还要赐的。武才人被赐名为"明空"，其意大概是欲求空空，明心见性，以后将成正果吧。

武才人从入寺那天起，就盼望有重新入宫的那一天。

大约一年后，众尼做完了晚课，也就是念经，都回到自己的住房去安歇。

武才人无法入睡，她在想心事，她在盼，也许明天会有好音讯传来……

突然，已闩好的门开了。

武才人一惊，刚欲张口大叫，却见门口黑影一闪，一个人影冲到床前，捂住了她的口，同时，一个熟悉的声音在她耳边道："是我，士杰。"

武才人又惊又喜，她紧紧搂住徐士杰，却一句话也说不出来。

徐士杰却道："松开我，将那尼姑先料理好了再说。"

武才人一惊，脱口道："你不能杀死她，她无罪，她……"

"我不杀她，只是让她多睡一会儿，睡得实在些。"徐士杰说着话，走近空性床边，伸手点了空性的昏睡穴。

回到武才人床前，武才人又搂住徐士杰。自从当年他们在京城分别后，直到今天，两人才重新相聚。

天色泛白，徐士杰该离开了，武才人交代他："这里你不能常来，时间长了恐被发觉，而且夜间来也太辛苦。"

"咱们走吧，走得远远的，找个深山，去过一夫一妻的小日子。"徐士杰道。

"不妥，你我同时失踪，人家能不起疑？况且你是我的表哥，尽人皆知。你我出走会连累家里人的。"

"不要紧，我先辞职，在京城留一两个月，然后再与你同走，岂不就无人怀疑了？"徐士杰以为此计甚好。

武才人道："士杰哥，不瞒你说，我还有重新入宫的机会。"

"重新入宫？怎么可能呢？"徐士杰惊道，他不相信。

"有些事你还不知道，我可以毫不隐瞒地告诉你。"武才人毫不保留地将她和李治的事讲了出来。

徐士杰一时无语。

武才人见徐士杰不说话，她说："士杰哥，我是爱你的，但是，命运已这样，我们出走，不但家人受累，你我二人也要过着日夜担惊的日子。先等些日子，看看事情的发展，那时再定夺如何？"

"只要你能再入宫，能被皇上宠幸，我是会很高兴。我爱你，当然希望你能过上好日子。"徐士杰通情达理地道。

徐士杰道："明晚我还来。"

"千万要小心，不要被人发觉。"武才人叮嘱道。

一连十几天，徐士杰每晚必来。

第十五六天，徐士杰又来了，却发现房中已没有了空性的床，而武才人的床换成了双人大床。床上的铺盖已不是青白麻布，而换成绫罗绸缎。

徐士杰感到奇怪，没等他发问，武才人却道："士杰哥，你是不是感到奇怪，空性搬走了，我的床也换了样。"

"是呀，发生了什么事？为什么变成这个样子？"

"今天皇上来过了。他特意来看我，皇上让住持给我换个单间，我怕你来了再找我，既费事，又惊动人，所以我说：'我在这屋住惯了，让空性搬出去也一样。'"

"你们……"

武才人道："皇上说，过几天要接我入宫，等我入宫后，士杰哥，你回乡去吧。回去吧，找个姑娘，一夫一妻过日子。我对不起你，无法陪你一生了。"

"照儿，你没啥对不起我的。是命运拆散了我们。我不回乡，永远不回去。如果你被接入宫，我就尽心尽力保护你不受伤害。"

三　双喜临门

想了好几天，李治也找不到合适的借口接武才人进宫。此时她已有孕在身，李治很焦急，却急不出办法。最后，他下定决心，再过五日如仍无借口，直接下诏就是了。

借口终于有了。

李治的皇后姓王，世家出身，人长得也挺美，但是矫揉造作，娇气十足，美而不贤。所以李治就不喜欢她，而李治最宠爱的是萧淑妃。

王皇后得不到皇上宠幸，就总是发脾气。她越是发脾气，皇上越不喜欢她，每晚多是在淑妃宫中睡。王皇后虽气得火冒三丈，却也无可奈何。

正是王皇后与萧淑妃争风吃醋，给武才人入宫提供了机会。

王皇后不得宠，被她身边的一个亲信太监看在眼里。一天，这个太监给王皇后出主意："娘娘，近一个月来，皇上多次去感业寺，看望武才人。看样子，皇上很喜欢武才人。如能将武才人召进宫，做你的身边侍女，皇上就会常到你宫中来了。"

王皇后想了想道："怕只怕，皇上抛了萧淑妃，再宠上武才人就不好办了。"

太监道："武才人在你身边，一切还不得听你的吗？"

王皇后道："摆布一个侍婢，我还是有办法的。只要能使皇上

她们仁

不再宠萧淑妃，我有办法处置武才人。"

事情就这样议定了。

第二天，王皇后令人请来皇上。

李治被找来了，他没等坐下，头一句话就问道："有什么大事？我正忙着呢。"

王皇后道："有一件事，请皇上恩准。"

"什么事？快说！"

"臣妾听说有个武才人，已被送到感业寺为尼……"

没等王皇后话说完，李治即警觉地打断了王皇后的话，道："武才人怎么了？你提她作甚？她为尼又与你何干？"

"臣妾听说这个武才人，聪明伶俐，精通诗书，文雅贤惠，妾欲召入宫内，做妾身之亲随，伏请皇上恩准。"王皇后平静地道。她就像不知道皇上与武才人的事一样。

俗话说，想瞌睡有人送来枕头，想娘家人孩子他舅就来了。李治正找不着借口接武才人入宫，王皇后却主动提出来了。他脸上一改冷漠之容，笑道："你真的看中了武才人？"

"臣妾确实看中了，未知皇上意下如何？"

李治淡淡地笑道："此乃小事，依你就是，明天就派人去接吧。此事由你去办，朕全不过问。"他虽表现淡淡的，似乎不太关心，其实心中是万分高兴。

就这样，武才人被接进宫了。

王皇后一见武才人的面，心里咯噔一下子。这女人太美了。原来，她以为自己很美，也认为萧淑妃美。可是，今天一见这武才人，就觉得武才人才算真正的美。王皇后自愧弗如。她暗道，无怪皇上去感业寺会她。

王皇后心想，得给她个下马威，于是冷冷地道："起来吧！今后就在我身边侍候。不过，我的脾气不好，你要小心了。否则的话，我不会轻饶。"

"臣妾一定忠于皇后娘娘。臣妾但有不对之处，恭请皇后娘娘责罚。"武才人仍是弓着身子，恭敬地回答。

这一切，王皇后身边的太监全看在眼里。待无人时，王皇后问那个太监道："我今天这个下马威如何？"

"行！应该这样。不过，还要再狠些，不能姑息。你不拿住她，休想让她听你的话。"

"我会的。"

"不要心慈，不要手软。"这个太监咬着牙道，"一定让她怕你，由怕生敬、生畏，才能很好地把握住她。"

武才人进宫充当王皇后侍女，没有一天不挨骂。

这天，武才人正在侍奉王皇后用早膳，王皇后正找碴儿骂她，说是她盛的稀饭太稀了，想要饿死自己。

武才人则恭敬地听着王皇后的骂词。

突然，门开了，一个太监走进来。太监手捧圣旨，一进门即尖着嗓子喊道："圣旨下。"

捧旨太监，走上几步，站在众人面前，展开圣旨，读道："奉天承运，皇帝诏曰，朕特册立武照为昭仪。钦此。"太监合上圣旨，又叫道，"谢恩哪！"

众人一齐叩首，山呼万岁。

太监捧着圣旨走了。

室内众人都是一惊一愣，其后表情不一。

高兴的当然是武照了。她万没想到幸福来得这么快，而且不是才人，是昭仪！昭仪乃是九嫔之首。

当晚，皇上即临幸了武昭仪。

待皇上的随从、宫内宫女退出后，武昭仪立即向皇上叩谢大恩。

皇上立即将武昭仪拉起，道："卿又何必行此大礼呢？朕早已说过不会忘了你。"说完，即令宫内摆酒，他要为武昭仪贺喜。

武昭仪先敬皇上一杯酒，道："臣妾谢皇上救援之恩，请饮过此杯。"

皇上接过饮了。皇上却又为武昭仪斟上一杯酒，道："昭仪，请饮这一杯酒，朕已考虑再三，贵、淑、德、贤四妃均已有人，故只能封昭仪，尚望卿见谅。"

武昭仪双手捧过酒杯，饮了，道："皇上，妾身已知足。今后，妾身愿一辈子陪伴皇上，只要皇上不忘妾身，一生相好，妾身对名分是不在乎的。昭仪也好，婕妤也好，甚至为美人也无不可，只要与皇上日日相伴，妾之愿足矣。"

李治才为武昭仪解开闷葫芦，说明了武昭仪被接进宫的经过。最后他道："如果皇后不提出，朕也将不顾一切，接卿进宫。起初，朕尚不明王皇后葫芦里卖的什么药，近几天方知，原来她就是为了折磨你才接你进宫的，这个蛇蝎般的女人，真可恶！卿受屈了，此乃朕虑事不周之过。"

"请皇上勿自责！有皇后出面接妾进宫，比皇上亲自下诏要好得多，该感谢皇后才是。近来，妾虽受了皇后的窝囊气，权当一次考验，也是一次锻炼。"武昭仪说罢笑笑。

李治轻轻拍着武昭仪的肚子，笑道："让孩子早些生出来吧，就什么也不用怕了。生了儿子是皇子，生了女儿是公主。"

武昭仪笑道："皇上说笑了，人云怀胎十月，怎会早些生出来呢？总是十月满足才能出生。当然，早几天或迟几天乃常事，但再早也不会早几个月的。皇上且耐心等待，还早呢！"

"朕已有了四个儿子，再生个儿子就是老五了。"

武昭仪没说什么。她在想，最好生个儿子，有了儿子，就有当皇太子的希望，女儿是无济于事的。只有儿子当了太子，待即位当了皇上，自己才有资格成为皇太后，最低也是个太妃。

但是，这一切虽不遥远，亦应努力争取。只有争得最高位置，才不枉在世上活了一回。而今天的一切不也是努力争来的吗？还要不懈地努力，还要不断地争取。

武昭仪相信自己能做到，因为她相信自己。

几个月后，武昭仪临盆。

李治对武昭仪甚为关心，当即辍朝，回到昭仪寝殿外，等候生育消息。李治在殿外踱步。殿内，几个接生婆忙着。

"哇！哇！"殿内传出孩子哭声。

"恭喜皇上，娘娘生了位皇子。"接生婆头一个报出喜讯。

宫女立即到殿外，对李治道："恭贺皇上，娘娘生了一位皇子。"

一片贺喜声。一片谢赏的万岁声。

武昭仪自己高兴，自己有儿子了。既然是儿子，就有当皇太子的希望，当上皇太子就是未来的皇上，儿子是皇子，生母的身份、地位就不同于一般的妃子了，她怎能不高兴？

第四回

贪图美色终丧命，亲生女儿遭扼杀

王皇后走后，武昭仪打开窗户，进入屋中，走近公主床前，狠了狠心，一咬牙，伸出双手，掐住小公主的脖子，一个仅五个月的小生命，就这样结束了。

一　后宫私情

武昭仪生的儿子，李治十分喜欢，每天都要逗弄一番，并为其起名为"弘"。

弘儿刚满月，就被李治封为代王。

皇上的宠爱，加上儿子被封为王，武昭仪知道自己的地位更加巩固了，所以她的心也开始平静下来。

但是，这份平静在一个深夜被彻底打破。

宫里来了刺客，而且是奔她来的。虽然两名刺客最终被徐士杰带着护卫杀死，但这依然把武昭仪吓得不轻。

宫中来了刺客的事，也惊动了皇上。他吓得不敢出屋，直到统领向他禀报："启禀皇上，宫中进了两个刺客，奔向武昭仪寝殿，多亏副统领徐士杰阻拦厮杀，其中一人被徐士杰用暗器打死；另一个被众禁军用箭射死，请皇上示下。"

李治当即命将二贼枭首，明日示众，然后就带着护卫去看武昭仪。

皇上走进昭仪寝殿，见武昭仪与几个宫女正依帐而坐。他先道："卿受惊了！"

武昭仪及众宫女拜见过皇上，武昭仪道："圣上没被惊着吧？"

"刺客离朕甚远，且身边有许多护卫，并未惊着。"

"圣上没被惊着，臣妾就放心了。"武昭仪讨好地道。

"刺客就在此院外，卿一定受惊了。"皇上关心地问道。

"臣妾听到叫喊声即起来了，好在刺客并没进入院内。"武昭仪平静地道。其实，她当时是很恐惧的，生怕丢了命。

"多亏副统领徐士杰，是他挡住了二贼，就在院门口。二贼逃去时，又是徐士杰打中一个贼子。明天，朕当重赏徐士杰。"李治把听来的消息，告诉武昭仪。

"皇上大概还不知道吧，徐士杰乃臣妾之表兄。当年，先皇令臣妾进宫，士杰表兄一路护送，没出一点麻烦。先皇赏他护卫副统领之职。"武昭仪借机将徐士杰荐给皇上。

李治道："如此，明天朕好好赏赐徐副统领，以后就让他带人守护在你的寝殿。"

说完，李治令乳母抱来弘儿，喜爱得还抱了一会儿，在脸上亲了几下。

乳母把弘儿抱走了。李治道："这两名刺客直奔卿寝殿，是误入还是有意？"

"臣妾不知。"

"如果是有意，那么又是何人指使，他们又怎会知道卿居此处，朕百思不解。"

"也许是误入。"武昭仪不敢肯定地道。

"怎么这么巧？卿可有什么仇人吗？"

"臣妾 14 岁入宫，至今的经历，皇上均知，不会与什么人结仇。"

"难道是有人忌妒……"李治沉思着。

武昭仪不语，她无法搭话。

"这很可能，由嫉而生怨而生恨，进而遣人刺杀之。但，这又是什么人呢？"李治自语道。

武昭仪无法说。她入宫这一年多，皇上多数日子在她寝宫，王皇后、萧淑妃以及其他嫔妃，忌妒者大有人在，她已听到一些，如果说是，这些人全有嫌疑。而她又不便说出口。

李治又道："刺客是有为而来，可惜没有活口，无从查问。"

武昭仪道："皇上不要为此分心了，贼人来意不知，即使为了刺杀臣妾，臣妾毫发无损，皇上又何必劳心呢？皇上该休息了。"

一天晚上，皇上去了燕妃寝宫，武昭仪只好独眠。她打发宫女走了，正在脱衣，准备就寝，突然从窗外飞进一物。其物甚轻，落在床上无声。她一惊，起来细看，原来是一个纸团，她打开纸团，上面写道："三更后，我来你寝殿，届时勿惊叫。"下面没有署名。

武昭仪已看出是徐士杰的笔迹。她不愿让徐士杰来，那样太危险，万一被人知，徐士杰必死，而自己则必被黜。可是，她又无法阻止，只能提心吊胆地等着。她把纸条放在烛火上烧了。熄灭蜡烛，躺在床上等着。

三更过了，窗户一开，一道黑影飞进来。

果然是徐士杰。他到了武昭仪床前，即坐在床上。

此时武昭仪也在床上坐着，她拉住徐士杰的手，道："士杰哥，你胆子也太大了。万一被皇上知道，你死无葬身之地，我也将被打入冷宫。"

"放心，无人会知道的。"徐士杰说着话，搂住武昭仪。

武昭仪没有推拒。

"士杰哥，这种事可一不可再。这里是皇宫，不是感业寺。这里的护卫禁军多得很，稍一不慎就会走漏消息的。"

"照儿，你别怕，我的武功你是知道的，那些禁军连我的影也见不着。不会犯事的。"徐士杰自信地道，"况且，我负后宫保卫之责，夜间，我可以到处走动。那些禁军即使看见我来这院外，也不会起疑的。"

过了些日子，皇上再次宿于别处。

临睡前，武昭仪对乳母说："自弘儿满月之后，我还没让他在我身边睡过，今夜皇上不来，将弘儿留下给我带一晚。"

乳母自然听从。当夜，三更后，徐士杰又来了。

其时，弘儿正睡得香甜，徐士杰俯身看了好大一会儿。

武昭仪道："士杰哥，听我一句话，以后千万别来了，不是我嫌你，我是怕万一事泄，你我皆无生路。"

"照儿，你放心，我不会冒险，没有把握我不会来的，有了把握，你又怕什么？"徐士杰仍不愿放弃武昭仪。

武昭仪再一次劝道："士杰哥，还是听我一次吧，这样做太危险，总得防备万一呀！"

徐士杰没说什么，他搂住武昭仪在她嘴上狠狠亲了几下，复又看了看弘儿，又在弘儿脸蛋上亲了一口，转身从窗户走了。

二 痛下杀手

最近，李治每晚都在武昭仪这里就寝，而且一连住了十天。

这可把徐士杰急坏了，但武昭仪却感到安心了许多，偷情虽然快活，可是风险太大，总是提心吊胆的。

第十一天夜晚，李治又去了其他寝宫。

武昭仪暗自祷告，徐士杰千万别来。不料，三更过后，徐士杰又来了。

"士杰哥，你怎么又来了？"

"皇上今夜去了吴妃寝宫，我为什么不来？"徐士杰笑道。

"你就不怕万一出事？"

"我心甘愿意为你而死。"

风流之后，武昭仪道："士杰哥，我送给你一点好东西，这可是宝贝。"

"什么东西？什么宝贝？"徐士杰道。

武昭仪下地，打开一个皮箱，从最下边取出一个锦缎小包。包袱皮一共三层，全打开了，从中取出两丸药。她对士杰道："这是御医给皇上配制的十全大补丸，据说，其中有四十多味药材……我给你倒水，你先服一丸。一个时辰后再服一丸。说还可延年益寿呢，我只偷了两丸，没敢多偷。"

说着，已倒了一杯水。徐士杰当即服下一丸，他咽下后，道："味道还挺好。"随即又服了一丸。

"呀，士杰哥，你这不是糟蹋东西吗？两丸一齐用，也只起一丸的作用。"

徐士杰笑道："以后，你再给我就是。"说完就跳窗走了。

一个时辰后，外面人声嘈杂。

难道宫内又出了什么事？是来了刺客吗？可是武昭仪一点也不慌乱，反而睡得更踏实。

天刚亮，李治带着几个太监走进来，面色很难看。

此时，武昭仪还在睡觉，侍从宫女叫醒了武昭仪。

武昭仪伸个懒腰，睁开眼一看，见李治在地中间站着。她忙坐起来，道："臣妾该死，睡着了，不知皇上驾到，没能及时起来迎接。"

"卿穿上衣服吧，朕不怪卿。"李治冷冷的语言，却又很关心地道，"朕也是刚刚起来，有点事，就到这里来了。不用忙，慢慢穿。"

侍女帮助武昭仪穿衣服，武昭仪下床后，侍女帮助理顺头发。

李治道："昭仪，告诉一个坏消息，不过，卿要冷静些，不要激动。"

武昭仪道："请皇上示知，臣妾会冷静的，天大的事情有陛下为臣妾做主。"

"今天起早，四更多些，侍卫发现左卫大将军徐士杰被人害死了。"

"什么？"武昭仪脸色变白，眼含泪珠，道，"皇上说谁被害死了？"

"徐士杰被人害死了。"李治又重复一遍。

"皇上，皇上，你说是徐士杰被害死了？是徐士杰被害死了？"

"昭仪，冷静点儿，是徐士杰死了。朕也很悲伤，人死不能复生，卿宜节哀才是。"李治劝慰道。

武昭仪一下子扑倒在皇上脚前，大哭起来，边哭边道："皇上，皇上，可要为臣妾做主啊！是谁害死了徐士杰？请皇上给士杰报仇啊！徐士杰表兄为了护送臣妾到京师，年纪轻轻地就死了，我怎么对得起表叔表婶呀！皇上，皇上，可要惩治凶手，为士杰报仇啊……"

李治亲手搀起武昭仪，劝道："卿要节哀顺变，朕定要追查凶手，给徐士杰报仇。"

他回头吩咐宫女，道："扶昭仪去床上歇一歇。"

武昭仪道："皇上，士杰停放在哪里？我要再看上一眼。"她说着话，泪往下流。

"昭仪，且歇一会儿，朕已命人准备后事了，过一会儿，朕让人领你去见一见徐士杰。"

天届巳时，皇上命人来请武昭仪。

武昭仪赶到徐士杰停灵之处。皇上示意，几个太监挪开棺材盖。

武昭仪奔到棺材前，见徐士杰躺在棺材中，脸上蒙着纸。武昭仪伸手揭开纸，见徐士杰面色蜡黄，口鼻似有扭曲，可能死前很痛苦，双眼半睁半闭。武昭仪又大哭，并用手将徐士杰的眼合拢。

皇上走上前，劝道："昭仪，朕已说过，人死不能复生，宜节哀顺变，不要伤了自己的身子。"

武昭仪言语不清地道："皇上，请找出凶手，为士杰报仇，他死不瞑目啊！我对不起士杰，对不起表叔、表婶啊！"

"卿回宫去吧，朕即查找凶手，为士杰报仇就是。"皇上说完，回头对宫女道，"扶武昭仪回宫休息。"

当晚，皇上来到武昭仪寝宫，见武昭仪的双眼已肿了。他心疼地道："卿宜节哀，千万不要伤了自己的身子。"

武昭仪仍带着悲音道："士杰哥护送我来到京师，先皇授职，即在京当差。今年才二十多岁，尚未婚娶，今日暴亡，日后，我见了表叔表婶，怎么交代呢？"

"一切有朕担待。"

"皇上，士杰是怎么死的？"

"御医及长安仵作已检验过，身上无一点伤痕。似是中毒，可是又无中毒症状，皮肤不青，七窍无血，御医和仵作也未下结论。"

"无缘无故怎么会死呢？士杰不是近日没病吗？啊，昨天上午，我还看见士杰在兴庆宫边走动，不像有病的样子。"武昭仪道，她仍语音中带悲。

"士杰近日无病，已有人证实了。至于死因，朕正令人调查，估计不久就会明了。卿不要悲伤了，一切事情有朕做主。今日为士杰发丧，按上将军丧仪，棺、椁均是上等松木。朕已追封士杰为合川县男，陪葬昭陵，朕又赏赐宫中一些宝器陪葬。这样，卿也对得起士杰和士杰父母了。如其父母家道不丰，朕再赏赐一些物事就是。"

"臣妾谢谢皇上！"武昭仪对皇上拜了一拜，"臣妾代士杰及表叔表婶谢谢皇上。"武昭仪又对皇上拜了一拜。

"卿不要客气，朕对卿之至亲焉能不尽力，以令卿满意。"李治道。

徐士杰到底是怎么死的？

是被人毒死的。谁是凶手？怎样下的毒？

凶手就是武昭仪。毒就在那两丸药里。

原来，武昭仪收买了一名御医，名叫沈南璆，命他配制了毒药。这种药，必两丸合用方有效。只服一丸仅中毒而已，不会致命，如两丸合用，只要在十二个时辰之内，必然发生效用，第二丸服下后，活不过半个时辰，如服药者活动频繁，只一刻或更少时间，即可毒发身死。武昭仪之所以让徐士杰于一个时辰后再服，是怕徐士杰服药后不立刻走而死在她的宫内。没想到徐士杰同时服下两丸药后立即走了。正因为他纵跃而行，故很快毒发，死于昭仪宫不太远之处。

那么，武昭仪为什么要害死徐士杰呢？

其实理由很简单，她一而再，再而三叮嘱徐士杰不要来寝宫相会，徐士杰不听。徐士杰正是固执来此才送了命。

三　扼杀骨肉

时间过得很快，武昭仪再次临盆。

这次，她生了一个女儿，李治非常高兴。

孩子满月之日，李治又摆酒庆贺。夜间，两个人唠起了家常。

武昭仪道："皇上，该给孩子起个名了。"

李治想了想道："就叫她安乐公主吧。让她永远平安、快乐。平平安安，快快乐乐地成长起来。"

"谢皇上赐名。"武昭仪道。

安乐小公主长得非常可爱，李治和武昭仪都很爱这个女儿。

武昭仪由随侍到尼姑，由尼姑到昭仪，已是九嫔之首，秩列二品。又生了一个王子，一个公主，该知足了。

不！她没有知足！

王皇后自己没生过孩子，人又暴躁，但是她终归是个女人，她还是爱孩子的。

王皇后听说武昭仪生的女孩非常可爱，她很想看看。本来，她光明正大的，说要看看安乐公主，没人敢拦，没人敢不让，即使皇上不喜欢王皇后，如果听说或知道王皇后想来看看孩子，他也不会阻拦。至于武昭仪，更不可能阻拦，她没有这个资格。

可是王皇后却不这么想。她既想看孩子，又不愿让皇上和武昭仪知道。她担心武昭仪会偷偷讥笑自己生不出孩子来，所以她打算偷偷地看。她差宫女监视武昭仪，何时孩子在昭仪宫，而昭仪又外出，就报告她。

这一天，机会来了。宫女报告说："武昭仪此刻去了花园，估计短时间不能回来。而公主正在宫内。"

王皇后立即去了武昭仪寝宫。

到了昭仪宫，她令众宫女留在门外，她一人进了院。

昭仪的两个宫女、一个乳母，正在宫殿屋门口闲谈，见皇后来了，立即跪拜迎接。

"你们起来吧。"王皇后平静地道，"小公主可在宫内？"

"还在睡觉。"乳母与宫女同声回答。

"你们就守在这里，我进去看看。"王皇后吩咐着。说着王皇后步入宫内，安乐公主正在熟睡。

安乐公主生得确实很美，眼睛虽闭着，长长的睫毛，小巧的鼻子，小樱桃一样的嘴，脸蛋白白嫩嫩，还略带粉红色。睡梦中，小嘴还吮了几下。小鼻子皱了几下，睫毛也扇动了几下。王皇后愈看愈爱，她俯首，用嘴在公主脸蛋上轻轻亲了一下。她怕惊醒孩子，没敢用力。还好，孩子没醒，只是轻轻动了一下头。

　　王皇后本想多看一会儿，可是，她又怕突然回来的武昭仪发现，令她难堪，所以她还是不得不走了，因为她不是情愿离开，仍留恋，想多看几眼，所以走两步一回头，最后，才恋恋不舍地走出门去。王皇后走出来，乳母及众宫女又拜送。

　　临走时，王皇后交代："公主还在睡觉，你们要轻声些，不要惊动，别吓醒了公主。"说完，走回自己宫中。

　　俗话说："愈怕愈有鬼。"

　　王皇后探看安乐公主，本怕武昭仪知道，她哪里知道，却被武昭仪看个正着。

　　宫女报得没有错，武昭仪确实在花园。可是，她还没走进花园，却发现将手帕落在屋里了，她回来取手帕，在远处看见王皇后走进自己院中。她有些纳闷，王皇后到我宫中干什么？她要暗自看个究竟。

　　正巧，她的寝宫有两面窗户开在北面，因为窗户是开在墙上，而此宫墙不在院内，不用进院，从窗户即可进入屋中。

　　武昭仪溜到窗外，隐住身子向内窥视。王皇后的一举一动，她全看在眼中。她在暗自想主意。

　　王皇后走后，武昭仪打开窗户，进入屋中，走近公主床前，狠了狠心，一咬牙，伸出双手，掐住小公主的脖子，一个仅五个月的小生命，就这样结束了。

　　武昭仪将小被子向上拉了拉，随即飞快地从窗户跳出，关好窗户，直奔花园。

　　在花园中，武昭仪还碰到皇上。

　　皇上李治于退朝后，打算到花园散心。两人不期而遇。李治提议道："咱们去看看小安乐吧，朕一天看不见就想。"

　　"走吧，臣妾已出来半天了。臣妾出来时，小安乐正睡觉。"

在屋门口，两人遇见乳母及两个宫女。

武昭仪先发问："公主没醒吗？没哭闹吗？"

"没有！"三人齐声答。

走近小公主的小床边，李治见公主面色全青紫，一动不动，连呼吸的样子也没有，他忙伸手去试，立即惊叫道："小公主怎么了？不会喘气了！"

武昭仪猛扑上来，一把抱起孩子，用嘴、脸去贴孩子的脸，孩子的脸已凉了。武昭仪抱住孩子大哭起来。

李治回过头，怒视着乳母及宫女。喝道："这是怎么回事？"

乳母及宫女立即跪下，但她们不知怎么回事，不敢回答。

李治又竭力喝道："公主怎么死了？"

跪在地上的乳母低声道："公主睡了，昭仪娘娘说要去花园走一走。昭仪娘娘走后，奴婢与宫女怕惊醒公主，就到屋外去说话。不知公主怎么会……"

李治怒气未消，又问道："你们可有单独一个人进过屋内？"

"没有，自昭仪娘娘走后，我们一直在门外，没有一个人进过屋。"乳母道。

"可有外人来过？"

"皇后娘娘来过一次。"

"她进屋了吗？"

"皇后娘娘说是要看看公主，就进屋了。"

"你们是谁跟进屋的？"

"皇后娘娘令我们守在门口，不让我们进屋，奴婢们无一人进屋。"

武昭仪哭出声来了。"孩子还不会说话，她有什么罪啊？该惩罚惩罚我好了，何必拿孩子出气！一个小小的命啊，她还小啊，她不懂事呀……"

李治喝令乳母及众宫女起来，转身又在武昭仪怀中看了看已死的小公主，跺几下脚，怒气冲冲地道："这个泼妇，竟然敢害死朕的女儿，太可恶了！朕一定要狠狠惩治她！"

李治从武昭仪怀中接过孩子，又仔细看了看。抱着公主吩咐宫女："去传总管。"

武昭仪仍在抽泣，李治劝解道："卿且止悲，朕要为咱们的女儿报仇！朕一定要惩治那个泼妇，朕要废了她！"

李治一怒之下，要废掉王皇后，他找来众大臣长孙无忌、褚遂良、韩瑗、李勣、柳奭、于志宁等共议。

李治先说了安乐公主之死，最后道："朕欲废掉王皇后，众卿以为如何？"

李治的话音一落，太尉长孙无忌立即奏道："启陛下，臣以为不可。安乐公主虽死因不明，但王皇后乃出身名门，素知礼仪，且是先皇为陛下所选，先皇素有知人之明，绝不会错。王皇后绝不会做出扼杀安乐公主之事，故请陛下勿生废后之想。"

长孙无忌的这几句话，很有分量。他先说了王皇后出身名门世家，素知礼仪。自唐以来，颇重名门世家，故长孙无忌抬出这个牌子来，以证明王皇后不可能做出扼杀小公主之事。继而又说出王皇后嫁给李治是李世民选中的。又说出李世民有知人之明，不会选错人，不会选一个杀人犯当王妃。如果李治再坚持说小公主是王皇后杀的，一方面侮辱了名门世家，更为严重的是，可证明李世民无知人之明，是糊涂虫，是睁眼瞎，选错了人。而李世民是先皇，是李治的亲爹。

长孙无忌这一席话，立即堵住了李治的嘴。其他几个大臣也说了不可废皇后的话。

李治见碰了个大钉子，无奈地回到昭仪宫，将朝臣言论说了一遍。最后气恼地说："他们一致认为那个泼妇是好人。哼！好人还能杀死我的女儿？"

武昭仪道："臣妾以为，此事也许不是王皇后所为，可是又是谁扼杀了咱们的女儿呢？也许女儿有了什么急病？没有啊，臣妾出宫时还好好地睡觉，睡觉前乳母还喂了奶，是吃着奶入睡的。小公主到底是怎么死的呢？"

"卿不必猜了，除了那个泼妇，不会有别人。宫女、乳母不敢，况且她们也无一人单独进屋。"李治愤愤地道。

"皇后又为了什么杀死一个不懂事的孩子呢？孩子又不会招惹她。"武昭仪故作不解地道。

"事情明摆着，与你争风吃醋，拿你没办法，就拿孩子出气。况且她又未生一男半女，见了你的孩子还能不忌妒？"李治仍带怒道。

"皇后不至于这样残忍吧？这可是一个可爱的小女孩，她就忍心下手？"

"那个泼妇，什么事都做得出来！"李治仍怒气不息。

武昭仪这些话，粗听，似是为皇后洗刷嫌疑，其实是在火上加油。同时，还可证明自己并不怀疑王皇后，当然也无夺取皇后宝座之企图。这是欲擒故纵。

李治感觉到武昭仪真是厚道、贤惠，这更激起了他的怒火。他暗下决心，一定要废掉王皇后！

看到李治咬牙切齿的样子，武昭仪道："女儿已死，皇上不要再去惹气生了。皇后也许没动手，即使真的动手了，无人看见，无人做证，她也不会承认。"

李治仍然生气。武昭仪道："皇上，臣妾再为陛下生一个就是了。"

　　皇上怒气稍解，他更加感到武昭仪真是难得的大贤人。自己亲生女儿被人害死，却还能如此宽宏大量。

第五回

如愿以偿当皇后，蛇蝎女人爱杀戮

两个人的囚服本就破烂不堪，此时已是一丝一缕的了。头发披散开了，脸上、身上流出不少血，血染红了衣衫，染红了地面，又沾上一些干草。

竹杖仍在两人头上、身上落下。"啪啪、啪啪啪"的声音不断从两人身上传出来。

一　陷害皇后

过了不到一年，武昭仪又生了一个儿子。

李治很高兴。武昭仪却说："臣妾还要为皇上生一个公主。"

"好啊，朕更会高兴的！"

武昭仪又说："臣妾听到一个消息，不知当说不当说？"

"卿只管说，即使错了，朕亦不怪。"

武昭仪道："臣妾先说明，此事仅是听来的，确切与否，尚不得知。"

"卿尽管说就是，即使是捕风捉影，朕亦不会怪罪的！"李治急于知道是什么事。

"臣妾听宫女们议论，王皇后宫中请来一位民间老太婆，在里间屋烧香点烛，不知干些什么，却严禁宫女入内，只许皇后之母柳夫人出入，而且皇后还禁止宫女议论此事。皇上何不亲自去查看？大约皇后不会禁止皇上去看的。"

李治一听，怒道："这泼妇，为什么找一老太婆随便出入宫禁，又搞什么鬼把戏。"说完，他命宫女去传总管，让总管带八名护卫来。

总管带着八名护卫来了。李治命令道："皇后宫内有一密室，内藏一民间老妇，尔等去皇后宫中搜查，将老妇抓来，将密室中一切物品全拿来。"

总管太监及八名护卫进入王皇后宫中，皇后一愣。

总管太监及众护卫按例向王皇后叩拜。

王皇后道："尔等来此何事？"

总管太监道："奉旨搜查皇后娘娘的寝室。奴才奉命行事，请皇后娘娘见谅。"

"不行！"王皇后脸色变白，怒道，"谁也不许搜我的寝宫！"

总管太监奉有圣旨，怎会被娘娘吓住，他挥手命令道："搜！"

一名六十多岁的民间老妇，立即被护卫抓着走出密室。另外几名护卫拿着香炉、蜡烛，炉中的香还在燃着，还有用黄表纸剪的人形等。

皇后之母柳氏也跟出来，她面现惊慌，却一语未发。

总管太监向密室看了看，然后也不和皇后打招呼，就带着护卫，押着民间老妇，拿着搜出的器物走了。

总管太监等人到了武昭仪宫中。

李治一见，武昭仪所言是实，怒气大发。"把犯人带过来！"

一名护卫揪着老妇走过来。

老妇已吓坏了，她跪在皇上面前，不住地叩头。

皇上大声问道："你叫什么名字？"

"老妇何氏。"

"你是怎么到宫里来的？"

"是一位公公找我来的。"

"找你来做什么？"

"那位公公带我见了娘娘。娘娘让我使厌胜之术。娘娘说，如果成功，赏我五十两金子，即使无效也赏我十两金子。"

"什么叫厌胜之术？"

"就是咒人死的法儿。"

"如何咒法？"

"将要咒的人的姓名、生辰八字，写在用黄表纸剪的纸人身上，再将纸人贴在墙上，老妇每天要烧香，叩首三次，夜间子时要念咒一次。"

"多少日生效？"

"一百天。"

"你拜了多少天了？"

老妇屈指算了一下，道："十三天了。"

李治怒道："拉到院外砍了，尸首扔到狼狗圈里去！"

两名护卫走过来，抓起老妇就走。

老妇人号叫道："皇上饶命啊！老妇人是奉了皇后之命啊……"

"总管！"李治道。

"奴才在。"

"你带人去皇后宫，将皇后之母柳夫人立即押送出宫，此后永远不许进宫！"

李治怒气未息，道："这泼妇，太不像话了！祖宗有令，宫中禁用厌胜之术，她却明知故犯，太可恨了！"

武昭仪道："皇上何不看看，诅咒的是何人？"

李治点点头。

宫女立即将纸人送到皇上手中。

李治看了看，即道："拿去烧了！"

宫女接过纸人去烧。

李治道："把这些东西扔出去！"他指着香炉、蜡烛等。

"皇上看了何以不给臣妾看看？"

"卿看了会生气的，何必看呢？"

武昭仪明白了，纸人上写的是她。其实，她早知道。

武昭仪为什么早知道？

因为这主意是她出的。

武昭仪在她还是先皇随侍之时，就已知道宫中严禁厌胜之术。

她牺牲了一个女儿，却未扳倒王皇后，她感到太亏了。她昼夜思考，终于想出了这个主意。

王皇后身边有个叫长寿的宫女，早就被武昭仪用金钱拉拢了。最初，她的动机，仅是想让长寿埋伏在皇后身边，当个耳目。这回用着了。她授意长寿，令长寿与同伴密语有关厌胜之术的事，还得想法让皇后之母柳氏听到。

长寿如法炮制，柳氏果真上当了。

待将民妇何氏找来，长寿立即告诉了武昭仪。

王皇后也是被武昭仪逼得无路可走，就昏了头，听信了母亲的话。正因为她急于求成，忘掉了宫中禁忌。她满以为除了她的几个亲信，别人不会知道。却不知已落在武昭仪手掌心了，当然上当了。

第二天，早朝时，李治又提出废掉王皇后之事。

废后诏书颁布了。

长孙无忌、褚遂良及韩瑗等也无可奈何了。既成事实，已无力挽回了。

诏书颁布之日，即将王皇后迁于宫内一所小院中去。

王皇后还不算孤寂，同屋还有萧淑妃为伴。

这是怎么回事？

原来，王皇后施厌胜之术事发后，武昭仪即对李治道："皇上，可知王皇后何以行厌胜之术？"

"她就是恨你。"

"王皇后恨我无足奇怪。不过，此乃萧淑妃所献之计谋。"

"萧淑妃可能恨你，她为什么不自为之，而怂恿皇后为之？"李治不解。

"皇上明鉴，萧淑妃此乃一箭双雕。她怂恿皇后行厌胜之法，其后又故意泄其事于我。她预计皇后必废，她好取而代之。"武昭仪无中生有，凭空捏造，又真像确有其事。

李治听了怒道："处置皇后时，一并处置，绝不宽容。"

所以，萧淑妃于皇后被废同一天，也就废为庶人，合于皇后一处。

二　软硬兼施

王皇后被废以后，皇后的位置一直空着。

武昭仪急于当皇后，这是她梦寐以求且又为之奋斗已久的梦想。为了皇后宝座，她牺牲了自己的亲生女儿，花了许多金银珠宝，用尽了心计。所以她时常在李治耳边说："皇上，皇后已废，中宫不能久虚，宜早立之。"

"卿放心，这位置已是卿所有，别人是夺不去的。不过……"李治没有继续说下去，他在思考该怎么说。

武昭仪道："有阻力？"

"卿所言不差。阻力很大，其余众臣之议可以不听，只有长孙舅父和褚遂良，他们二人受先帝所托，是顾命大臣。他们不同意，朕亦不能贸然下诏。"李治忧心忡忡地道。

"陛下，何不软硬兼施？"其实武昭仪早就知道这些情况，她早已谋好大计策。

"怎样软硬兼施？以硬对谁？又以软对谁，卿可明言。"李治无计，故问计于昭仪。

武昭仪笑道："长孙舅父既是皇上舅父，当然也是妾身之舅父，是不能施以硬招，当以软招攻之的。"

"什么样的软招，卿明说出来。"李治要问得明白些详细些。

"臣妾言之，请皇上斟酌。长孙太尉已官成正一品，无可擢升，但闻其有三子，何不升其官位？"武昭仪侃侃而谈。

"行！完全可以。还有什么？"李治仍问道。

"重重赏赐长孙太尉，不要惜金宝。"

"这也不难，还有吗？"

"有此二事，还怕长孙太尉不感激皇上？皇上再提出立后之事，他还好意思驳回吗？"武昭仪信心十足地道。

"那么当以硬对褚遂良了？"李治自然想到这一点。

"是的。"

"怎么个硬法？总不能杀了褚遂良吧？"

"臣妾已说过，不能伤及皇上声誉。"武昭仪笑着解释道。

"既然不杀，何谓硬呢？"

武昭仪一笑，道："派褚遂良出任外官，离京城远些，皇上就不会听到他的唠叨了。"

"此计甚妙，朕却未想到。"李治乐了，他以为武昭仪真是足智多谋，"卿家简直就是朕的军师，是朕的好贤内助。"

武昭仪又是一笑，道："蒙皇上夸奖，其实臣妾书是读了一些，至于说到智计，臣妾又哪里及皇上聪明呢？皇上聪颖绝伦，臣妾不及皇上万分之一。"

"卿勿客气，朕以有了卿这样的助手感到十分高兴。"

硬招用了，已生效，该用软的了。

过了几天，李治亲临长孙府第。

长孙无忌听门上报告，说皇上亲临，立即率领全家人出去接驾。

李治到客厅坐下，即道："朕今亲来此，只是叙家常，无须以朝礼相见。"赐长孙无忌夫妇同坐。随后又吩咐道："将礼单呈上来。"

一个老太监将一红纸礼单呈给长孙无忌。

长孙无忌一看，一惊。这礼太重了。金、银、宝器各一车，瑞锦、彩缎、湘绣、湖绣各十车。

李治见长孙无忌看礼单，即道："些微小礼，权为舅父舅母日用之资。"

长孙无忌道："陛下，这礼太重了！"

"小事情！"李治轻描淡写地道。

李治又道："三位表兄弟，皆册封教骑常侍。"

长孙太尉领三个儿子谢恩。

李治道："无需谢。这些礼物，皆出于武昭仪之处。"

长孙无忌早已明白，所有这些，是来收买他的。

自李治提出废掉王皇后，直到真的废掉，长孙无忌已知李治必立武昭仪为后。今天，李治圣驾亲临，其后献上这么重的礼。不等李治说出来，长孙无忌已有些明白了。及至李治挑明，他知道亲临府第探望、送重礼、封儿子高官等，全是为了收买他，封住他的嘴。

他肚子里哼了一声，看着地。但是，既然皇上说话了，自己不能不答，他没有顺着皇上的口气说，他道："此皆是皇上偏爱，臣甚为感激。"他连武昭仪的边也不沾。

李治此次亲来，而且是带着重礼来，又当场封了官，本意是想当面谈谈立武昭仪为皇后的事，他也明白地说了，这些都是武昭仪的动议。却未料到，长孙无忌一句话就给岔开了。他不好再提，只能草草聊了几句就回宫了。

听说长孙无忌依然不支持自己为后，武昭仪就开始撺掇许敬宗、李义府等亲信上奏折，建言立武昭仪为皇后。

其实李治早在废王皇后之日，就已决心要立武昭仪为皇后。他亲到长孙府上，送重礼、赏高官，意在收买长孙无忌。但是，他白白搭了许多，长孙无忌始终未表态。

如今，他接到许敬宗等人的奏章，狠狠心，不顾长孙无忌反对，直接颁出了圣旨。宣布道："朕准许卿所奏，立武昭仪为皇后。"说完，即命许敬宗、刘祎之当堂草诏，以颁示天下。

长孙无忌就立在班臣之首，当许敬宗、李义府等人纷纷上表之时，他已猜到奏章的内容了。他本想在皇上对众臣议计时，要极力反对的，尽管褚遂良、韩瑗等不在朝中了，但他估计附和他的人还是会有的。出乎他的意料，皇上竟然不让朝臣议计，竟直接下旨了。他还能说什么？让皇上收回成命吗？不可能！此前，皇上驾幸长孙府，封官、送礼不全是为此吗？看起来再反对也无济于事了，皇上是不可能收回旨意的。

他叹了一口气，怨自己低估了这个武昭仪的能力，想不到一个先皇的才人、一个先皇身边的侍女，有这么大的能力，扳倒了王皇后而跻身皇后宝座。他想，以后又会怎样呢？这样一个善于玩弄权术的女人，今后又会玩出什么花样呢？

刘祎之有倚马可待之才，诏书很快草成，请皇上过目。李治看后，一字未改，即令当堂颁示。令许敬宗读诏——没让太监读，这也是李治的用心。因为太监嗓音尖细、难听，而许敬宗声音洪亮。

读完诏书，众朝臣表情不一。

拥武派面现喜色，相互对视，点头微笑，他们的好日子即将开始了。

反对派表现冷漠，轻轻皱眉，暗暗叹气。他们暗道：今后将不会有好果子吃了。

李治当然高兴，因为长孙无忌没有当着朝臣的面出来反对。顺利地通过了。

皇宫内，在李治未回来之时，武昭仪已得到密报，立她为皇后的圣旨已下。朝中无一人有异议，她心里大笑着迎接皇上。

李治以为她尚未知道，见面即道："朕已下诏，立卿为皇后。"

"臣妾谢陛下！"武昭仪拜下去。

李治伸手挽起："明天，不！今天就搬到皇后宫中去吧。"

武照满足了。她当上了皇后，她终于如愿以偿。

三 蛇蝎心肠

日子一天天地过去。

李治想起了王皇后与萧淑妃。他想，该去看看她们，不知她们现在什么样了。

在太监的引导下，李治来到了看押王皇后与萧淑妃的所在。

李治见门上有锁，即道："把门打开。"

门一打开，一股臊臭之气就冲出门来。

李治用手在鼻前挥了两下，臊臭之气仍不去，他只好掏出手帕来，捂住鼻子，道："这样的地方怎么住？"说着走向门口，探头往里看。

王皇后与萧淑妃已听见外面是皇上的声音，不明白皇上为什么会来到这里。两人均坐在干草堆上，向门口看。

王皇后与萧淑妃立即跪在干草地上接驾。

"庶民王氏，愿吾皇万岁万岁万万岁！"王皇后道，说着叩首。

萧淑妃也叩首，叫道："庶人萧良娣愿吾皇万岁万岁万万岁！"

"皇后、淑妃请起！"

王皇后与萧淑妃起来，王皇后道："庶人王氏已不是皇后身份，皇上何以仍这样称呼？庶人实不敢当！"

李治虽一向不喜欢王皇后，但是他万万没想到被废的皇后，却连囚犯还不如，他目中已落下泪。这里哪是人住的地方。他问太监："她们吃饭在何处？"

"也在这里。"太监答道，他又指着门上的小洞道，"就从这里送进去，吃完再将餐具从这里递出来。"

"便溺时怎么办？"

"里面有马桶，每天傍晚，由她们自己提出来倒掉。"

李治想，吃与便全在这里，难怪这屋有臊臭之味！他暗道："即使王皇后废为庶人，也不当如此对待。"他含着泪对王皇后与萧淑妃道："这里不是人住的地方，由朕来想办法，该换个地方，这伙食也该有所改善。"

王皇后与萧淑妃听了，立即下跪叩首，齐声道："谢皇上恩典！"

李治又道："皇后、淑妃放心，朕一定会有办法的，你们放心吧！"他说完，急转过身子，含着泪走了。

就在李治离开王皇后及萧淑妃之后，武照即得到了密报，说是皇上去看望王皇后与萧淑妃了。

这是个武照尚未升为皇后时收买的太监，他专司监视王皇后与萧淑妃关押之处，当然也监视轮班看守王皇后与萧淑妃的太监，不过，他是暗哨，在暗中监视。

"你说，皇上叫她们什么？真的叫皇后与淑妃？"

"回娘娘，是的，还是称呼皇后与淑妃的。"

"还说了些什么？"

"皇上说那里不是人住的地方。"

"还有什么？你一并说出来。"

"皇上还说，由皇上想办法，换个地方。还说要改善伙食，嗯，还说皇上会有办法的，还有，皇上还流泪了。还有，皇上去时，还不住地回头，皇上还让她们放心。嗯，再没有了。"

武照赏给密报的太监一些金子，挥手让他走了。

王皇后与萧淑妃既是她的仇人，又是威胁她皇后宝座的人。皇上既然不忘旧情，说不定有一天恢复王皇后与萧淑妃的自由，这完全有可能。再进一步，有可能仍令王皇后与萧淑妃列于嫔妃。以后，是否会危及她这皇后的宝座呢？说不定！不怕一万，就怕万一。皇上是缺乏主见的人，又一向心慈面软。万一危及她的皇后宝座，那时候，再想办法就晚了！

怎么办？

无论如何，不能将已到手的皇后宝座拱手让人。

怎么办？

皇上是惹不得的，自己还是借了皇上的光，才有今天。

那么此刻又该怎么办？她想了一阵子，终于有了主意。还得从王皇后及萧淑妃身上动手。

武照打定主意，立即吩咐宫女道："去叫赵田来，带四个人，各带竹杖。"

不大工夫，赵田带四个太监来了，每人带一支竹杖。这些人全是武照的亲信，还是她当昭仪时收买的亲信。

武照不带一个宫女，只带领五个太监，直奔王皇后及萧淑妃囚禁处所。他们一行人很快来到了那个荒凉的小院。到了那两间破屋前，守门太监吆喝着接驾、叩拜。

武照大声道："本宫特来看望王皇后和萧淑妃，把门打开！"

太监打开了房门。

门一开，臊臭之气立即冲出门来。

武照摆手示意，让赵田等人靠墙站着，她则迎着臊臭气走向门口。

屋内，王皇后仍无动于衷地低头坐着，萧淑妃则一脸怒气将头转向门口。

武照站在门口，看了看王皇后与萧淑妃。看见了二人的样子，又道："皇上来看望你们，我本想同来，可是让事情缠住了，只好此时来看望二位。"她的语气柔和，无丝毫恶意。

王皇后仍低头坐着，看不见面部的表情，萧淑妃的面色有点缓和，她露出疑惑的样子，二人都没说话。

萧淑妃面部表情的变化，武照看见了。她接着道："皇上曾说过，要将二位从这里搬出去，可是，这事还比较难办。搬到哪里才好呢？皇上甚为踌躇，我也在费心思。萧淑妃好办，只要仍去住淑妃宫就是了。可皇后该怎么办？昭仪宫倒是闲着，可是皇后去住又觉不合适。如果再立个名吧，一时还没想出来。后来，我想就用个明妃的名字如何？皇上还没拿定主意，也不知二位意下如何？"

王皇后听了武照一席话，抬起头来，也用怀疑的目光向门口看。她怀疑是自己听错了，这话能是武照说出来的吗？难道太阳能从西边出来？不会的！于是，她没有说什么。

萧淑妃的面孔已改变为喜悦了，她道："皇后娘娘，皇上真的与你合计过了？"稍停一下，又道，"真的让我回淑妃宫？"

"淑妃的事好办，难的是皇后。"武照似乎真的关心。

王皇后不相信武皇后会有这样的好心，她道："能听豺狼念经吗？恶人能变善心吗？淑妃，你怎么能相信鬼话呢？"她的语气平静，不怒，不嗔。

"你们怎么不相信我的话？"武照道。她语调平平，听不出是真是假。

"我们住在这里你是今天才知道的吗？上次你不是已来看过了吗？那时候你又说了些什么？今天又充什么善人？大概你是听说皇上要将我们从这里迁出，另换个地方，才来这里充好人吧？充好人毕竟不是好人，充又能充多久？"王皇后盯住武照道。

"你敢骂我不是好人？"武照道，从语气中听不出心意。

"你本来就不是好人！昔为先皇的才人，今又为皇上的皇后，算哪一等好人？你自己说说看，你能是好人吗？你是个不要脸的淫妇！"王皇后已知武皇后来意不善，故而骂道。

"住口！"武照一声大喝。

"有此而已，为何住口？你这淫妇！不要脸的淫妇！该千刀万剐的淫妇……"王皇后还要骂下去。

"打！给我重打一百杖，两人一齐打。"武照气急败坏地命令道。

赵田等五人冲进屋，举杖向二人打去。

王皇后与萧淑妃从出娘胎，也未挨过一次打，这次，太监手中的竹杖，打下去又重又狠，毫不留情。

王皇后与萧淑妃从竹杖第一下打中就哀声叫起来。

竹杖不断打下去。"啪！啪！啪！啪！"

"哎哟，妈呀！哎哟！"王、萧二人一齐叫喊疼痛。

竹杖不断打下去。

王、萧二人在草堆上滚动。

两人挨了十杖，已是衣衫破碎。血从脸上、身上流出来。

王皇后在哀叫。

萧淑妃边叫疼边骂道："阿武，你死后一定会变成老鼠，我死后变成猫，抓住你要将你撕个粉碎，将你的头、身全嚼着吃掉！"

"打！狠狠地打！"武照听见萧淑妃又说出变猫变鼠的话，虽然太监手中的竹杖不停地挥动，她仍在喝令狠打。

没有人查数，究竟打了多少竹杖。

王、萧二人已从草堆中滚下来，满地滚动。

两个人的囚服本就破烂不堪，此时已是一丝一缕的了。头发披散开了，脸上、身上流出不少血，血染红了衣衫，染红了地面，又沾上一些干草。

竹杖仍在两人头上、身上落下。"啪啪、啪啪啪"的声音不断从两人身上传出来。

起初，王皇后不断喊叫，萧淑妃边叫边骂。后来，王皇后的叫声低了，萧淑妃已无力骂了。

王皇后不再叫了，萧淑妃也不叫了。只是轻轻地滚动着，似在下意识地躲闪。

最后，两人全不动了。

竹杖又啪啪啪地打了十几下。

赵田见王、萧二人不动了，他走近些，俯身用手指在二人口边轮流试了一会儿，抬起身对武照道："禀娘娘，她们没气了。"

"拖出来！"武照命令道。

有两个太监一手拿着竹杖，用另一只手将王、萧二人拖到屋外。

武照一见王、萧二人，蓬着头发，满面是血与伤痕，尤其是二人都面现狰狞，她没有敢多看，又命令道："再试一试，是不是真的没气了？"

赵田又用手试二人的口鼻，接着俯下身，用耳朵听了听，直起身子道："禀告娘娘，还有点气。"

"将她们反绑放到酒缸中，让她们骨醉。"

"是！娘娘放心，奴才会处理好的。"赵田得意地答应着。

武照不待赵田等人将王、萧二人拖走，她先走了。

当天晚上，武照徐徐地道："皇上，臣妾有话禀告。"

李治不耐烦道："什么大不了的事？明天再说不迟。"

武照道："今天，臣妾去看望王皇后与萧淑妃，本是好意，以为她们总算是皇上的人，虽有过遭贬，也不能过于冷待，不料她二人竟出口不逊。她们骂臣妾别的，臣妾都能忍，却偏骂臣妾是先皇的才人，今天又……臣妾忍无可忍，即命太监打她们一百杖。臣妾回来后，太监来报，王、萧二人不经打，没打到十杖，皆一命归阴。"

李治早已忘了曾许诺将二人救出，改善二人伙食及生活处境的诺言，顺口道："那就算了。"

于是，武照也不再提。

第六回

皇上移情又别恋，恋情暴露遭恐吓

　　一天又一天过去了，精明的武照竟未发现其姐与皇上的事。一是二人做得秘密，宫女及太监虽有知情者，却无一人敢告密，因为男方是皇上。二是两人幽会全是在白天，夜间李治仍去皇后宫陪武照，所以也未引起武照的怀疑。

一　移情别恋

　　自从王皇后和萧淑妃被打死之后，武照在后宫再无对手，皇上每天晚上都要到她这里来就寝。

　　这天晚上，李治和武照亲热之后，躺在武照身边。

　　武照道："妾身 14 岁离家，家中只有老母、小妹，如今不知怎样了？"

　　"不是皇后提起，朕已忘了。此乃朕之过也！明天下诏就是，一面差人去利州接卿母妹，一面封赠皇后先父。"

　　"谢谢皇上！"

"你我已是一体，何言'谢谢'二字！"

过了几天，武照之母杨氏被接进宫。

杨夫人见了武照，始则哭，继而笑，道："照儿，想不到我们母女还有今天，今天，你得势了，要有仇报仇，有怨报怨。不要忘了，咱们娘俩落难时，那些欺侮过咱们的人！"

"娘，不要忙，过去的事我不会忘记，要一步一步来。"随杨氏同来的人还有武照大姐武顺。武顺嫁给越王封功曹参军贺兰越石，其时，贺兰越石已卒，正应了袁天罡的话。

武照见贺兰夫人虽已三十多，却依然容光照人，俊美异常。

两人说了些家常。

"三妹在哪里？"武照问杨夫人。

"你三妹已嫁给郭家，可惜，你三妹嫁后不到一年就病故了。"

武照似对三妹没甚感情，三妹已死，并无悲戚之色。

李治下朝后，武照引杨氏及贺兰夫人与之相见。

李治看了贺兰夫人，不由得一惊：嗬！又一个美人。

第二天早朝，李治令许敬宗草诏，追封武士彟为司徒、周国公，杨氏为荣国夫人，贺兰夫人为韩国夫人。

诏书颁示天下，同时在宫中颁布。

李治下朝后，杨夫人、贺兰夫人一齐叩谢皇上之封赠。

李治道："不必相谢，此乃朕之当为也。不过，周国公府未曾建好之前，你们就住在宫里吧，这里很宽敞。"

荣国夫人、韩国夫人再次相谢。

李治道："今后，咱们在宫中常见面，再见到朕不必行大礼了。"

李治留荣国夫人与韩国夫人住在宫内，他是有私心的，因为他看中了韩国夫人。

其实韩国夫人已三十多岁了，由于保养得好，又是天生丽质，所以仍非常俊美。正像俗话说的"徐娘半老，丰韵犹存"。

李治对韩国夫人垂涎三尺。

李治是每天要上朝的，退朝后就得闲了。自从韩国夫人入宫后，他每天多是早早退朝，退朝后就往后宫跑。

两相情愿，只差东风。

可是俗话说得好，"只要功夫深，铁杵磨成针"。在李治孜孜不倦的努力下，"东风"很快就来了。

李治发现韩国夫人多次去贤儿的寝殿。这天，他下朝后，直奔贤儿寝殿。所料不差，韩国夫人正在这里。

韩国夫人正逗弄贤儿玩耍。

乳母及两个专服侍贤儿的宫女，陪立在旁，互相说着话。

乳母及宫女见李治来了，连忙跪下叩首，齐叫道："奴婢迎接皇上。"

韩国夫人是听过李治吩咐的，在宫内不必行大礼，所以只是把腰弯了弯，问一声："皇上好！"

李治令乳母及宫女起来，然后道："你们出去，朕与韩国夫人说几句话。"

乳母及宫女退到门外去。

韩国夫人没话找话地道："皇上，今天退朝似乎比往日早些?"

"是的，朕忙着将几件大事处理完，就回来了，就是为了早一些看到夫人。"

"皇上说笑了，妾身蒲柳之质，且已是半老徐娘，怎值得皇上眷顾?"韩国夫人故作忸怩之态，且又用眼睛向皇上一溜，媚态十足。

李治哪里经得起韩国夫人这一眼，他走前两步，伸手握住韩国夫人的手，声音发抖地道："夫人，朕自夫人进宫那一刻起，已在艳羡夫人的美貌，久欲一亲芳泽，昔无机缘。今日乃天赐良机！"

"臣妾资质粗陋，哪里及皇上身边那些年轻貌美之嫔妃呀。"韩国夫人嗲声嗲气地轻声笑道。

李治的身子就像触电一样，他伸出手，揽住了韩国夫人的柳腰。

缠绵之后，韩国夫人道："皇上，此事可一不可再。"

"朕已得到了你，不会轻易放开的，岂止是再，还要永久，永久。"李治将头歪倚在韩国夫人的肩头道。

"皇上，你就不怕皇后知道吗？"

"咱们明天另选一个地方，不让她知道。"

"臣妾只怕皇后知道会吃醋的，如果她醋性大发，可不好办。臣妾深知皇后的脾气，她在幼年时就是这样。她的玩具、她喜爱的东西，别人碰一下都不行，更不用说拿着玩了。"

"咱们紧守秘密，不让她知道就是。"

一天又一天过去了，精明的武照竟未发现其姐与皇上的事。一是二人做得秘密，宫女及太监虽有知情者，却无一人敢告密，因为男方是皇上。二是两人幽会全是在白天，夜间李治仍去皇后宫陪武照，所以也未引起武照的怀疑。

二　诡计得逞

有一天，荣国夫人杨氏找到武照，问她："皇后，难道你忘了元庆、元爽和惟良、怀运的恶行了吗？你还记得你幼小时，他们是怎样对待咱们母女的吗？"

"娘，你放心好了，我已计谋好了，过几天就会有好消息。"武照笑道，"我还得让他们有苦说不出，打掉牙往肚子里咽！娘，你就瞧着吧！"

只过了一天。

武照道："皇上，臣妾做了一篇《外戚诫》。明天请皇上过目。"

"外戚诫？"李治不解地问道，"什么外戚诫？"

"臣妾读史，发现有些朝代，由于外戚倚势用事，扰乱朝纲，有的发展到叛逆的程度。如汉初之诸吕用事，汉平帝时王莽专权，终导致叛逆。魏武专权封王，导致曹丕逼迫献帝施行所谓的'禅让'等。"武照清楚明白地说道。

"好！朕有卿这样的好内助，可高枕无忧矣。"李治高兴地道。他是真的高兴，他早已发现皇后是个有心机、有智谋的人。

"臣妾的几位从兄弟、亲兄弟皆不宜留京任职，宜派外州县职。一防专权用事，二示朝官，妾无私心。"武照振振有词，真像是个一心为朝廷的人。

"太好了，朕以有卿这样的好皇后而万分高兴，一切就依卿意！"高宗边抚摸武照边高兴地道。

"臣妾不过为朝廷、为皇上着想罢了！"武照仍平静地道。

第二天早朝。

诏下：

字宗正少卿元庆为龙州刺史；少府少监武元爽为濠州刺史；卫尉少卿武惟良为始州刺史；武怀运为淄州刺史。

诏发，朝廷百官一致暗暗赞叹，皇后不但不会提外戚，不会专军政大权，还将其外放边远州县安置，真是千古少有，可见皇后是大公无私的。

这些人只见表面文章，又哪里知道武照是在报昔日之仇。

这几天，李治下朝后，又去找韩国夫人寻欢。正好给武照创造了机会，她命人将许敬宗召进后宫。武照和许敬宗见面后，立即令宫女、太监退到宫外，二人密说了许久。

就在武照与许敬宗密谈的第二天，许敬宗奏上一本，请求重立太子。

李治看后，又找来几位大臣共议。

长孙无忌、于志宁、来济、许敬宗等人来到上书房。

高宗李治赐众臣坐。待众人坐下，他道："朕接一本章，言及宜废今之太子，重立太子，众卿以为如何？"

他的话音刚落，长孙无忌即道："不可！太子乃国之储君，今不闻太子有过，何得轻言立废之事？"

来济附和道："太尉所言甚是！臣未见太子有过，请陛下明察。"

许敬宗道："今之皇太子乃后宫刘氏所生，其母身份微贱，哪有当今皇后之子之贵？"

"住口！"长孙无忌并不忌讳皇上在场，怒声道，"太子已过继于皇后，何言其母出身呢。"

"王皇后已废为庶，且已死，改姓蟒氏。太尉尚不知吗？"许敬宗有武皇后撑腰，并不像以前那样畏怕长孙无忌。

王皇后被废，武昭仪得立为皇后，乃长孙无忌政治上的一次失败。今日，许敬宗又提起此事，他更为震怒，他道："王皇后已废与今皇太子何干？不论何氏所生，总是皇上之后裔，又何分贵贱？"

"皇上有诸王子，何必定立母贱者？今武皇后有子当立为皇太子!"许敬宗也不示弱。

"皇上,老臣不同意废掉皇太子而另立太子!"长孙无忌说完,也不向皇上叩辞,离座拂袖而去。

李治见无法再议,即令散去。

第二天,许敬宗又上一密本。大意是,立皇太子之事乃皇上自家之事,无须多问众臣,由皇上自己决断可矣。

李治见了本章,大悟:是呀!此乃老李家的事,又何必问外姓人呢?

第三天,李治发诏书,废皇太子忠为梁王,立代王弘为皇太子。大赦天下,改元显庆。复命尚书左仆射兼太子少师于志宁、侍中韩瑗、中书令来济、礼部尚书许敬宗兼太子宾客。历史上,从这以后才有太子宾客这一职位。

至此,武照终于心满意足,自己当上了皇后,儿子当了皇太子。以前对她不利之人,如褚遂良、武元爽、武元庆、武惟良、武怀运等人全贬往外州去了。

知足者常乐,因为皇上和皇后的心满意足,皇宫里安静平和了好一段日子。

三 杀鸡骇猴

人们喜欢感慨:快乐总是短暂的!在韩国夫人看来,这句话说得太对了。

李治与韩国夫人幽会,全是在白天进行,目的就是防备武照知晓,所以,他每日下朝后,直接就去找韩国夫人。

这天李治刚走进李贤的寝殿，恰巧武照从这里出来。

武照看着李治的背影，心里纳闷，皇上这么早就退朝了？退朝以后，怎么不回我的寝宫？这是去哪里呢？那边没有嫔妃的寝宫啊？

她本是个多疑的人，遇到无法可解之事，怎能不弄个明白？她停止脚步，看着李治的背影，见李治走进一所小院。"皇上去那里干什么？那里无人住呀？"武照暗想，她的疑心更大了。她从花墙的孔中，向那里张望着。

约莫过了一炷香的工夫，李治出来了。他走出门，领着几个宫女、太监，奔皇后寝宫去了。

武照没有露面，她还要等一等、看一看，如果再无人出来，她就要去那院里看一看，那个小院到底有什么古怪？皇上为什么去了那里？半炷香时间过去，她看见韩国夫人与两个宫女走出来。三人直奔李贤的寝宫。此时，武照一切都明白了。此时的武照正是怒从心上起，恶向胆边生。可是，她想了想，压住了心头怒火，返身走进李贤的寝殿。站到李贤的床前，逗弄李贤。

不多会儿，韩国夫人走进来，两人互相打招呼。

韩国夫人道："我每天都要来看看贤儿，一天不来就想得慌。"

"姐姐，小妹谢谢你了，我每日忙于宫中事务，无暇顾及贤儿，多亏你常来照看。"武照平静得就像什么事也没发生一样，坦然地、真诚地道。

"皇后怎么和我客气起来了。贤儿是我的外甥，我像疼亲生儿子一样疼他，也是正常的。"韩国夫人也若无其事地道。

"姐姐，我来已有一个时辰了，还有些事等着我处理，姐姐就在这里多等一会儿吧！"武照道，她说完领着宫女走了。

李治到了皇后寝宫，没看见武皇后，他就走了。

更令武照生气的是她回到寝宫没见着李治，她本就生着气，这样一来，气更大了。她在自己宫内生气，思考着该怎样对待李治和韩国夫人的事。

更让她生气的是，这天夜晚，李治没到皇后宫里来。

这一夜她没睡好。

第二天，武照所要做的头一件事，就是了解李治昨夜睡在哪里。

后宫内，皇后是第一主人，她要了解一件事易如反掌。

很快，她就弄明白了。原来，昨天有二十名新选的美女进宫，皇上看过后，看中了一个名叫李娟的姑娘。皇上昨夜就让李娟侍寝，今早已封李娟为宝林，仍住掖庭宫。

武照听到了上述的禀报，心里又一气。她是个聪明人，知道光生气是气不出办法来的，总得想法解决才是，所以她自己压下气，开始心平静和地想主意。

聪明人永远不办糊涂事，只想了一会儿，武照就想出一个一箭双雕，杀鸡骇猴的好主意来。

她立即命人去把韩国夫人请过来，两姐妹坐在那里吃点心、聊家常。

武照道："姐姐，你进宫已有好久了，大概尚未见过我是怎样处置宫人的，今天请你来，请你开开眼界。"

韩国夫人不明白武照葫芦里卖的是什么药，她道："处置宫人有什么好看的。"

"哈哈！"武照打着哈哈道，"你看看就知道了。"

"带李娟来！"武照命令道。

过了一会儿，外面有太监禀道："禀报皇后娘娘，宝林李娟到了。"

"带进来!"武照命令道。

有两个宫女走出去,随即带着一个姑娘走进来。

武照与韩国夫人一齐看那个叫李娟的宫女。

李娟个子中等,粉团般的脸,长眉细目,丹凤眼,樱桃口,元宝耳朵,秀发乌黑,脸上还现有稚气。

到了皇后面前,李娟倒地跪拜高呼千岁,可惜,这下子惹了大祸。因为她拜的是韩国夫人。

"你向谁叩拜?"武照轻声道,语气中不严厉,却显得柔和。

"向皇后娘娘。"

"谁是皇后?"武照的语气仍如前,没有大声恫吓。

李娟年龄虽小,也很聪明,立即明白了。这问话的一定是皇后了,她立即挪动膝盖,面向武照,又叩头,并道:"请皇后娘娘恕罪,臣妾实不认识皇后娘娘。臣妾该死!"

"大胆,竟敢不把本宫放在眼里!本宫今天不狠狠惩治你,你会反上天去!"武照一改面孔,面现怒色,厉声骂道,"去!快传慎刑监司赵田来,快!"

韩国夫人本打算代李娟求情。可是,她张了张口,却没说出话来。她深知自己妹妹的脾气,是不会听劝的。但她不明白的是,李娟本无罪,妹妹为什么发这么大的火呢?

赵田带着人,拿着竹杖、板子等刑具来了。

武照命令道:"赵田,将这个李娟,先重打五十杖。"

李娟仍边用力叩头,边哀求道:"皇后娘娘,皇后娘娘,李娟该死!李娟无知!请饶过这一回吧!皇后娘娘,皇后娘娘……"

两个拉她的太监已用力拉起李娟,拉向殿外。

随即,竹杖着肉声、哭叫声传向殿内。

赵田听武照命令中有一"重"字,他明白这个字的分量与含义。是不止五十的，以致死为目的。所以他在旁边监刑却不查数。而执行的太监则是听命于赵田的，只要赵田不查数，一定是打死为止。

李娟的哭叫声、哀求声，由强转弱，最后已无声息了。

赵田走过去，俯身，伸手试李娟的口鼻，已无呼吸之气。他走进殿内，道："回禀皇后娘娘，刚打到五十杖，李娟已死。"

"扔到荒野去喂狗！"武照恶狠狠地道。

赵田答应着走了。

待赵田等人将李娟的尸体拖走，韩国夫人道："皇后，李娟是怎样触犯了你，令你生这么大的气？"

"姐姐，你真的不知道吗？"武照扭头，看着韩国夫人的脸道。

"李娟昨日方进宫，这么短的时间，她……"韩国夫人没有说下去，她不知怎样措辞。

"不错，我已知道她是昨天才进宫的，可是，仅进宫一天一夜，就有了夺取皇后之位的坏心，时间久了，她将取我而代之。"武照道，语气冷冷地。

韩国夫人还是不明白，仅进宫一天的人，怎么会有夺皇后宝座之心呢？何况李娟年仅十五岁，是否有夺皇后位之心，还很难说。即使有这个心吧，又哪里有这个能力呢？即使有，也不能一天一夜就表现出来，而且即使有，也不会对人说，皇后又是怎样知道的呢？

武照又道："姐姐，你也许要问，我为什么要惩治李娟？我是怎么知道她想取我而代之的？理由很简单，她做了皇上的女人。凡是和我争夺皇上的人，我绝不轻饶，直到置她于死地！姐姐，你说，我该不该这样做？我绝不允许有人将皇上从我的身边夺走，无论她是什么人!"

韩国夫人听了这些话,尤其是最后这两句,让她吃了一惊。她镇定一下,道:"皇后说得对!不过,我估量尚不会有那么大胆的人。"

"不!姐姐说错了。"武照脸上无一丝笑意,恶狠狠地说,"打死李娟就是给这样的人敲一下警钟,告诉她要迷途知返。"

说着,她又鼻哼了声:"否则的话,到时候别怪我心狠手辣!皇上是我一个人的,谁也别想染指!"

这些话的意思再清楚不过了。韩国夫人就是再笨,这话还能听不出来?她怕了,她的耳边响起李娟的哀叫声与竹杖打在肉上的声音。她会打死我的,这个武照什么事都干得出来,她会打死我的,我该怎么办?韩国夫人的身子颤抖起来,身子似乎已坐不稳了,左右摇晃⋯⋯

韩国夫人的样子,武照已看在眼里,她知道姐姐这个样子是被吓着了。既然如此,自己的目的也就达到了。

韩国夫人被武照的话吓坏了。她连忙借口自己不舒服,让宫女扶回自己的寝宫,躺在床上仍战栗不已。

第七回

有情难抑甘犯险，姐妹之情一朝散

武照盯视着二人，冷冷地道："皇上、韩国夫人，你们别忙，何必忙呢？慢慢穿就是。你们也太大意、太性急了，为什么不把床帐放下来，这让外人见了可不大好看。"

一　有恃无恐

李治退朝后，与往常一样，去找韩国夫人作乐。可是，他却扑了个空。听宫女说韩国夫人没来，他有些奇怪。以前，都是韩国夫人先到这里等他，今天为什么迟到了？发生了什么事？他没来得及仔细思考，一转身出了屋，奔出院，向韩国夫人的寝殿奔去。

李治进了院，直入了屋，对接驾的宫女说："起来吧！"

几步急奔到韩国夫人床前，开口就问道："怎么了？是病了吗？哪里不舒服？朕即传御医来诊视……"

一连串的问语，不容韩国夫人回答，但也可看出李治对韩国夫人的关心。

韩国夫人见李治对自己这样热情，心里一热一酸，泪已流下来了，听到皇上要传御医，立刻道："皇上，不必传御医，臣妾没有病。"

"没病？"李治诧异地道，"那么是发生了什么事？"

韩国夫人本无病，此时见李治这样关心自己，恐惧之心减去了九成，只剩下一成了。她见皇上仍立在床前，自己坐起来，意思是让皇上坐下。

李治的心与韩国夫人相通，他见韩国夫人坐起来，即坐在床上，将韩国夫人搂在怀中。

韩国夫人用手轻轻捏了李治的手一下，然后以嘴、眼示意。

李治明白了，摆手让宫女们退出去。

几个宫女悄无声息地退出去，又随手关严了门。

韩国夫人道："皇上，今天这事是咱们俩最后一次了。以后再不可能了！"

"为什么？"李治奇怪地问道，"卿家要走吗？发生了什么事？怎么会是最后一次？朕的打算是永远，永远，直到白头。"

"皇上，听臣妾慢慢告诉你。"韩国夫人将武照打死李娟，以及说的话，向李治细述一遍。

"李娟死得太可惜了！她是昨天才进宫的，她怎会认识皇后？她还不懂宫中的礼节，再说为此小事，也不至于被打死呀？唉，白白搭了一条小命。李娟是个很可爱的姑娘……唉，可惜了！"李治语气中是怜悯，却无一句责备武照的话。

韩国夫人道："皇上英明，皇后不过是以李娟不认识她，不向她参拜为借口罢了。即使李娟礼节上不失，她还会找出其他借口来惩罚李娟。她打死李娟是给我看的，是在向我示威，是在警告我。她对我说的话，已等于挑明了。只是不知道，她是怎样知道了我和皇上这事的。"

"不去管她！夫人，你放心好了，皇后再狠、再辣，她还不至于打死自己的亲姐姐吧？退一步，即使她有这个心，谅她也没这个胆，她不敢打死你！朕也绝不允许她动你一根汗毛，放心，放心！不过，为了减少麻烦，还是背着她。今后，咱们不再去那里，我就到你的寝宫来。"李治满不在乎地道。他是皇上，他怎会怕呢？

俗话说，"色胆包天"。这话一点不假。韩国夫人被武照吓了个半死。此时，有了李治壮胆又舍不得失去被男人搂抱的滋味，所以胆子也大起来了。她道："皇上说得对，俗云灯下黑。我这里似乎不安全，外人也这样认为。其实，这里更安全。"

这真让韩国夫人说对了。

第二天，武照派亲信宫女去李治与韩国夫人私会处蹲守，得到的回报是皇上去了，韩国夫人根本没去。

第三天，武照得到的回报是，那个小院已锁了院门，再无人问津。

武照暗自庆幸。

这回武照有了空闲，该对付与她作对的大臣了。

朝中一个个对头去掉，她很高兴。但是，她仅仅高兴了几天，另一件不愉快的事又发生了。

二　姐妹情深

最近，韩国夫人仍然在与李治偷情。

武照原以为她打死李娟给韩国夫人看，会吓住她，没想到两人另择了幽会之处。

这天，因为听说长孙无忌死了，武照万分高兴，她想将这些事告诉姐姐，让姐姐分享她的快乐，所以她就到韩国夫人的住处来了。

武照来到韩国夫人寝宫外，院内的宫女、太监吓了一跳，明知要出事，却不敢进去禀报，只得叩拜皇后。但在叩拜时，喊出的"皇后娘娘"四字非常响亮。这是为里面送信，告诉他们皇后来了。

武照对宫女、太监的大声接驾并未起疑，可是，她一进宫就脸色大变。

武照盯视着二人，冷冷地道："皇上、韩国夫人，你们别忙，何必忙呢？慢慢穿就是。你们也太大意、太性急了，为什么不把床帐放下来，这让外人见了可不大好看。"

说完，她拉了把椅子，坐着看两人穿衣服。

李治穿好衣服，走也不是，坐也不是，只好尴尬地站在床前看着武照。

韩国夫人穿完衣服，仍在床上坐着，把头低下俯视着床，不敢看武照一眼。

武照见了二人的表现，她冷冷地笑道："我原以为皇上还在大殿处理政务，没想到是来这里处理家务。皇上，你坐呀，臣妾坐着，皇上怎么站着呢？"

李治自己拉了把椅子坐下来，仍不说话，他还看着武照。

武照见二人均不说话，她道："皇上，既然你与韩国夫人情投意合，就把事情公开了吧，不要委屈了姐姐。"

"依皇后该怎么办？"李治看着武照问道。

"皇上该知道汉代的故事。飞燕与合德不是同侍一夫、同侍一个皇上吗？"

听到此言，李治立马忘了方才的尴尬，高声赞道："皇后，你真英明，这提议太好了！"他为能时时与韩国夫人在一起而高兴，他为武照的大度而高兴。

"皇上同意了，韩国夫人，你也不会反对吧？"武照问姐姐道。

韩国夫人仍垂首不语。

李治代答道："她高兴还来不及，怎么会反对呢？"

韩国夫人之所以不说话，一来是她害羞，二来是她不相信武照会这样大度。她的心还在问，这个武照真的接受了？

武照胸有成竹地道："皇上，既然你和韩国夫人都无异议，这事由我来安排。不过有一为难之处。名位低了，有辱于韩国夫人；高了吧，皇后又只能有一个。韩国夫人的名位最低也得是一个皇妃。不过，目前四妃均已有人，杨氏已补了淑妃。怎么办呢？总不能让姐姐这韩国夫人的辈分去充九嫔之一吧？"

李治来了精神，也来了灵感，他道："何不另立一名位？"他想了想说，"就册封韩国夫人为宸妃如何？"

"很好！"武照立即赞同道，"宸者，帝王所居之处也。很好！很好！"

"皇后既然赞同，就这样定了吧！"李治非常高兴，"宸妃在贵淑德贤四妃之前。"

"姐姐，这下你该满意了？"武照微笑道，"皇上，你忙于政务，这事交由我来办！"

"皇后办事朕放心，由你去办好了。"李治喜滋滋地道。

接着，武照又与李治议完了宸妃的住处，使唤宫女的配备等。

"册封仪式也要隆重些。"武照道，"不能草草从事，不能委屈了我姐姐。"

"朕同意，你就一手包办吧！"李治说完走了。

武照从椅子上站起来，走向床边，坐在床上，拉过韩国夫人的手，笑道："姐姐，你和皇上的事，我早知道了。在京城长安宫中时，我已发觉，本想阻止你们来往，我打杀李娟就是给你看，想吓住你，不让你再与皇上来往。今天，我一进屋，肺都要气炸了，本想狠狠骂你一顿，再撵出宫去。可是，过了一会儿，我的火气消了。皇上喜欢你，而你又是我的亲姐姐，我怎能忍心杀了你？况且，你已守寡多年，我思前想后，才决心成全你们。现在，你的地位不低了，居于贵、淑、德、贤四妃之前，仅次于我这个皇后了。当初，我为昭仪时，皇上曾想册封我为妃，打算另加一宫，竟遭到长孙无忌、褚遂良等人的反对。不过，姐姐，我可有言在先，你千万不能夺我的皇后之位，你不能起这个心。你应该知足，也不要因为你是姐姐，我是妹妹，你地位在我之下而抱怨。否则，我可不答应！"

韩国夫人没有说话，只是笑了笑。

第二天，李治与韩国夫人仍在白天幽会，韩国夫人将武照对她说的私房话，告诉了李治。

李治道："皇后说的是实话。"

"这样，我已很知足。"韩国夫人道，"皇后在幼年就不许别人动她的东西，现在这样对待我，真是为了顾及姐妹之情了。"

册封宸妃日期已定于本月庚辰日。这日期是武照选的，不是太史令选的。因为这天有个辰字，与宸相合。

然而，不幸的事情发生了——在册封仪式前一天，韩国夫人突然失踪了。

李治着急，武照震怒，立即传来侍卫统领于振海。

"昨夜，你们可有人看见过韩国夫人或别的什么人？"武照急问道。

"禀皇后，臣已查问过，昨夜当值人员，没看见韩国夫人，也没看见有人在宫内来往。"

武照挥手让于振海走了，她转对李治道："这就怪了，宫内夜间有那么多人守着，姐姐能走去哪里呢？"

"皇上，窗台上只有一个小脚印，似乎是韩国夫人的，我心里总感觉着她是被人害死了。"武照有些悲伤地道。

"搜！在宫内搜查！既然护卫、侍卫均未见人，大概不会出宫。即使姐姐被人害死，我也要把尸体搜出来，然后再找凶手。"武照道。她说干就干，立即命人传唤太监总管。

十几个人，搜查了近三个时辰，却不见韩国夫人的踪迹。

入夜，李治躺在武照身边，道："也是韩国夫人无福，明天就是册封之日，偏偏今天出事了。皇后白白费了那么多力气，册封仪式白白准备了。"

武照在李治面前表现出悲伤的样子。其实，这一切都是她一手策划的。试想一下，连玩具都不让别人碰的她，怎么会让出自己的丈夫？

所以，在她操持册封大典时，找来亲信护卫于振海，密谋杀死韩国夫人。

于振海道："皇后，此事甚易，您定了日子，到时候，臣亲自劫走韩国夫人。到郊外杀死，再将尸体扔入山涧即可。"

"如此甚好！你去办吧。本宫不会亏待你的。"

看着身边熟睡的皇上，武照在心里想：谁也别想把你从我身边抢走！

三 为母报仇

韩国夫人失踪后，武照的伤心是装的，可是她们的母亲荣国夫人是真伤心。

这天，荣国夫人来找武照："皇后，你姐夫死得早，如今你姐姐也失踪了，她那两个孩子如今没爹没娘，你不能不管吧！"

一来对姐姐有种内疚感，二来也可怜这两个没爹没娘的孩子，于是武照就派人将他们从贺兰家接到了皇宫。

两个孩子被接来后，武照一见，甚为高兴。一个外甥、一个外甥女，都生得很美。

外甥贺兰敏之生得唇红齿白，显得羞涩、腼腆，对着武照跪下，叩首，道："拜见姨妈。"

"起来吧。你叫什么名？"

贺兰敏之站起来，恭敬地小声答道："外甥叫贺兰敏之。"

"可曾读书？读到哪里了？"武照和颜悦色地问道。

"回禀姨妈，外甥书读得不多，平时大多习武。"贺兰敏之声虽不高，却回答得清楚明白。

武照甚喜道："原是个武将。很好！明天，皇上将封你个官当。"她又目视外甥女贺兰蓉。

贺兰蓉也跪下叩首，她道："臣女拜见皇后。"武照喜道："外甥女起来吧，让姨母好好看看你。"

武照仔细端详，见贺兰蓉面貌酷似其母，简直像一个模子铸出来的，只是贺兰蓉更年轻、更娇嫩，有一种少女独有的美。她问道："外甥女叫什么名？今年多大了？"

"回禀皇后，臣女今年 16 岁，名叫贺兰蓉。"

正在这时候，门外太监高叫道："皇上驾到。"

贺兰敏之与贺兰蓉虽是官宦人家出身，但由于父亲贺兰越石职小位低，且又过世甚早，兄妹二人不要说见皇上，连大官也没见过。所以听说皇上来了，二人有些慌乱。

武照笑道："你们不必惊慌，皇上就是你们的姨父，脾气很随和。不用怕。"

说话间，皇上李治已走进门来。

李治一进屋，武照拉着贺兰蓉，招呼贺兰敏之，来到李治面前，道："这是皇上，也是你们的姨父，快叩拜。"

贺兰敏之与贺兰蓉一齐跪倒，叩首。

"起来吧！"李治听了武照的话，已猜到这二人是贺兰夫人的一子一女了，因为此外再无人称他为姨父。

李治只扫了贺兰敏之一眼，他却注视着贺兰蓉。活脱脱又一个韩国夫人，只是这个贺兰蓉的脸比韩国夫人更娇美。

当着武照的面，他不能盯住不放。他坐下来，笑道："皇后，朕猜此子与此女当是韩国夫人的娇子爱女？朕说得可对？"

"皇上聪明，一猜即中，果如皇上所言。此子贺兰敏之，此女贺兰蓉，正是姐姐的一双遗孤。皇上当封他们一个官职，亦不负其母在宫中帮妾照看贤儿之功。"武照仍拉着贺兰蓉，笑着道，她显然很高兴。

"皇上，你看这样行不行？贺兰敏之赐姓武袭先祖之爵位，此外，皇上再封他一官半职的。"

"很好，皇后说得对，那么就称武敏之，袭周国公爵。"李治想了想，随口说道，"朕任武敏之为左散骑常侍。皇后你看怎样？"

"敏之，还不快谢皇上！"武照笑着道。

武敏之立即跪倒，叩首道："敏之谢谢皇上！"

武照指了指蓉儿，道："皇上，臣妾打算让蓉儿留在宫中，皇上也当封她一个职位。"

"朕封蓉儿为魏国夫人。"

贺兰蓉走到李治面前，轻款柳腰拜下去，口中道："谢皇上封赏！"

"起来！以后既在宫中居住，见了朕不必行大礼。"李治笑着道。

荣国夫人与武敏之在宫中吃过饭走了，回周国公府去了。

不久，李治病倒了。

自武照被封皇后以来，很多朝中大事，李治都是和皇后商议。这次他病倒，朝中大事不能无人处置，而太子年龄太小。当然，委任重臣也可以，可李治却让自己的皇后代理朝政。

于是，武照开始临朝，垂帘听政。

第一件大事就是修造蓬莱宫。

第二件大事是处置李义府。

第三件大事是拔擢立她为后时有功的人。

第四件大事，就是追封被她亲手掐死的长女为安定公主，谥曰思，重新举行葬礼，其规格同于王制，并改葬于崇敬寺。

在武照做上述这些事的时候，李治的病好了。

病好了，李治却依然不上朝，武照乐得多代理皇上一些时日，她是初次尝到掌天下大权的滋味，当然不愿放手。

李治为啥不上朝呢？

从蓉儿入宫那天起，李治就已看中了她。

李治于身体复原后的第一天，就去找魏国夫人了。

来到魏国夫人的寝宫外，李治令太监、宫女留在门外，自己走了进去。

魏国夫人正手托香腮在想心事，几个宫女静静地立在两侧。她们一见皇上走进来，一齐跪倒接驾。

李治口中道："免礼！"走过去，亲手拉起魏国夫人。他拉起魏国夫人后，并未松手，拉着她坐在她的床上，然后一挥手，对宫女们道："你们出去！"

魏国夫人与皇上并肩坐着，手被皇上拉着，她垂着头，一动不动。

李治道："夫人，为什么一个人闷在屋里，不出去散散心？"

"外面也没什么好玩的。花园我已逛够了，又没个伴儿，还不如一个人待在屋里。"

"朕病了几天，前些日子又忙于朝事，无暇来陪夫人。"李治捏了捏魏国夫人的手，笑吟吟地道。

"臣妾怎敢有劳皇上大驾！"魏国夫人道。语气中似在撒娇，又好像有点委屈。

"夫人，你入宫那天，朕一见你就喜欢你。今日方得其便，特来看你。"李治伸出手，搂住了魏国夫人的柳腰，轻声细语地道。

魏国夫人倚到李治怀里，轻声道："皇上有那么多嫔妃，怎会喜欢妾身这薄柳之姿？"

"快不要这样说！"李治忙接道，"那些四妃九嫔和夫人比起来，全是些粪土，夫人却是天上的仙女，是嫦娥，是织女……"

李治还想列举下去，魏国夫人却打断了他的话。

"皇上不要把妾身抬得太高，不要夸得那么好，妾身又怎比得上那些妃嫔？甚至连个宫女都不如……"

魏国夫人还想继续说下去，李治却制止了她。

此后，李治每天当武照上早朝时，他就到魏国夫人的寝宫来，来了之后，立即将宫女撵出门外……

第八回

俏蓉儿贪心不足，欢乐宴一命呜呼

　　武照被李弘的举动闹愣住了。她万万没想到自己的儿子竟对自己的母亲有这么多的抱怨，而且这抱怨尚不是母子之间的事，而是为了别人的事。她不理解了，弘儿为了义阳、宣城二公主，竟与亲娘反目。以后当他登上皇帝宝座的时候，又将怎样呢？到那时，还能听他这个妈妈的话吗？不能，绝不能！那么，朝廷上的众臣还会听自己的话吗？当然不能！

一　恃宠而骄

　　俗话说："要想人不知，除非己莫为。"皇上和魏国夫人的事情终于败露了。

　　武照其实早就知道李治的病好了，但李治不愿上朝，假称病未痊愈，她也乐得多掌几天大权，所以没有多问。

　　这一天武照退朝早，李治不在自己的寝宫，她并不在意。由于这些日子忙于朝政，今天得闲了，她想起好多日子未见到

她们仁

外甥女了，她想去看看。虽然杀死了姐姐，她对这个外甥女还是疼爱的。

武照来到魏国夫人的寝殿外，门外的太监宫女一齐跪下接驾。她不在意地摆了一下手，说了一声："起来吧！"说完就领着宫女走进门。

进了门，武照呆了一下，听到李治的叫声，没有说什么，转身就走。

魏国夫人道："皇上，这事被皇后撞见，妾身死无葬身之地了。"

"别怕，一切有朕做主！"李治拍着胸脯道。

"皇上说话可要算数！"

"放心！明天，朕要亲自封你为妃。咱们可以明着来，用不着偷偷摸摸的了。夫人，你相信朕，朕乃皇上，她这个皇后，也是朕亲口封的，她还敢把朕怎么样？她如不听话，朕照样可以废了她！那时候，朕要立你为皇后，你还怕什么？"李治斩钉截铁般地道。

入夜，李治躺在武照身侧，心里想，她大概要提白天的事了。

果不出所料。

武照轻声道："皇上，你对宫中任何一个女人有情，臣妾都不反对。可是，魏国夫人是臣妾的外甥女，她要称皇上为姨父。如果传扬出去，百姓又会怎样议论呢？臣妾可是为皇上的声誉着想。"

"朕问你，你以前是什么身份？"李治扭过脸问道。

"皇上已知，何必问臣妾？"

"朕要你亲口回答！"李治是第一次用严厉的口吻对武照说话。

"是……是先皇的才人。"武照有些胆怯地回答道。

"你今天是什么身份？"李治的口吻仍很严厉地问道。

"是……是……当今皇上陛下的皇后。"武照道，口吻仍是怯懦。

"朕还要问你，朕之此举与番邦有何不同？"

武照没敢回答。

李治见武照不回答，他接着道："你为什么不回答？是不是理屈了？"

武照道："皇上说得对，是臣妾思考欠周详。"过了一会儿，她又道，"皇上，是否想收魏国夫人为妃子？"

"你的意见呢？"李治问道。

"臣妾无主意，一切听皇上的。"武照笑着道。

李治道："既然皇后说为朕声誉着想，朕不打算封魏国夫人为妃，就这样先糊涂着吧。蓉儿还当她的魏国夫人好了。"

武照口虽不言，心中却甚为生气。可是，她又能怎样呢？皇上还是大权在握，得罪不得。可是，自己败在一个十几岁的女娃手中，实在不甘心。

怎么办？武照在费尽心机思考对策。

李治却以为武照被自己震住了，就放开胆量去与魏国夫人幽会。过了两天，他们已不是"幽"会了，而是明目张胆地相会。

魏国夫人终究是年龄小，她还没有社会经验，她对她这个姨妈的性格还了解得太少，她听了李治的话，道："这么说，你我可以公开地交往了，不用躲躲闪闪了？"

"是的。我们可以公开来往了，不必怕什么了。"

"我不求什么名位，这样就行了。"

可是这样的情形持续了半个月，武照还没说什么，魏国夫人先不干了。

这一天，魏国夫人将头偎在李治胸前，撒娇地道："皇上，你夜晚也来陪我吧。每天晚上，我一个人睡，冷清清的，反正姨妈已知道这件事了，用不着瞒着她了。"

"这……这不太妥当吧？"李治口吃地、慢声地、像磕巴似的说了一句。

"有何不妥？"

"夜间，朕……还是得陪着皇后。"李治仍有些口吃地说道。

"怎么？"魏国夫人有些惊讶地问道，"难道臣妾不如姨妈吗？她有什么好？她比臣妾好在哪里？你那样恋着她？"

"朕……不是……不是恋着……恋着她是……"李治说不出理由，他找不到合适的理由，可又怕武照。

"看样子，皇上是怕姨妈了。"魏国夫人有些不满地道。

"不是怕，是……是有些……于理……于情……不大合适……不太合乎……合乎……情理……"李治句斟字酌、吞吞吐吐，"总不该……不该……让皇后……"

"皇上心里根本没有我！"魏国夫人愤懑地道，语气中是不满与愤恨。

"朕不是每天都来陪你吗？"

"这是白天，我说的是夜晚。"魏国夫人道。

"这……"李治没有说下去，他不知该怎样说才好。

"什么这个那个的？我要求皇上夜夜来陪着我！"魏国夫人不依不饶。

李治想了一会儿，无可奈何地道："这样吧，朕每隔一夜来陪你，这样行了吧？"

"这还差不多。"魏国夫人高兴之下，算是同意了。

李治并不将他和魏国夫人的约定告诉武照，却认真地执行了。

第一次，武照没在意，她以为李治又去了哪个妃嫔的寝宫。

第二次，武照仍未在意，她的想法与上一次一样。

第三次，武照奇怪了。她岂能不疑？她已看出了点什么。这三次，似乎是个规律，皆是隔宿一次。她开始追查。

一追查就查出了真相。

武照问清楚之后，什么话也没说，心里的气可大了。她暗自骂道："这口气我一定要出！"

二 乐极生悲

最近一段时间，武照每天都在想除掉魏国夫人的办法。说来也巧，就在她发愁的时候，机会来了。

武照当上皇后以后，曾借口远外戚，将武元庆、武元爽、武惟良、武怀运均派任外州刺史，其实是在报复这些兄长对她们母女的不恭之仇。

武元庆为龙州刺史，到任后，由于心情不快，又畏惧武照进一步报复，忧惧成疾，病死于龙州。

武元爽初任濠州刺史，不久，又贬往振州为刺史。振州乃更边远之地，气候恶劣，而武元爽又心情懊丧，气候不宜加上忧愤而病，也死在振州。

武惟良与武怀运还没死，此次来到京城，为了缓和一下与武照母女的积怨，特备了重礼来看望荣国夫人杨氏。

杨氏年老了，过去武惟良与武怀运虽然与武元庆、武元爽一个鼻孔出气，比起武元庆与武元爽二人，恶感总要小些。此次又送来重礼，两人又一再道歉、赔礼，杨氏夫人的气消了，以礼接待二人。

众人叙过闲话。武惟良道："婶母，您能否将皇后请来一见？"武惟良乃武士彟之次兄武士逸之子，他之所以不称荣国夫人之尊称，而叫婶母，意在套亲近，以示是一家人。

武怀运立即接道："婶娘，听说大妹妹之女已封魏国夫人，也住在宫中，可否请来一见，共叙天伦之乐？"

武怀运乃武士彟长兄武士棱之子，故也称杨夫人为婶娘。

武敏之立即赞成，道："祖母，你老人家就答应吧！今天，咱们武家的人全了，再将皇后请来，将妹妹也叫来，咱们全家聚一聚，也是一大快事！"

杨夫人也很高兴，她笑着道："咱们武家，今天来齐了，乐一乐，我这就差人去请皇后回来。"她当即叫来一名侍卫，吩咐几句，命他进宫去请皇后，顺便叫魏国夫人回来。

武照正在宫中谋划如何杀死魏国夫人。太监领着荣国夫人府的侍卫来了，侍卫转达了荣国夫人的话。

武照一听武家人大团圆，登时计上心头，立即吩咐宫女，去喊魏国夫人。

武照与魏国夫人是一同出的皇宫，除了二人各自带的宫女，武照还带了几个太监及侍卫。

两人的车轿来到荣国夫人府——实际是周国公府，守门侍卫报进去。荣国夫人、武惟良、武怀运、武敏之率一些仆妇、丫鬟接出来。

众人寒暄几句，即请武照坐下了。魏国夫人与荣国夫人也坐下了。

武照见武惟良、武怀运及武敏之还在恭敬地站着，即笑道："今天，咱们是家庭聚会，不必拘于朝廷之礼，你们也坐。"

武照又道："今天，咱们只叙家礼，不必拘束。今天，在这里的全是咱们武家的人。可惜，元庆大哥、元爽二哥不在了，否则，都来了，咱们会更高兴的！"她说着话，还掏出手帕抹了一下眼睛，似乎在抹泪，其实，她并没有流泪，不过故作姿态罢了。

武惟良将身子欠了一下，道："皇后娘娘我……"

他的话只开了个头，武照即笑着打断他的话，道："惟良哥哥，我已说过，今天只叙家礼，不行朝礼，不必称我皇后，只直接叫我妹妹好了。这样还亲切些。"

"那……这……是否有些不恭啊？"武怀运语不连贯地道。

"好！好！"荣国夫人也分外高兴。自从武士彟死了之后，武家从未像今天这样，人多了，权势有了，钱也花不完。

大家聊了一会儿，宴席备好了。

武照又道："今天，咱们既是家宴，不要分什么宾主，咱们团聚在一张桌上。"

"对！""好！"又是一片赞同声。

武照指着北面的位子道："娘，您坐在这里。敏之就坐在外婆左边，惟良哥哥坐在敏之左边，蓉儿挨着惟良舅舅坐，怀运哥哥，你坐在娘右边，我一边是蓉儿，另一边是怀运哥哥。"

众人依言坐下。

武惟良端着酒杯站起来道："今天，我借花献佛，这第一杯酒祝姊母健康长寿，福如东海长流水，寿比南山不老松。先干为敬，小侄先喝了！"说完，一饮而尽，然后杯底朝上，照杯，以示干了。

武怀运端着酒杯站起来，他道："我这也是借花献佛。这一杯酒，先祝姊娘福寿绵长。二祝咱武家人丁兴旺，永远富贵。三祝二妹健康长寿。四祝敏之、蓉儿生活愉快，前途光明远大。我也先干了！"说完也一饮而尽。

"还是三舅便宜，只喝一杯酒，却祝愿四个方面。"魏国夫人笑道。

武照先站起来，然后端起酒杯，道："小妹这杯酒，一祝妈妈长寿，二祝二位哥哥明天得个称心如意的官职，三祝敏之和蓉儿永远快乐地活着，永远称心如意。"说完，她也喝干了杯中酒。

周国公府第的客厅很大，家宴摆在客厅，演杂耍的就在厅内演，大家一边吃饭一边看杂耍。

这八九个杂耍艺人的功夫都不错。

突然间，演杂耍的那个演员停下了，他伸出一根手指，指向席上。众人都顺着艺人的手指看。

众人不看则已，看了之后，全是一惊。原来魏国夫人已不再看杂耍了，而是躺在了地上。

武照头一个站起来，一步就到了魏国夫人身前，她俯身一看，惊叫道："蓉儿！蓉儿！你怎么了？"

蓉儿另一边的武惟良也站起来，低头一看，惊叫道："她……她……八成是……是中……中毒……中毒了。"

武敏之一个箭步，走到了蓉儿身边，只看了一眼，就叫道："这是谁干的？"

"快看看，是否还有气？"武照叫道，"如果还有口气，就快去传御医！"

武敏之俯身，用手在蓉儿鼻口间试了试，过了一会道："一点气息也没有了。这是谁下的毒？"他后一句是大声喝问。

武照叫道："真的没有气息？"

"姨妈，是真的。"武敏之带着哭腔道，"姨妈、皇后，可要查出凶手，给蓉儿报仇！"

武照亲自俯身，用手试了试蓉儿的口鼻，然后直起身子，带着怒容叫道："来人呀！"

门外有几个人答应着，走进几个带刀侍卫。进门后，他们手扶刀把，躬身对武照道："皇后娘娘，有何吩咐？"

武照用手指着武怀运与武惟良道："把他们先绑起来！"

侍卫走过来，掏出绳索，来拉武惟良与武怀运。

"二妹！不！皇后，微臣没有下毒。微臣冤枉，微臣无罪！"武怀运嘶声喊着。

武惟良也叫道："皇后，小臣没有下毒，小臣是无辜的。"

武照厉声喝道："你们还敢犟嘴？席上只有咱们六个人。不是你们下的毒，这毒难道是本宫下的？"

"不！不！小臣不是那个意思！"武惟良分辩道。

"难道是蓉儿外婆下的毒？"武照仍厉声喝问，"是她老人家要毒死自己的亲外孙女？"

"不！不是！微臣并没说是婶母下毒。"武怀运带着哭腔说。

"那么，该是敏之下的毒了，是他要毒死自己的亲妹妹？"

"不是！不是！绝不是！"武惟良与武怀运齐声嘶叫道。

武照厉声喝道："既不是本宫，不是荣国夫人，不是敏之，席上还有何人？"

"也许……也许……是……是……"武怀运道，他也不敢说是什么人，因为他并没看见下毒的人。

"你们还想抵赖吗？还想诬赖他人吗？"武照双目盯住二武，目光咄咄逼人。

侍卫扯着武惟良与武怀运往厅外走。

武惟良与武怀运口中叫着："皇后！皇后！我冤枉，我无罪！""我没有下毒！"

侍卫用力将他们拉出去，外面立即响起了棍子打在肉上的声音。同时，传出了二武的号叫声、哀求声……

武照不愧是皇后，她见荣国夫人抚着魏国夫人的尸体痛哭，边哭边说道："儿呀，婆的心肝呀！你妈无故失踪了，现在，你又被人害死了，婆可怎么活呀……"她在一旁则劝道："娘，人死不能复生。女儿也很悲伤，可是光哭有何用？女儿必定给蓉儿报仇就是！"

一个时辰后。

一个校尉进来，向武照禀道："回禀皇后，小的送犯人去大理寺，大理寺卿侯善业大人听了小的诉明案情，立即升堂审问。二犯供认不讳，已判了斩立决，此时，大概已斩了二犯。小子怕皇后惦念，于判决后立即赶回来了。"

武惟良与武怀运真的下了毒吗？他们为什么招认了？

原来，他们两人各挨了五十大棍，已被打得皮开肉绽。到了大理寺大堂上，侯善业什么也不问，先命人将夹棍摆上来，然后才问案。

二武一看，明白了，今天他们死定了，不招供不过是多受些皮肉之苦，不招是不行了。看样子不招，打也得打死。所以二人一句也不抵赖，立即承认是他们二人下的毒。

侯善业见已录了亲供，即命二人画押，然后判了个斩立决，立即问斩。

傍晚武照才回宫，但她没有对李治说魏国夫人中毒暴亡之事。

李治见武照回来了，以为魏国夫人回自己寝宫了。只与武照了几句闲话，就起身到魏国夫人寝宫去了。

李治到魏国夫人寝宫，却没见到人，他问宫女道："魏国夫人到哪儿去了？她没有回宫来吗？"

宫女叙述了魏国夫人中毒立死的事。

"是武惟良与武怀运。"

"这两个人在哪里？"

"送到大理寺去了。"李治听了，马上派人去大理寺，找审问二武一案之人。

下人回来报告，说二武已供认不讳，判了斩立决，已被斩杀了，并呈上二武的口供。

李治将口供往地上一摔怒道："这是怎么办的案？哪有立即就斩的道理？怎么不等到明天午时？"

他气的是大理寺，却不曾认真去想大理寺为什么要这样做。

三　太子丧命

在太子大婚之后，皇上李治病倒了，这次病得十分厉害。

李治似乎是知道自己活不长了，于是就对武照道："皇后，朕之身体日渐虚弱，当令弘儿于临朝日，见习我们处理庶政，以便有一天，令其即位。"

武照岂能不同意？她道："天皇所言甚是！弘儿已二十多岁了，该令他练习一下了。从明日开始。"

于是太子李弘开始在李治之身侧，观看父皇与母后于朝上处理朝政。

李弘的脾气执拗，正直，爱管闲事。

一个偶然的机会，李弘得知萧淑妃的两个女儿——义阳公主和宣城公主——已经三十多岁了，因为母后的原因，至今未嫁。他去找自己的母后，让母后下旨为两位姐姐选驸马。

武照是个记仇的人，她怎么会轻易放过萧淑妃的两个女儿呢？于是，她从内侍军里挑了两个五十多岁的老头给两位公主当驸马，而且命令驸马爷立刻带着公主回自己的老家。

李弘得知这个情况时，两个公主已经被自己的驸马带走了。他气冲冲地去找母后："母后，你也太狠心了！你与萧淑妃有仇，为什么还拿她的两个女儿生气？"

见儿子用这种语气和自己说话，武照有点不悦，但她还是温和地回答道："你让我下旨给他们招驸马，我已经兑现了，把二位公主嫁出去了。"

"那叫出嫁吗？平民家的女儿也不该那样出嫁吧？"

"该怎样出嫁呢？不就是嫁到夫家去吗？"武照声调不高，温和地道。

"只让驸马一个人来，把二位公主领走就行了？既无娶亲的人，也无送亲的人，更没有什么仪式，这就叫出嫁吗？再说，母后，你为她们选了什么样的夫婿？人既丑陋又年老，你怕她们嫁不出去吗？你为什么这样狠心呢？她们的妈妈有罪，可她们是无罪的呀！你恨萧淑妃，为何迁怒到她的女儿身上？如果两位姐姐是你亲生的，你也会这么做吗？你这么做，你对得起父皇吗？她们也是父皇的女儿呀！是儿臣的亲姐姐呀！这样的事，被众文武大臣知道了，他们会怎么说？黎民百姓知道了，又会怎么议论？这还不说，你却让两位驸马领上公主，连夜起程回老家，这又是何意？母后，你拍拍良心吧，儿臣都为母后的举措害羞！"李弘慷慨激昂地数落着，起先是怒，是愤，到最后竟落下眼泪。他说完，也不等听武照的反应，扭转身，擦着眼泪，走出凌烟阁。

武照被李弘的举动闹愣住了。她万万没想到自己的儿子竟对自己的母亲有这么多的抱怨，而且这抱怨尚不是母子之间的事，而是为了别人的事。她不理解了，弘儿为了义阳、宣城二公主，竟与亲娘反目。以后当他登上皇帝宝座的时候，又将怎样呢？到那时，还能听他这个妈妈的话吗？不能，绝不能！那么，朝廷上的众臣还会听自己的话吗？当然不能！

怎么办？

废了他？

不行！如果废了弘儿，群臣又将怎样看？不是不可废，而是不能废。不废吧，弘儿又不听话。

最近，武照一直在考虑，应如何对待李弘。这样的儿子，能继续让他当皇太子吗？如果有一天当了皇上，自己则一点权也不会有了，自己的主意他也不会听了。那么，该怎样处置呢？

关于怎样处置皇太子李弘的事，让武照大伤脑筋，废了吧，什么名义呢？如果废了太子，群众的口碑一定对她不利。那么，到底怎么办呢？

功夫不负有心人，办法终于被想出来了，只是对武照自己来说，太残忍了一些。

这一天，李治与武照吃过晚膳，正在闲谈。突然有一太监慌慌张张地跑进来，跪奏道："启禀皇上皇后，皇太子……皇太子……"

李治与武照忙急问道："皇太子怎么了？"

"他……"太监匆忙中却只说出个"他"字。

"皇太子他怎么了？"李治怒道。

"不……不好……不好了……"

李治与武照不再问，立即率人赶赴合璧宫之绮云殿。

当李治与武照赶到绮云殿时，殿内的宫女、太监正围在太子的床前。

李治与武照不理宫女与太监的跪拜，急忙奔到太子床前。

皇太子李弘闭着双眼，面色蜡黄，已失去了往日风采，身子仰卧，手足伸直。

"弘儿！弘儿！你怎么了？"武照叫道，声音中充满了关心，还有些急迫，语气哀伤。

李治也叫道："弘儿，你睁开眼睛，朕与你母后看你来了！"

一个太监禀道："启禀皇上皇后，皇太子已薨。"

"什么？你说什么？"武照声色俱厉地扭头问那个说话的太监。

"皇太子已薨。"

"弘儿！弘儿！你不能走呀！弘儿，弘儿，你不会死的，你醒醒，你醒醒！"武照双手搂住李弘的尸体，拥着，拨动着，大哭起来。

李治没有哭出声来，他用手抚摸着李弘的头、脸，眼泪却不住地往下流。

武照哭了好大一会儿，足有一刻，才收住泪，停住哭。她转身道："弘儿无病而亡，定是有人下的毒，让御医检查一下，看是什么毒？然后再追查下毒的人！"

众御医立即围向太子床前。足足用了半个时辰，总算检查完了。

太医院的院丞即禀道："启奏皇上皇后，臣等检查所见，太子无疾，无中毒之症。臣等无能，臣等有罪，请示下！"

"一帮酒囊饭袋!"武照出口道。是因悲愤而激动,还是因怒气而激动?不得而知。"退下去!"

众御医拜辞后,一个个低着头,悄无声息地走出去。

武照亲自指挥,操持丧事。

李治辍朝三日。

皇太子李弘到底是怎么死的?

中毒。

什么人下的毒?

武照。

原来,沈南璆自从为武照配制毒药,毒死徐士杰之后,已成为武照的左右手,成为主要亲信之一。

武照要求沈南璆配一种毒药,使被毒死的人,没有中毒症状。

沈南璆不愧为御医中的高手,他还真的配制成了。

这种毒药无色、无味,服食之后并不会立即死亡,有一定时间的潜伏期。如果稍稍用一点,使人可睡几个时辰。而多用一些,则长睡不起,永远醒不来了。

当沈南璆将毒药交给武照时,武照曾问道:"此药何名?"

"回禀皇后,臣为之起名为'安乐汤'。"

"挺好的名啊!"

"回禀皇后,服药的人平安、快乐而无痛苦地长睡不醒,不是很安乐吗?"

武照用"安乐汤"将上等茶叶浸泡了,然后烘干,药液就被茶叶吸收。妙就妙在此汤无色无味,浸过的茶叶再泡时,只有茶香、茶色,并无药味,也无异色。

当李弘觉得身体有些不适时,被李治和武照留在宫中。

此主意是武照天提出的,却是李治告诉李弘的。

李弘竟为此感到高兴，以为父皇是疼他，却不知因此送了命。

当武照给李弘送茶时，就是当着李治的面拿出来的。然后，差太监去送。当时，她对送茶的太监道："你去将茶送给皇太子，告诉他，这茶是沙贡来的贡品，是皇上特赏给皇太子喝的。"

李治并不计较，既然武照亲手拿出茶叶，却让他应名。他当时还很高兴，以为皇后是在将爱子的名声归于皇上，为此很满意。其实，她是怕李弘不喝。

武照真猜对了。

当太监将茶送到时，李弘听太监说是父皇赏赐的，即命人泡了饮用。他心里不禁道，如果是母后赏的，他才不领情呢！她休想用小恩小惠，故作关心来拉拢我。

送茶太监回去禀报，说是太子谢父皇的赏赐，当即命人泡饮。

武照听了很高兴。她喜的是奸计得逞。

毒药果然有效。

李弘死了。

毒药果然高明，李弘的尸体无中毒症状。武照果然高明，害死了人，还无人怀疑她是凶手。皇太子李弘死后，过了不到一个月，雍王李贤就被立为皇太子。此时的李贤已是两个孩子的爸爸了。

第九回

三请三拒难推辞，一代女皇终称帝

　　韦皇后埋怨道："皇上，你怎么不看看先朝，今皇太后为皇后时，追赠亡父为国公，为司空，母为代国夫人，姐姐为韩国夫人，连个外甥女也封了个魏国夫人。现在可好，你当了皇上，可我的爹爹却仍然是小小的八品参军。别的皇后连亲戚、朋友都借光，我为皇后，连亲爹也没借上光。"

一　独揽大权

　　李弘之死给予李治巨大的打击，他一下子苍老了许多，不几年便驾崩了。时在永淳二年十二月。死前他诏令改元为弘道。

　　李治这一年五十六岁，他二十二岁登上皇帝位，当了三十四年皇上，前后改了十四个年号。他是个怯懦的人。有许多事，自己都拿不定主意。他一生中做的最大的一件事，就是把他父亲李世民的才人武照娶进宫，后来又让她当了皇后。

　　李治之死，乃武照意料中之事，故并不悲伤。一切后事，由总管、尚书令、中书令、太常卿、鸿胪卿等人执掌分派操持。

皇太子李显于先皇武照灵柩前即位。这就是历史上的中宗皇帝李显，改年号为嗣圣。武照被尊为皇太后，临朝称制。

李显当了皇上，既高兴又不满意。高兴的是，他已成天子，掌握天下生杀予夺的大权。随便说一句话，就是圣旨，所有的人都要照办，一点也不得违误。

不满意的是皇太后也与他一同上朝，而且许多大事不是他说了算，而是皇太后说了算，太令人不痛快了。

李显在朝上说了不算，回到宫中，皇后韦氏还不满意。

韦皇后埋怨道："皇上，你怎么不看看先朝，今皇太后为皇后时，追赠亡父为国公，为司空，母为代国夫人，姐姐为韩国夫人，连个外甥女也封了个魏国夫人。现在可好，你当了皇上，可我的爹爹却仍然是小小的八品参军。别的皇后连亲戚、朋友都借光，我为皇后，连亲爹也没借上光。"

"你埋怨我有什么用？在朝上我说了不算，一切都是皇太后说了算。"李显无可奈何地道。

"皇太后不一定天天临朝，万一有那么一天，皇太后病了，有事了，不去上朝，你就拟旨，宣布，等皇太后知道了，皇太后见生米煮成了熟饭，她也不好再改了吧？"

"对！还是皇后高明，就这么办。你瞧好吧，不但封了我的老丈夫，凡是你的亲戚全要封赠！"

过了一会儿，李显又道："皇后，你的亲戚中，有一些我都不知道，你写个名单吧。按名单封就是了。"

"好。"韦皇后说完，即命宫女取过文房四宝。

这一张名单足足列了一百三十多人。

机会终于被李显等到了，武照病了。

武照不上朝，正合了李显的本意。他可以为所欲为了。

李显在朝上对大臣道："拟旨！"

秘书监、内侍省的两个官员，备好文房四宝，准备记下皇上想宣布圣旨的内容。

李显接着道："原普州参军韦玄贞，诏为侍中。"韦玄贞即韦后之父。

那拟旨官记下了。

李显还继续念下去。他是按着韦后拟的名单，在人名后加上官职。

一百多人，每人都有官做。

待李显念完，裴炎出班奏道："侍中一职已有人，况且一个州参军怎能胜任丞相一职？请皇上三思！"

李显的第一炮就有人反对，他很生气。他道："侍中已有人又怎么样，多设一个两个有何不可？朕是皇上，朕愿意这样做。"

裴炎有武照撑腰，他又奏道："陛下，江山、社稷乃先祖、先皇留下的，陛下亦不该任意妄为。"

"怎么，你敢说朕任意妄为？朕任命韦玄贞有何不可？不就是一个侍中吗，不就是一个小小的左相吗？朕再说一遍，朕是皇上。别说朕任命韦玄贞当个侍中，朕把江山送给韦玄贞，你也管不着。退下去！"李显怒了，急了，一个不学无术的人，一个缺乏修养的人，急怒之下是口不择言的。

裴炎不好再说。

其余朝臣也不便再说什么。

散朝后，裴炎急忙赶到皇太后武照处。

武照本无病，正在床上想心事，见裴炎来了，直觉定有急事，所以她坐起来。裴炎道："皇太后，身体欠安？""没什么大病。裴卿，发生了什么大事吗？说说看。"

裴炎将朝廷上他与皇上之争，以及皇上说过的话，详细地、一字不落地学说一遍。

"这还得了，竟然背着我发号施令了。"武照气得变了脸色。"皇太后……"裴炎叫了一声，没有继续说下去。

"裴卿，有话尽管说，错了，本宫亦不怪你。"武照道。

"皇太后，打算怎样处理这件事？"裴炎还是没有说出他的本意。

"本宫的打算是，不能让他当皇上了。"

武照说出了心里话。

"具体的办法是什么？"

"本宫还未想好，裴卿，你有何高见可直说出来。"武照确实还没想好办法。

裴炎道："臣有一见。"

"说吧！"

"今天准备好，明日早朝，皇太后可亲临早朝，宣布废掉皇上。"

"做哪些准备？"

"由臣去安置吧，皇太后尽管放心，一定不会出纰漏的。"裴炎说了他的打算。

"好！一切由你安排好。明天早朝即按计划行事。"

"皇太后放心好了！"裴炎再一次表态，说完就辞别武照，去进行布置。

第二天，早朝时，出乎李显的预料，皇太后临朝了。

李显傻眼了，吓蒙了。

武照只看了儿子一眼，就转向群臣宣布道："李显下殿，去掉帝号，封为庐陵王，暂居于别殿。"

羽林军的两个校尉，早已准备好，听了武照的话，立即走上去，一左一右夹住李显走下来。

"朕有何罪？竟废掉朕……"李显扭动着身子，高声叫道。

"你还不知吗？你将天下、江山送给韦玄贞，还敢言无罪吗？拉下去！"武照高声厉叫道。

李显无言了，两个校尉将李显拉走了。

第二天，武照在早朝上宣布。

"豫王李旦为帝。"

李旦虽当了皇上，皇太后武照仍临朝称制，大小政事皆由武照裁决。

二　女皇称帝

李旦为帝，武照临朝称制，大权在握。

李旦不满意。武承嗣、武三思也不满意。

李旦不满意，有名无实，虽名为皇上，却无一点权力，说了不算。

二武不满意，是武照有实无名，虽握有大权，却没有皇上的名。二武私下去找武照。武照不知二人来意，于拜见后，赐座。

坐定后，武三思道："皇太后，臣等弟兄二人，有一个想法，特来请示皇太后。"

"有什么话，尽管说。"武照温柔平和地道，"咱们乃至亲，不用怕，即使说错了，本宫也不会怪罪你们。"

武承嗣见宫女们出去了，才道："皇太后，今皇上不学无术，无处置朝政之能力，皇太后与其临朝称制，何不废皇上而自代之？"

"妄言皇上之废立，可是杀头灭族之大罪呀！"武照声音仍平和。

"皇太后，臣乃由衷之言，也是臣等一致的想法，请太后裁夺！"

武照想了想道："你们回去吧。不过，此话绝不可与外人言！"

"臣等知道。"

以后的时间里，依旧是武照临朝当政，李旦没有丝毫权力。

这中间，武照曾一度还政于皇上。

皇上李旦心里明白，这是做样子给人看，所以他固辞。

"朕尚年幼，不懂事理。太后熟悉政事，恳请太后临朝称制，待朕年长，有执政能力时再复政不迟。"

三交三辞。

武照确实无意复政于皇上，确实是做样子给人看的。

所有的人包括武照及李旦本身，都明白这一点。

武照不能再等了，等下去，权力总该复于皇上的。该为自己当皇上做准备了。

先铺平道路，找些借口。第一个立功的是武承嗣。天下将姓武，他岂能不尽心尽力？武承嗣将一块石头，令人刻上"圣母临人，永昌帝业"八个字，又令人偷着埋于洛河之滨。然后，令许多人挖掘，石头当然被挖出来了。领头挖掘的是雍州人唐同泰，也是武承嗣的亲信。唐同泰将石头献上去。

武照很慎重，她并没因为有了石头就立即当皇帝。

众人称此石为"瑞石"。

武照先赐名为"宝图"，自己加上尊号：圣母神皇。

复又改"宝图"为"天授圣图"。

对此瑞石，大臣、黎庶议论纷纷。

部分人认为是有人作假，部分人认为是天赐。

武照煞有介事地亲自到洛水祭祀。册封洛水神为"显圣"，又为洛水神立庙，于洛水侧设置永昌县，永远昌威之意。

随后，她嫌照字太俗。为什么用"曌"字代替？她想起了她在感业寺为尼时，法名"明空"。即将"明空"二字合在一起，含有日月在空中只照她一人之意。

从此，中国的文字上多了一个"曌"字。

又改诏书为制书。皇上再下诏，称为下制。

武曌为自己当皇上，紧锣密鼓地进行着。

李氏宗族岂能坐视不理，不能眼看李氏江山，轻易落入武氏手中。

首先是琅琊王李冲，在博州举兵造反，声讨武曌。李冲是越王李贞的儿子。越王李贞随即于豫州举兵响应。

武曌已估计到诸王会有此举，所以她是早有准备的，立刻发兵十万来讨伐。

以十万之众对七千，就是傻子也知道结局。结局就是，武曌将李贞、李冲的首级悬以示众。

接着，武曌又杀了几个不想杀，又不得不杀的李氏子孙。

至此，李家的诸王公，上至李世民同辈的，下至李治同辈、李弘同辈、李弘子侄辈已杀得差不多了。

行了，武曌可以当皇上了，已经万事俱备了。

载初元年九月九日。

这一天是个值得记住的日子。

武曌改国号为"周"，年号天授（上天授予之意）。

大赦天下。

第三天，皇上李旦降级为皇嗣。

武曌加尊号为"圣神皇帝"。

这就是我国历史上第一个女皇帝。

她勤于朝政。在她统治时期，开明圣贤，国泰民安……

作为中国历史上唯一一个正儿八经的女皇帝，武曌临死的时候却说："我死后，我坟前的石碑，不要刻字，我的一生由后人去评说！"

那么，武曌究竟是一个怎样的女人？暴君乎？明主乎？荡女乎？浪妇乎？

别样美人
慈禧太后

她是掌握大清命运最久的女人；

她是心胸狭窄性格古怪的女子；

她是被儿子叛离而吓怕的母亲；

她是讲慈悲又心狠手辣的恶妇。

她是个不俗的女人，体内流淌着一股热血；

她是个自私的女人，为了达到目的不择手段；

她是个贪婪的女人，对于生活贪得无厌；

她是个手段高明的女人，没有人能逃出她的掌心……

她就是慈禧太后——一个家喻户晓的名字，一个富有传奇色彩的女人。

在她去世的时候，她已经对大清足足统治了四十八年。四十八年！将近半个世纪的跨度！那么，她究竟是一个怎样的女人？究竟是什么让一个女人在男尊女卑的社会中屹立不倒？

现在，就让我带着大家一起揭开蒙在这个神秘女人脸上的面纱！

女王档案

姓名：叶赫那拉·杏贞

籍贯：北京

身份：咸丰帝的妃子、同治帝生母

生卒：公元 1835—1908 年

老爸：惠征

老妈：惠太太

家庭出身：官宦之家

个人爱好：美食、美容、权力

荣誉称号：老佛爷

最得意：搞定"八大臣"

最失意：儿子早亡

最擅长：花钱（挪用海军军费过生日）

最痛苦：被孙殿英"抄家"

个性签名：过自己的日子，让别人说去吧！

第一回

死不瞑目立毒誓，鸡窝飞出金凤凰

咸丰帝目不转睛地注视着她。杏儿不禁又惊又喜，暗忖这少年天子，莫非已看中了我吗？她情肠一转，自然羞态横生，圣驾面前又不好垂头，只得微掩秋波，由他注视。谁知她梨腮娇姿，越显妩媚，脸蛋儿红中带白，白里含红，又经那两鬓乌云罩住春色，真是酒不醉人人自醉，色不迷人人自迷。搞得咸丰帝越看越爱，好一歇，没有声响。旁立的宫监们、侍女们，也被杏儿的动人容貌所吸引。

一　复仇之血

叶赫部是女真最古老的部落之一，他们的族人向来居住在长白山麓，是其他满洲各部的盟长。

离叶赫部不远，有一个赫图阿拉城，是大清太祖努尔哈赤的住地。这时候的努尔哈赤正是春风得意，目中无人。为什么呢？因为他自立为王后，不仅没惹祸，还被明朝皇帝封为建州卫都督。

　　能够当官自然心情很爽，心情爽的时候又难免会有些迷信的想法。努尔哈赤觉得建州卫的确是个风水宝地，于是他吩咐手下，率领工匠在城中修筑神殿，作为祭祀和感谢上苍赐福的地方。

　　这天是良辰吉日，劳工们在努尔哈赤的监督下开始正式动工，不想没过多久，从土中竟掘出一件怪物，引得众人议论纷纷。负责看守的士兵连忙向坐在远处的努尔哈赤禀报。

　　努尔哈赤一听，忙走到人群中去看，原来他们掘出来一块翠绿色的石碑。石碑是这种颜色，本身已经有些古怪，最奇怪的是石上竟有六个大字，仔细一看，却是"灭建州者叶赫"。

　　要知道，这是一块古碑，而努尔哈赤和他脚下的土地明明是刚刚受封的，这难道真是天意吗？努尔哈赤也没想到天下会有这种事，惊讶得张着大嘴愣在那里。

　　正在犹疑的时候，一阵清脆的马蹄声打破了几乎凝固的空气。来人身穿重孝，奔到众人身边一跃而下，高声叫道："努尔哈赤可在此地？赶快过来接旨！"

　　来人语调傲慢，又直呼其名，搞得努尔哈赤又是一愣。努尔哈赤心中暗想：这人是谁呀？难道是大明皇帝派来的吗？怎么看服饰倒好像是叶赫族人？

　　来人见众人不语，就高声说道："我是叶赫的使者，奉大王之命前来下书，快叫你家主子出来！"

　　努尔哈赤这才知道自己的猜测无误，心中气他说话鲁莽，就笑眯眯地说："这位上使，我前些天听人说，叶赫纳林布禄身染重病，卧床不起，怎么今天又派人送信来了，莫非有什么喜事吗？"说完，他还颇为夸张地看了看来人身上的重孝。

　　他夸张的表情逗得大家哈哈大笑，来人知道他是故意奚落，怒道："你找死！"说着挥起手中软鞭狠狠地抽下来，可是不知怎的，快如闪电的软鞭在众人的惊呼声中竟被对方稳稳地抓住了！

努尔哈赤刚一抓住软鞭，就手上用力，大喝一声："起！"来人倒也听话，在大力的拉扯下，竟如断线风筝一样，骤然离地，然后扑通一声摔在地上！

等到下书人爬起来的时候，他的脸已经比刚才白了许多，颤抖着说："好！你……你敢这么对我！我要告……告诉你的主人，让他重重惩罚你！"

努尔哈赤听他这么说，忍不住仰天长笑道："叶赫的奴才，真是有眼无珠，努尔哈赤就是我，有什么话你就说吧！"

下书人几乎要瘫软在地，费了好大劲才从怀中把书信掏出来，递到努尔哈赤的手中。努尔哈赤打开一看，原来是叶赫纳林布禄临终授命，让他把土地割让给叶赫的大贝勒金台石。

努尔哈赤大怒，一把将书信扯成两半，怒道："纳林布禄真是阴魂不散，难道不知道我已经是明朝的官员了吗？"他转过来对来人说，"你回去带个话，就说从今天起我不再听从叶赫的号令，而且，"努尔哈赤清了清嗓子说，"而且我现在已是明朝的官了。"

下书人一边后退，一边指着努尔哈赤说："好啊！你等着瞧！"说完迅速上马就跑，一路绝尘而去。

众人正要去追，努尔哈赤一举手道："不用追了，是我放他走的。"努尔哈赤想：既然叶赫如此以大欺小，我何不挑明与他们作对呢？就留着这个小子回去报信吧。

得到回报之后，叶赫的大贝勒果然大怒，马上纠集九个部族联军，浩浩荡荡地来攻赫图阿拉城。

努尔哈赤是个聪明人，他就知道敌人要来，所以来了个先下手为强，带领数百骑精锐之师，趁着月黑风高埋伏在建州卫之外。等大贝勒的联军将过未过的时候，努尔哈赤率众从他们队伍的中段杀起，一阵厮杀，轻易便将人数众多的叶赫族人打得七零八落。

叶赫的大贝勒出师不利，不敢再战，又怕努尔哈赤会趁乱进攻，万般无奈之下，只好把自己的妹妹送给敌人了事。大贝勒虽然因此做了个便宜大舅子，却是陪了妹妹又折兵，早知如此，当初又何必挑衅呢？

不过，正所谓"好了伤疤忘了疼"，又过了些日子，大贝勒又要出兵了。这次，他倒没有组织什么九部联军，而是和大明朝联手。其实，最早提出消灭努尔哈赤的是大明朝廷，这主要是因为随着他势力的不断壮大，已经开始不再进贡，反而成为边疆地区最大的威胁了。

此时，叶赫的大贝勒也感觉到这对盟友之间的隔阂，便趁隙而入，派人力劝明朝发兵，与自己联手夹击努尔哈赤。明朝本来对努尔哈赤就有心征讨，现在又突然有了策应，自然当即答应对方要求，起大兵二十万前往。

大贝勒金台石复仇心切，起兵两万从旁策应。本指望这次能够旗开得胜，马到成功，没想到努尔哈赤用兵如神，声东击西，避实击虚，又将明朝大军杀得大败。

少了大树，金台石自然也无处乘凉了，只好带着叶赫族人仓皇逃窜，途中又遭到伏击，手下损伤惨重。努尔哈赤这次羽翼已丰，就不再给大舅子面子，而是乘胜杀入叶赫。

金台石虽然逃入城内，可是无法固守。此时大势已去，叶赫族人独力难支，等到城中粮尽，免不得被努尔哈赤攻入。

大贝勒金台石在城破之时放火烧城，并趁机逃跑，但并未成功。努尔哈赤也不顾惜亲情，问也不问便吩咐手下将他处以绞刑。可怜金台石丧命于妹夫之手，临死时，他厉声道："我生前不能保住叶赫族人，死后有知，只要叶赫族能传下一儿半女，总有一天会报仇雪恨的！"

却说努尔哈赤当初虽然对怪石有些疑惑，但总觉得说不定是有人搞恶作剧，不值得相信。至于金台石临死前的歇斯底里，他就更是不屑一顾了。

由于努尔哈赤不信异兆，在将叶赫消灭之后，竟娶金台石的妹妹叶赫那拉氏为妃，后追封为皇后。叶赫那拉氏生的儿子就是后来的太子皇太极。

等到努尔哈赤去世之后，皇太极即位，自然不忍伤到自己的生母。他爱屋及乌，出于血统的关系，也不愿将生存下来的叶赫族人一网打尽，而是网开一面，对他们格外施恩，存其宗祀。

叶赫族人得以生存，一方面不敢借太后之名嚣张，另一方面则努力扩大自己的势力，以求自保。

道光末年，宣宗为诸位皇子选妃。依照惯例，满蒙大臣家的千金都要前来应选。经过精挑细选之后，其中一位体态丰盈的佳丽颇为显眼，宣宗便将这位女中魁首许配给四皇子。可是，当问及此女姓氏时，回答却是"那拉氏"，宣宗的脸色当时就阴沉下来，踌躇了一会儿，说："你先回去吧，下次有选妃的事就不要来了。"

此女条件本来很好，满朝大臣都觉得适合进宫为妃，就连被指婚的四皇子都美得不行。可是宣宗突然翻脸，实在有些出人意料。实际上，宣宗是因为此女的姓氏而想起了往事，恐怕那拉氏一旦入宫，将来如有机会升为皇后，会应了金台石的诅咒，因此断然停选。

不过，天下的事防不胜防，做祖宗的虽然防微杜渐，总想创业久远，百世千世地传将下去。可是子孙恰恰又记不得许多，选妃时只论才貌，不问姓氏。所以，这才有了后来的西太后。

二　少女入宫

西太后乳名杏儿，她的父亲叫作惠征。

杏儿一家住在锡拉胡同，距皇宫没多远。十五岁的时候，杏儿做了一个梦，梦见自己当了皇后，自此以后，杏儿便时常打听宫中的事情。

时光荏苒，到了初夏时节，忽由宫中传出消息：咸丰帝将要选立皇后。杏儿想起那个梦，认为机会来了，对此事自然格外注意。

一天，杏儿从外面回家，刚到门口，就听母亲在喋喋不休地说着什么。杏儿知道有外人在，她不便进去，就躲在门口偷听。仔细一听，母亲竟在和来人说孩子尚且年幼，没有资格参选的话！

杏儿不禁心中一怔，不知不觉地走了过去。只见一个官差模样的人立在门边，恰巧与自己打个照面。他竟嚷道："这，这不是你家闺女吗？不但年龄合适，就是这般美貌，也是独一无二，看来定中圣意。他日得到荣华富贵，咱们还要邀赏哩！"

母亲尚未搭话，杏儿即向前道："尊驾说的是什么事？"

来人道："圣上要册立皇后，另需选秀女数十人，作为差用。

这数十人内，如果命生得好，怕是要升任嫔妃。没有官职的人家，有了女儿，一生一世都想不着这种好事，你家老太太，逢此际遇，偏偏要左推右挡，真正让人费解！"

杏儿道："圣旨已经颁下了吗？"

来人忙说："已颁下两日了。"说着便在怀中取出一纸，送与杏儿。杏儿见纸上写着谕旨，大略是说：凡是秀女，至当选之年，容貌端正者，到内务府报名候选。

看罢，她将纸条递还，并说道："既然圣上要选秀女，我就去。"

她母亲听了一怔，扯着杏儿衣服，在她耳旁密谈了好几句。杏儿频频摇头道："母亲也太多虑了，女儿自有办法处置此事。"然后又面向来人道，"尊驾想是内务府的办事人员了。"来人应声称是，便在炕上坐定。

杏儿又问道："要去应选，是否先要报名？"来人道："这个自然，先请写好，交给我便是。只是籍贯、名字、三代、住址、年龄都要写上，不可缺一。"

杏儿答了"是"，便转身进房，一一写就，重新出去交与来人。来人细阅一遍，起身告别道："日后恭喜，再来领赏。"言毕径去。

老夫人却沉着脸道："杏儿，这是你自家情愿的，将来不要怨我。"

杏儿对她的态度始终疑惑不解，现在没有外人，就问道："母亲何出此言？"

老夫人道："你年纪尚轻，全不晓得秀女入宫的苦处。你父亲说过，秀女选入宫中，永远不能出来，连父母都再也见不到了。所以我们旗员遇着点选秀女的日子，基本上都是有钱的出钱买免，没钱的也要设法隐瞒。你为什么大胆出来报名，自投死路呢！"

杏儿想到那个内务府的人表现出来的耐心，知道母亲所言不虚，但仍笑道："祸兮福所倚，福兮祸所伏。人家看得这般困苦，我偏要亲去一行。"

没过几天，内务府就派人来接杏儿，进宫参加秀女选拔。

对宫里来说，选秀女是件大事，由皇上和太后亲自挑选。由于没钱贿赂太监总管，杏儿被排在后面，好不容易才得到召见。

她缓步走上台阶，进入殿中，见地上铺着红毡，知道是跪拜的地方，当即遵照太监总管的嘱咐，恭恭敬敬地跪下，口称"杏儿叩见"，并照例叩了几个头。

这时候，听见上面有人说话，命令她抬起头来。杏儿遵旨，偷眼一瞧，见上面坐着一位老年旗妇，和颜悦色，仿佛如西池王母一般，料想定是皇太后。再向右首看去，恰恰与咸丰帝的龙目对个正着。

咸丰帝目不转睛地注视着她。杏儿不禁又惊又喜，暗忖这少年天子，莫非已看中了我吗？她情肠一转，自然羞态横生，圣驾面前又不好垂头，只得微掩秋波，由他注视。谁知她梨腮娇姿，越显妩媚，脸蛋儿红中带白，白里含红，又经那两鬓乌云罩住春色，真是酒不醉人人自醉，色不迷人人自迷。搞得咸丰帝越看越爱，好一歇，没有声响。旁立的宫监们、侍女们，也被杏儿的动人容貌所吸引。

那上座的旗人老妇道："此女颇有福相。"这一句话，传到咸丰帝耳中，忙点头道。"慈鉴定然不错，此女应当入宫！"说完就握着红笔，在名单上圈了两圈，然后吩咐贴身宫监，令他引杏儿出去。

后来杏儿探听消息，才知道这番点选秀女，报名的共六十人，中选的只有二十八名，有三十二人落选，被一律送回。上座的旗人老妇乃是皇太妃博尔济吉特氏，在咸丰五年，她被尊封为康慈皇贵太后。其实，咸丰帝的生母是孝全成皇后，这个短命的女人在道光二十年去世。咸丰丧母之时尚在童年，他的成长全赖这位皇太妃抚育，所以咸丰帝非常感激。等到咸丰改元的时候，女性长辈中就只剩这位皇太妃。

咸丰帝先奉她居住在绮春园，后来又移居寿康宫，嘘寒问暖，习以为常，待她差不多与亲生母亲一般。此次挑选秀女，特地把场地安排到寿康宫，也含着尊重皇太妃的意思。

杏儿中选之后，便被宫内的太监领入别宫，当下由总监传达圣命，派她前往钟粹宫当差。这钟粹宫是新皇后即将居住的地方，这时为了立皇后这桩大事，宫中又要忙碌起来，所有一切布置，随处需人，所以此番中选的秀女，大多被派往钟粹宫当差。

杏儿既得了这差事，就自晨至晚，尽职尽责，同时又与其他中选秀女漫谈生活琐事，倒也不嫌寂寞。杏儿足智多才，知道宫中之人大多缺乏温暖，就使出一番温和手段来对待别人，结果大家都愿与她亲近，没一个谈不来的。因此，杏儿虽在宫中充当劳役，感觉倒还算可以。

不过，时间一长，杏儿难免有些想家。自从进宫之后，家中的消息便被彻底隔断，一点儿也打听不着。老母是否平安？弱妹幼弟饥饱如何？寒暖如何？这些都一一牵肠挂肚，让杏儿又有一种说不出的担忧。

此外，奉召应选时，杏儿曾受到咸丰帝格外端详，显得颇为青睐，她满以为进入宫中，就会被皇帝宠幸。谁知过了数旬，却是杳无音信。皇上忙于政务，根本就不到这里来，就算偶尔来了一两次，也是足迹不停，他们自然无从见面。

杏儿暗想：如果长此下去，哪里会有出头的日子？恐怕真要应了母亲的前言，这该怎么办才好呢？

可她转念一想，又自解自劝道：吃得苦中苦，方为人上人，我入宫还不到半年，又怎么可能得到皇帝的恩宠呢？现在应该安下心来等待机会才是。要知道，再过些日子，等到立皇后的吉期一到，皇上自然会经常来找皇后。我既然有幸在这里当差，又何必担心见不到天子呢？那时凭我这般才色，对着皇上总有机会可乘。

三　侍奉皇上

皇后正位后，入住钟粹宫，杏儿也就成了皇后身边的侍女。因为杏儿聪明伶俐，加上干什么都用心，所以得到了侍寝的机会。这样一来，皇上每次来钟粹宫找皇后，都能见到特意打扮的杏儿。

俗话说，机遇只会给予那些有准备的人。这话也许真的有些道理。在杏儿做准备的时候，机会真的从天而降了。

这天，皇后赶到寿康宫，请皇太妃早安，想是聊得趣味相投，许久不回，偏偏圣驾不期而至。此时，宫中各侍女都随皇后出去了，只有杏儿一人独自接驾。

咸丰帝一入寝宫大门，杏儿就款步上前，弯腰屈膝，俯伏地下，口称："婢子杏儿谒见万岁爷！"这九个字本是寻常例语，偏经那杏儿口中道出，恰似黄莺的婉转歌喉，清脆得了不得。咸丰帝便道："你且起来，皇后到哪里去了？"

杏儿谢过恩，详细禀过皇后请安的事情，然后亭亭起立，站在一旁。咸丰帝留心一瞧，但见她容貌秀丽，皓齿明眸，身材苗条，肌肤莹洁，既像春月杨柳，又似出水芙蓉，不禁暗忖道："这个俏丽面庞，我曾在选秀时瞧过，只是今日比着往时，又觉得娇艳多了。"

左思右想，咸丰帝竟一时记忆不出，此女是在哪一批被选入宫的。要说这也并不奇怪，宫中美女如云，他就算再多几个脑袋，恐怕也记不清谁是谁。他随便拣一座儿坐下，就问杏儿道："你到此有多少日子了？"杏儿又要跪禀，咸丰帝赐她平身，令她站着回答。

杏儿面对圣上，毫不慌张，快速措了下辞，便轻启秀口，道："沐恩承值已阅半年。"咸丰帝点了点头，道："这么说来，你是本年入宫的吗？"杏儿道："是本年五月，应征入选。"

咸丰帝不待她说完，就大声道："不错，不错！你是从秀女中选送来的，朕因政务繁忙，竟至忘了。"

杏儿听了，脸上微带笑容，特意摆出一番楚楚动人的姿态。

咸丰帝又问道："你今年有几岁了？"杏儿据实答道："我十八岁了。"咸丰帝又问道："你的父母还在世吗？"

杏儿微微垂了下头，道："婢子双亲健在，还有一弟一妹。"

咸丰帝知道秀女都是出身于官宦之家，就又问道："你父亲叫什么名字？"

杏儿婉转地说："我父亲名叫惠征，蒙皇帝圣恩，赏给道员之职，分配到安徽。"

咸丰帝道："杏儿，你拿杯茶来！"

杏儿得了圣谕，喜得心花怒放，忙取出玉杯，就从御炉上面的壶中，倒了一杯热腾腾的香茶，双手捧着送过去，殷勤中带着三分羞怯。

咸丰帝一面接茶，一面近距离欣赏着她迷人的脸蛋儿，娇滴滴的越显红里透白，让他心中觉得痒痒的。可是他贵为天子，不好对宫女随意调戏，只得暂时忍耐。

杏儿对他炯炯有神的目光也有察觉，不由得把头一低，心里却醉得几乎晕过去。等咸丰喝过了茶，她忙过去接玉杯，那双妙不可言的柔荑，正好映入皇帝的眼帘。

看上去那双玉手好像饱满有余，却又柔若无骨，咸丰帝实在有些把持不住自己，就伸手去抚摸她的玉腕。杏儿猝不及防，险些把玉杯扔了，只是她面上一阵紧似一阵地红晕起来。

正在尴尬的时候，忽然听见寝门外面，传来车辇的声音，佩环相撞的响声，杏儿知道是皇后返宫，心中未免有些惊惶。幸好皇帝也颇知趣，已经在第一时间将手缩回，杏儿这才得以把持住玉杯，搁置在一旁。

说时迟，那时快，皇后已踱入寝宫。见皇帝上坐，忙向前行礼，并声明接驾过迟的缘由。咸丰帝只是点头，也不多问，随后与皇后闲谈数语，便起身出门。临行时杏儿尚在旁站着，又将她仔细地瞧了一瞧，杏儿为避嫌起见，不敢抬头，秋波中却是温柔一片。

虽然咸丰帝已经大踏步地走了出去，杏儿心中仍怀着鬼胎，恐被皇后察觉，向她盘问。好在皇后度量宽宏，并没有一点醋意，只问了一声道："御驾何时到来?"杏儿答是"不过片刻"，轻轻地掩过前情。

此后待了半日，皇后不曾再问，杏儿方把提到嗓子眼的心放下。此外的宫女、太监，虽然对她的古怪神情有些疑问，可是因与杏儿向无嫌隙，自然不去干涉。

冬日昼短夜长，天色很快便昏暗下来。吃过晚饭之后，收拾妥当，钟粹宫中就没有什么事情了。等到更鼓敲响之时，各侍女便奉了皇后之命，陆续退回安歇。

杏儿也返回了寝室处，正在挑灯铺床，默默回忆白天发生的幸事。猛见一个太监跑进来，高声道："圣旨到，召你前去!"

杏儿还以为他是开玩笑，脸一板道："休要取笑!"

宫监道："哪里说来!现有别宫的太监守候在门外，乃是圣上的心腹前来叫你，快快遵旨，随他过去。"

杏儿还抿着嘴道："可是真的吗?"

太监顿足道："自然是真的，圣旨岂容捏造!"

杏儿这才信为实事，马上在镜子前草草地把鬓发一拢，花容一整，即使这样她已被太监催逼得慌乱不已，当即转身随他出门。来到门外，果然有两人执灯候着。

他们见杏儿出来，就一前一后催她前进。出了钟粹宫，就向间壁的宫中拥将进去。这个宫室似乎比钟粹宫较小一些，不过倒也精雅绝伦。杏儿被两个太监引入耳房，便把那召幸的惯例，与她密谈了几句，再把一件大氅，交与杏儿，然后退出门外。

此时的杏儿也顾不得什么，只好按照刚才的密嘱，卸去了妆，七手八脚地把大氅裹在身上。一切结束停当，她才高喊一声："领旨!"太监们闻声进来，竟将杏儿背在肩上，匆匆进入。

直到次日，日上三竿，咸丰帝这才起身上朝。

几天后，一道圣旨传入钟粹宫，加封钮祜禄氏，也就是皇后的妹妹为嫔；加封那拉氏，也就是杏儿为兰贵人。

第二回

与天子情投意合，得宠幸情浓深处

两个人说话，座位越说越近，声音越说越低。安德海附着兰贵人的耳朵，说得她坐立不安，脸时红时白，眉头时皱时松，身子时颤时静，手时摇时摆……最后笑得前仰后合，安德海用两手从背后虚抱着兰贵人，笑得咯咯不止，笑得两眼流出泪花。

兰贵人和安德海经过两个时辰的密谈，两只阴谋的手拉在了一起。

一　培植心腹

曾经有一位高僧说过，世间的人忙忙碌碌，其实他们眼中只有两件事，那就是名和利。杏儿虽然受封为贵人，但心中仍有一些不满：皇后的妹子钮祜禄氏，不知什么时候，也蒙皇上宠幸，竟然受封为嫔。按照清制，皇后以下，一皇贵妃，二贵妃，三妃，四嫔，再往下才是贵人等。杏儿虽然得了贵人封号，与皇后的妹子相比较，还差着一截呢。

天下哪有知足的人？得了这般，往往又想那般，因此还会比别人多一些失望。杏儿心中暗想：钮祜禄氏是皇亲国戚，自己如何赶得上她！现在别无希望，只盼望将来早生一子，给自己增加些分量。或者依次升位，与她并驾齐驱，不负所望才好。

此后每当咸丰帝召幸的时候，她都百般献媚，千般效劳，把一个咸丰帝笼络得服服帖帖。杏儿自然也有机会像诗中所讲：后宫佳丽三千人，三千宠爱在一身。

此时，宫中除了皇帝之外和兰贵人关系最密切的就是太监总管安德海。这天，他们又在一起高谈阔论。不知不觉间，天色已经暗淡下来。安德海看看窗外，站起身道："这一天过得真快呀！我该回去侍候皇上了。兰贵人，春宵一刻值千金，情浓夜短，现在皇上对您还在热头上，您休息会儿，准备接驾吧！"

兰贵人脸上一红，有点难开口，小声说："皇上今夜还召我吗？"

安德海赔笑道："怎能不召呢？"

兰贵人甜丝丝，又毫不避讳地说："我当然愿意天天被召幸了。可是昨夜皇上对我一点儿也不怜惜。"

安德海咂咂嘴，挤挤眼睛，说道："贵人，这可是围绕在皇上身边的女人们求之不得的呀！"他说着又朝兰贵人身边挪了挪，郑重其事地说道，"贵人，奴才还有许多为您效忠的心里话，原来想过些日子，等皇上和您的感情更浓了，再和您细说。没承想您福气这么大，头一夜就……一日夫妻百日恩。昨天下午，我故意试了试皇上的心，问皇上今夜召幸何人？皇上笑着瞪了奴才一眼说，还能召谁，当然是兰贵人了。过了一阵，皇上又把奴才叫到身边，和奴才说……"

他顿了一下，扫了兰贵人一眼："皇上说……"

兰贵人急着想知道皇上说自己什么，莞尔一笑道："这个那个的，皇上说了什么？这儿只有你我，你说呀！"

安德海不好再卖关子，就点头道："好，好！皇上和奴才说，贵人太知情、太温柔、太顺从、太体贴了。"

兰贵人看安德海说得挤眉弄眼、摇头晃脑，不禁捂嘴微笑道："安公公编排得不错呀！"

安德海得意地说道："这是皇上亲口告诉奴才的，怎么是编排呢？皇上还说，什么女子也比不上您，您可以说是天下第一春呢！"

兰贵人对他的话虽然是半信半疑，可是脸上依然露出甜甜的笑容，轻轻啐了一口，道："这么说嘛，我自然感恩皇上了。安公公，你要和我说的心里话，就是这些吗？"

安德海连连摆手说："还有，还有，这是个开头。"

兰贵人也想乘机从安德海嘴里多了解咸丰的各种情况，以便利用，更多得到咸丰的宠爱。她急迫地说："好吧，安公公就快点痛痛快快地说吧！"

她还许愿："如果我在皇上面前久受青睐，我会加倍报答安公公为我所受的辛苦。"

安德海忙向兰贵人叩头说："贵人，奴才理应为您尽忠！您言重了！奴才担当不起。"

兰贵人说："安公公，以后咱们说话时，免去这些作揖、磕头的麻烦理儿吧！"她不由得长叹了一声说，"我仅是个贵人，不过是皇上脚下的一株小草，离贵妃、皇后还远着呢！哪天一旦皇上忘了我……"说到这儿，她眼里已经泛起泪花儿了，"安公公曾陪皇上读过书，大概也知道点过去朝代的历史吧。像汉代的吕后、唐朝的武则天、宋朝的宣仁太后、辽邦的萧皇后，她们一辈子都得到皇上的宠爱，还掌握了朝中大权，皇上还得听她们的呢！”她缓了口气，无限感慨，“可这样手掌乾坤、大权独揽、光荣无比的后妃，历史上能有几个呢？我只盼望皇上别一脚踢开我，我就谢天谢地了！”

杏儿由秀女自愿选入清宫时，早已定下了志向。安德海一边听着兰贵人的真情实话，一边看着她的脸色神态。他低声细气，奴气十足地说：“奴才预备效忠贵人的心底话，也就是这个呀！贵人和奴才想到一块儿，话就容易说透了。谁说不是呢？”他脑袋一晃，挑高了话音，“俗话说‘人无千日好，花无百日红’，皇上就是再喜欢贵人，总有一天也会没了劲儿。怎么办呢？”

兰贵人接话说道：“是啊，怎么办呢？”

安德海显然早有定谋，一本正经地说：“贵人，不怕皇上移情别恋，只怕我们没有妙着，没有长远打算。历代嫔妃，只要谁能给皇上生出第一个儿子，母以子贵，封皇后、皇太后，就十拿九稳了。”

兰贵人惨然一笑，轻轻一叹说：“看安公公话儿说得多轻巧。给皇上生儿育女，都是命，能由着咱们吗？”

安德海紧接着说：“这事儿还非由着咱们才可以。贵人，谋事在人，成事在天嘛！”

兰贵人脸上飞红，问：“怎样谋呢？安公公不妨直说。”

安德海不慌不忙地说：“贵人，您睁眼看看。现在皇上身边已有众多的嫔妃，至于答应、伺候、宫女，更是成百上千。皇上年轻力壮，精气旺盛，按理早该生儿育女了。也不知是皇上不喜欢这些女人呢，还是皇上的身子骨儿太差劲，反正眼下，无论哪个嫔妃都没有遇过喜。大阿哥也还没个影子呢！贵人，您是我的主子，我是您脚下的奴才。主子奴才的身份虽有差别，可心儿是一个，荣辱是一码。咱们一块儿伺候皇上。白天，我尽心尽力把皇上服侍得高高兴兴。夜里，我想方设法把皇上送到您的身边。接着，这可就看您的了。"

安德海看着兰贵人含笑不语的表情，知道她已听得入神。他更放胆说："贵人，您如果能给皇上生个大阿哥，那您就前程似锦了。"

兰贵人不住地点头，半笑着，咧开嘴，表示十分相信安德海的一片忠诚。

两个人说话，座位越说越近，声音越说越低。安德海附着兰贵人的耳朵，说得她坐立不安，脸时红时白，眉头时皱时松，身子时颤时静，手时摇时摆……最后笑得前仰后合，安德海用两手从背后虚抱着兰贵人，笑得咯咯不止，笑得两眼流出泪花。

兰贵人和安德海经过两个时辰的密谈，两只阴谋的手拉在了一起。

二　恶毒诡计

兰贵人通过安德海的嘴，对于咸丰的嗜好：吃的、喝的、看的、穿的、听的；咸丰接近的内外大臣，他最关心的国家大事，他现在正想着办的事情……都了解得一清二楚。

这天，兰贵人让手下按着吩咐给咸丰准备点小吃。她草草地用过晚膳，便换了一件水红色的杭绢湘绣上身衫褂，下身罩了条同色花纹的紧腰百褶裙。头发根扎了一条深黄色的丝绦，没有辫，也没有绾，散散松松地披在背后。她拿起笔来，伏在御案上，工工整整，写了一副林则徐作的言志对联："苟利国家生死以，岂因祸福避趋之。"她刚放下笔，外面的太监就传呼："兰贵人迎驾！"

咸丰一个人大踏步进来，兰贵人早跪在迎门一旁："皇上万福，奴才侍候！"咸丰一看四周，太监宫女都退净了。他便上前把兰贵人拉到怀里，拥抱着，笑容可掬地说："这里是内殿，我以后常来这里，这些礼儿都免了吧！就是有几个太监宫女在旁边，也不用怕。我到皇后那里也是这么嘱咐的。"

兰贵人赶忙倒退一步，低下头，满脸绯红，腼腆沉静地说："皇后是一人之下的尊贵之人，奴才万死不敢！"

咸丰细看了她两眼，觉得似乎美丽更胜往昔，轻声一笑说："好！好！兰贵人……"

兰贵人忙答应："万岁！"

咸丰说："兰贵人，你今晚这身晚装，真比昨夜亮眼啊！这身衣服，在这全园子里，也找不出第二份。"

咸丰说着便坐下来，兰贵人双手捧来一杯已经泡好的茶说："这是皇上最爱喝的杭州云雾龙井茶。"跟着她又端起一盘摆放成"寿"字点心说，"这是皇上最常吃的香油椒盐焦炸蜜煎的各式小点心。"

咸丰说："兰贵人，亏了小安子的提醒，不然，真要埋没你了。"他忽然一抬头，看见御案上写好一副对联，拿过来一看，歪着脸问，"兰贵人，这是你写的?"

兰贵人赶忙走到咸丰身边，未曾开口，先用两眼看了下咸丰，脉脉含情地细声说："皇上，是奴才的涂鸦，有渎圣目。"说罢，很不好意思地低下头，两颊就绯红了。

咸丰把那副对联又仔细地端详一时说："兰贵人，你这字写得倒娟秀，只是笔锋软了些。还不错嘛！可你写这副对联，我一时想不起出自谁的手笔。"

兰贵人说："皇上，这是林则徐作的诗句。"

咸丰点了点头说："不错。"他回忆了一会儿，说，"此情此景，你为什么单想起写这两句？如果你把李白那首《清平调》'云想衣裳花想容，春风拂槛露华浓'写成一副中堂，挂在这里，岂不更有意思吗？"

兰贵人听了，面上立时泛起怒色说："皇上，奴才对于大清朝一片丹心。那杨妃祸国，以女色惑君。李太白这首诗，实际上是指桑骂槐，讥讽唐明皇的，写它做什么？奴才写林则徐这两句诗，正是感谢皇上知遇之恩。皇上为林则徐昭雪，是皇上的英明决断，受到普天下军民的赞颂。皇上为林则徐特制的那副挽联，奴才早就默记在心。"

咸丰说："兰贵人，想不到你还这样熟悉我呀！贬斥杨妃，也是你的过人之处。看来，我这个皇上以后在你面前说话，还得小心点儿呢！"说完了，便微微一笑。兰贵人也随着咸丰一笑，两心相印，她止不住地笑出声来。

咸丰思考一时，有意作难说："兰贵人，你说你熟记着我赐给林则徐的那副挽联。那我今天就要举行殿试，当面考考你这个女翰林。"

兰贵人一听，扬起脸来，不慌不忙，面向咸丰高声朗诵："答君恩，清慎忠勤，数十年尽瘁不遑，解组归来，犹自心存军国。殚臣力，崎岖险阻。六千里出师未捷，骑箕化去，空教泪洒英雄。"

咸丰每听罢一句，便赞一声"好"。兰贵人念完了，咸丰情不自禁地说："兰贵人，你把我这副挽联念得铿锵顿挫，有声有色。

你真是个不错的学士！有你在我身边，有些国家朝中的事儿倒有个可以说话商讨的人了。"

三　帝王思宠

　　一声爆竹，又是新年。咸丰帝拜谒过太妃，再到太和殿，接受满朝文武的朝贺，普天同庆。礼成之后，他又来到乾清宫，赐近支亲戚等享受筵宴。大吃大喝一顿之后，咸丰帝这才起驾回宫。

　　此时，皇后钮祜禄氏带领嫔妃以下一班宫眷，早已从寿康宫行礼回来，接着御驾，排班觐贺，兰贵人也打扮得齐齐整整，随班叩谒。

　　咸丰帝瞧过去，觉得她的姿色颇为与众不同：眉不画而黛，唇不染而朱，发不涂而黑，面不饰而白，看上去别有一种丰韵，默默赏鉴了一回。随后令皇后先起身旁坐，然后让大众一齐起来。各嫔妃等又向皇后行礼。

　　此后，咸丰帝一一赐座，和大家共享欢乐。新的一轮酒宴又开始了，所不同的是，这次在一旁陪坐的都是他曾经驾驭过的美女，皇帝的心情自然是格外舒畅了。

　　席间，在百花丛中，咸丰帝时不时地用眼睛瞄一下兰贵人。只见她醉眼惺忪，秀色可餐，让人心中爱怜得不行。

　　当天夜里，酒席散尽，大家都奉旨回宫，皇上按照惯例留在皇后宫中过夜。不过，第二天晚上，圣驾便移驾到兰贵人处。

　　也许是新年的喜气，皇上兴高采烈，一时把持不住自己，与兰贵人颠鸾倒凤，欲罢不能。

可后宫从来不缺少佳丽,兰贵人渴望把皇帝永远留在自己身边,却面对众多竞争者。此外,咸丰帝也是一个喜新厌旧的男人,很快将兰贵人抛诸脑后。

帝王的恩宠来得快去得也快,当一切归于平静,兰贵人那颗躁动的心却再也无法沉静下来,当务之急,是迅速引起皇帝注意,得到再次宠幸的机会。

第三回
后宫佳丽三千人，三千宠爱于一身

有了感情做基础，不管是不是有虚情假意的成分，都足以成为爱的润滑剂。这天晚上，兰贵人柔情脉脉，软语呢喃，惹得咸丰帝格外疼爱。不知不觉之中，兰贵人又有了身孕。

一　欲擒故纵

没有一劳永逸的事情，皇帝的眷顾虽尚未衰，却始终不能天长地久，绵绵无尽。兰贵人有时望断门槛，整月间也不见召幸。重门寂寂，孤帐沉沉，任你如何惆怅，又有哪个前来慰问？

她到无可奈何的时候，穷思极想，又被她想出一个妙法来。

她回想起当年，正是由于康慈皇太妃赞了一语，她才得以中选。而且这位皇太妃虽是养母，咸丰帝对她平时却很是孝敬，如果得到她从中提拔，加封也容易得很。于是，兰贵人打定主意走"曲线救国"的路线。只是这康寿宫，没有什么说法是进不去的，因此纵有这个想法，也是枉然。

兰贵人毕竟机敏过人，她想了又想，终于想出个主意来。既然自己不好直接去，就转而从宫婢、太监身上下手呗。

在她的宫中，凑巧有一个侍女，与康寿宫的总监有点亲戚关系。兰贵人不觉喜上眉梢，便叫那侍女过来，与她密谈多时，令她到康寿宫总监处，请他暗地关照，代为活动。

那婢女当然希望主子节节高升，自己也好跟着沾光，于是接受了密嘱，拿了银两，就到总监处传达兰贵人的意思。该总监早就知道兰贵人深得圣上恩宠，乐得卖个情面，把银两收下，嘱咐婢女回禀，让贵人不要心焦，自己拿人钱财，忠人之事，自当留心，替她进言。

对于兰贵人而言，也只能耐住了心思，静候消息。

转瞬间又值元宵佳节，皓月当空。兰贵人倚着栏杆，看着皎洁的月色，不禁暗自叹息：这样静寂无声的夜晚实在是太多了！

正在独自伤感，突然有皇上身边的太监匆匆前来，召她入宫见驾。

兰贵人却一反常态装出一种半推半就的模样。咸丰帝见她扭扭捏捏，与常人的恭敬大不相同，就有些生气道："朕连日来被这乱党闹得心慌，因此多日不来召幸，你莫非有些怨朕吗？"

兰贵人这么做自然有她的目的，见圣上动怒，就欲擒故纵道："婢子怎敢！只是婢子心中有几句话，不好不奏，又不好直奏，还求万岁爷恕罪，方敢奏明。"

咸丰帝见她吞吞吐吐，巴不得能够快些讲完，就尽量耐心说道："你尽管讲来，朕不怪罪就是！"

兰贵人就抓紧说道："自去年起，就听说长发贼四处作乱，致使圣上日理万机，所有事情都要万岁爷一个人来办理，到了休息的时光，更须加意保重。万岁爷的龙体上承列皇，下系万民，何等尊贵，但能格外保养，我感觉比足足一夜承恩，还要快慰呢！"

　　兰贵人欲擒故纵，几句话说得屋中暖洋洋的。

　　咸丰帝听罢，心中十分受用，不由得伸出手掌，轻抚她娇嫩的脸庞，笑道："瞧你这样说话，真是一个贤德女子，朕心里实在颇为感动！怪不得连康慈皇太妃也说你贤淑呢！"

　　兰贵人心中暗喜，晓得自己私下的活动有效，非常欣慰。

　　有了感情做基础，不管是不是有虚情假意的成分，都足以成为爱的润滑剂。这天晚上，兰贵人柔情脉脉，软语呢喃，惹得咸丰帝格外疼爱。

　　也许是被兰贵人感动了，不久后，咸丰帝降下圣旨，封兰贵人为懿嫔。于是，兰贵人成了那拉懿嫔。

二　如愿产子

　　这天咸丰晃晃悠悠地踱到那拉懿嫔的宫中。此时，那拉懿嫔刚刚卸完妆，正准备上床睡觉。突然听到右太监在外面喊道："圣驾到！"

　　咸丰这么晚到宫中来，实在是一反常规。弄得那拉懿嫔莫名其妙，只得仓促迎驾，伏在地上跪迎。咸丰帝伸手把她扶住，兴致勃勃，就直接携入寝室。从前召幸的时候，都是皇帝躺在床上，由太监将那拉氏的玉体包裹起来，立即送入被中，然后龙凤就隐藏在帐中，翻云覆雨也是在暗中进行。

　　此次御驾亲临，适好遇着那拉懿嫔刚刚卸完晚妆，乌云似的秀发，远山似的秀眉，又因为天气不凉，她就只穿着一件太妃色罗衫，越显得玉骨玲珑，柔躯娇嫩。

咸丰帝入座，就由那拉懿嫔奉上香茗，在她手里喝了两口，却目不转睛地打量着她。过了良久，方才问道："你今天觉得劳乏吗？"

那拉懿嫔巧言道："叨圣母及圣天子洪福，我只觉酣畅，毫不疲倦。"

咸丰帝对她的回答十分满意，笑道："朕也是这般。"

那拉懿嫔脉脉含羞，尚未来得及回答，便已被性急的咸丰帝拥到床上。不久，那拉氏怀孕了。

咸丰心里高兴，咸丰五年七月初一，咸丰帝正式加封康慈皇贵太妃为皇太后。咸丰率领王公大臣、后宫佳丽一起给皇太后行礼。然后，咸丰帝在朝堂上宴请群臣。谁知祸福相倚，悲乐相因，几天后，皇太后竟然病倒在床，过了还不到数日，病情便猝然加重，她在临危时特别嘱咐咸丰帝：一定要善待那拉懿嫔。

康慈皇太后临终之前，把心中大事嘱咐给咸丰帝。此后不过一日，太后即驾返瑶池，归天去了。当下咸丰帝奉着灵车，来到慈宁宫。随即剪发致丧，放声号哭了一回。皇后及其手下，也都身穿孝服，陪在旁边。

那拉懿嫔因为回忆旧日的关照，再加上心痛自己可以依靠的一棵大树倒了，不免格外悲伤，一副痛不欲生的样子。

咸丰帝不明白她心中的想法，见她这么伤心，心中不禁暗想道：看不出她有这般孝心，怪不得太后临终之前，有嘱咐我善待此女的遗言。只是她刚怀孕，倘若因此哭坏了身体，影响到胎气，当如何是好？

想到这里，咸丰帝就暗中吩咐总管太监，叫他传口信给那拉懿嫔，让她不要过于伤心，一定要以身体为重。

那拉懿嫔得了口谕，含着眼泪，暗暗感激天恩。要知道，如果不是她平时活动多多，哪里能够得到如此待遇呢？

　　丧葬事毕，宫中又没什么大事。咸丰帝即位六年，本人已到26岁，宫内的后妃人等，只有他他拉氏诞下一女，从来不得一男。皇帝不同于老百姓，可是老百姓尚且希望能有个儿子继承香火，何况是一朝的天子呢？于是咸丰帝就每天晚上焚香祈福，希望老天保佑那拉懿嫔，早赐他贵子。

　　几周过去了，几月过去了，整个朝廷都在一种兴奋的热潮中等待着，在不安的边缘盼望着。咸丰的皇后和所有的嫔妃都没有为皇帝生一个皇子，自从太医宣布：那拉懿嫔又怀孕了，整个朝廷都兴奋地怀着希望等待着。

　　这孩子会不会是女的？如果这样，那么那拉懿嫔又将陷入失望之中，因为她辜负了她的皇上和主子，他是多么希望有个儿子来继承他的皇位啊！皇后也很激动。

　　朝廷等待着，做好一切准备迎接一个皇子的诞生，而那些怀疑者只能窃窃私语。

　　那拉懿嫔自己则是在恐惧和颤抖中等待，但是随后她就镇静了。命运之神对她一直是照顾的，皇帝宠爱她。为了她，他忽视了朝政，冷落了皇后和其他嫔妃。

　　时光在流逝着。

　　每天，太医给那拉懿嫔服用很多珍贵的药剂，因为他们很清楚，如果孩子早产或死了，那他们就得掉脑袋。在紫禁城中，包括颐和园和西苑，那拉懿嫔是最珍贵的。

　　当消息传出，那拉懿嫔生了个儿子，大清沸腾了。

　　小皇子的出生照亮了杏儿的前程，赋予了她巨大的野心。随后，她也被封为懿妃。

三 衣锦还乡

由于有了咸丰帝的特许，懿妃得以回家省亲，这实在是破天荒的一次。她自选了一个时间，将日期禀报皇上。咸丰帝既然同意她去，自然就不会在意具体时间，于是马上照准。

到了下一年的正月，庆贺事毕，皇上又降下一道圣旨，晋封那拉懿妃为懿贵妃。贵妃与皇后之间，只隔一级，权力差不多与皇后相似。在清宫内受封贵妃的，每代不过两三人，所以说是难得的殊荣。

咸丰帝因为懿妃要回家探亲，特地将她加封，令她格外尊贵，好不虚此行。懿妃破例得到省亲的机会，已是欣喜得很，没料到咸丰帝一心替她着想，简直比自己想得还要周到，她真是喜出望外，当下叩谢了天恩，就着手准备归省的事情。

懿贵妃回家探亲，也是事关皇上龙颜的大事，于是她就密令太监先送大批金银回家，叫娘家有所准备，让事情能够办得风风光光。

惠征此时已不在了，老夫人自从听说女儿要衣锦还乡，就把锡拉胡同的自家住宅想办法扩大，以便接待来宾。

诸事就绪之后，夫人就安下心来，专等凤辇的到来。隔了不久，好日子来到了。懿贵妃临行时，辞别过皇帝，又别了皇后，就带着宫娥和太监等人，浩浩荡荡地乘辇出宫。与此同时，早有小太监提前来到夫人家，报知凤驾在某时驾到。

这时夫人的亲戚故旧全已到齐，又把行礼、入座、退省、开宴、更衣、盥洗的场所，筹备得一丝不漏，安设坐垫，铺好地毡，焚香，然后静悄悄地等待着。

此时外面已有工部官员和五城兵马司率队清洁街道，赶开行人。只有那锡拉胡同之中，依然人山人海，拥挤不堪，此时就是有官差出来拦阻，也始终禁止不住。

时间不长，众人便听一阵鼓乐声隐隐约约传了过来。他们料到是凤驾将至，夫人便率家属亲族等出门迎接。也许是心太急了，时间仿佛突然变慢了，又过了好一会儿，方才看见有十来个太监，跟着一个总管，骑马过来。到了门外，总管翻身下马，到夫人面前请安。小太监立刻将马牵到一旁，随了总管，向西面站立。

紧接着，便来了全副仪仗，一对对的龙旌凤旗，一排排的羽扇宫灯，御炉中冒出袅袅香烟，宝盖将太阳完全遮住，又有彩亭数座，里面放着准备赏赐的物品，其中包括白玉如意一柄，沉香拐杖一支，彩缎百匹，白银千两。随后方是八个太监，抬着一乘黄缎绣凤的御辇，缓缓走来。两边的侍卫随从，宫娥彩女，不计其数。

夫人正打算跪接凤驾，早有宫中的太监快步过来，一把扶住她，请她免礼。同时还传谕亲族中的长辈，一概不要跪迎。在鼓乐声中，御辇已经抬入大门，夫人等人也跟随着走进院落。

众太监把凤辇稳稳停下之后，宫娥便过来卷起杏黄色的缎帘，稍后珠翠环绕、雍容华贵的懿贵妃缓缓下来。夫人有心过去，可是看这架势又不免有些心虚。

等到各女侍簇拥着懿贵妃上堂，升了座，两边鼓乐再次响起，夫人才又带着族人，排班晋见。这时候，总管又奉命传谕，仍然是尊长免礼四个字。夫人和亲族中的长辈，就都退到左侧，其余的平辈或小辈则过来依次叩头行礼。

行礼完毕之后，又有族长上前献茶，直到鼓乐停止，贵妃这才降座，退入侧室更衣。然后再到内厅，与家人行归省礼。这时夫人已经在内厅守候，见了懿贵妃，就主动与她握手。懿贵妃还想以母女之礼相见，夫人自然死活不愿意，她也只好作罢。

说起来，一家人已经分别了五年，心中似乎都有很多事要说，可是真的有机会见面了，却又一句话也说不出来。大家对着看了好一会儿，方才由懿贵妃开口打破沉默，道：“五年没见过母亲，感觉却和从前一样。”说了这两句，却不禁哽咽起来。

她这一哭，夫人也已忍不住泪，不停伸手去抹眼眶，懿贵妃的妹子也在一旁直流眼泪。懿贵妃忙忍悲为喜道：“难得今日奉旨省亲，能够再次见到母亲，实在是万幸。没想到，现在反而触动慈母悲怀，这实在是女儿的不孝了！”

懿贵妃这么一说，夫人才收住眼泪，答道：“现在苦尽甘来，懿贵妃得到皇帝法外施恩，亲人见面应该庆贺才对，不知为什么却触动离情，大概是喜极而泣的原因吧！我们不如快快坐下，好好谈一谈这些年来发生的事。”

懿贵妃一面就座，一面扫视其他的亲戚，意外地发现大多是些生脸，就客气地让他们归座。坐定之后，她就对着妹子说道：“数年不见，你的姿容要比以前秀丽圆润得多。姐姐已请示过圣驾，替你安排一桩婚事，我们姐妹也好时常相见了。”妹子听了此言，不觉又喜又羞，便垂下头去。

懿贵妃又说道：“女大当嫁，是天经地义的事情。只是不知你近日是否还有读书？姐姐对这个很是挂念。”

夫人一时性急，就从旁边插话细问，懿贵妃将指婚的事情详细说了一遍，然后又回到正题道：“要做福晋，必须要有些才学。姐姐能有今天，都是拜书籍所赐。希望妹子要留意才好。”

随后，懿贵妃又对幼弟桂样说道："你也长大了好些，不要像从前那么傻玩儿，认字读书也是要紧。"说完，她又和亲戚族人等，略略地谈了几句。

这时候，筵席已经准备好了，就设在临时建成的小花园中。

众人入席，由懿贵妃上坐，夫人等人都在下面相陪。席间，无非是谈些宫中琐事，以及夫人家中的情况。在欢叙之时夫人仍不免有感慨之意。懿贵妃恐怕母亲又生伤感，连忙环顾亲戚族人，讲些趣事，有说有笑，一点儿没有架子，各亲戚族人都被她融化，渐渐把紧张放开，尽兴畅谈。

宴席结束，天色已经将晚，众人便重新出园入宅。懿贵妃随后命太监拿来赐物：如意、拐杖，送给夫人，彩缎等分赐亲戚族人，白银等分别赏给帮忙干活的工人。最后又取出两份文房四宝、两对黄金锞子，分给弟妹。众人谢赏之后，屋外已是暮色沉沉，灯火也已举目皆是。

总管太监进来启奏道："已到时间了，请驾回旨。"懿贵妃再也把持不住，不由得垂下泪来，却又强装笑脸。她握着夫人的手道："当日入宫时候，已是拼着生离死别，好容易才得到圣旨，归省一次，没想到时间却又这般短促，瞬间便已天黑了，不能与家人多聚。这是地位造成的，实在无可奈何。只是希望圣上皇恩浩荡，再允许归省，自然母女重见有期。即使宫中特例不许再开，那时也会趁机启奏，准许我母入宫相见，千万不要伤心。"

夫人嘴里虽然答应着，泪珠儿却已不知滴了多少。人越是老年，越会因为失去孩子而伤心。

懿贵妃又回视弟妹道："我讲的话，你二人千万不要忘记！"弟妹唯唯遵命。她又特别嘱咐妹子道："今日我们是姊妹，他日便是妯娌。彼此相聚一生，总算是你我的缘分。不过，你必须赶紧读书，转眼间就要成婚了。"

说毕还是依依不舍，总管又来催促，懿贵妃方与夫人握手道："皇家规例，不敢有违，我只好走了。"当下便由众人送出大门，恭请懿贵妃登辇回宫。

只见宫灯如炬，侍从如飞，大队片刻间便已烟消云散，不留一人。看客也顿时尽散，只有夫人尚且痴痴地立在门外，经过亲戚族人苦苦相劝，这才回到家中，尚是呜咽不已。

众亲族都称赞懿贵妃道："量大福大，这话是有一定的道理。现在懿贵妃入宫已有数年，常沐皇恩，却毫无骄傲气象，见了咱们家族的人，依然谈笑如常，这不是量大福大吗？"不管怎么说，懿贵妃的心机的确是无人可比。大众评赞了一回，有留着的，有告别的，各忙各的。

懿贵妃回宫，次日便去见驾谢恩，并回奏归省情状。咸丰帝听得津津有味，并赐予夫人一品诰命，兼发彩缎、金银等物，命令内宫的太监拿去作为赏赐。夫人家自然又高搭彩棚，接旨谢赏，众人忙个不停。亏得亲族众多，协力相助，这才免得临事慌张。此后，又招集亲朋，大开筵宴，庆贺了几天。随后宫中又传来特大喜讯，蒙圣上特旨，准许夫人入宫省视。正是帝恩如天，有求必应。

懿贵妃既然得了这种天恩，自然格外尽力，对咸丰帝的一举一动时常注意，遇着喜事就奉承，遇着忧虑就哄他开心，咸丰帝也视她为第一贤内助，竟然很听她的建议，一日都不能没有她。

第四回

咸丰帝窃玉偷香，西太后力斗大臣

西太后环顾四周，又想起圆明园四春娘娘当日争宠，早拟除灭了她们。只因回銮训政，忙个不停，一时无暇下手。此时三凶已去，朝右肃清，便重又抬出"祖制"二字说："宫内不准容留汉女"，把四春一一驱逐。

一　不问朝政

咸丰元年，洪秀全领导的太平天国运动爆发。咸丰六年到咸丰八年，东南军事也是互有胜负。和春、张国梁自丹阳进攻，屡克江宁属县，再收复镇江。又到江宁城下，江南大营从此重振。德兴阿在江北，亦进军八卦洲。两军把南京围住，龙江由李续宾攻入，太平天国名将林启容不幸战死。

杨载福等又反扑安徽，攻克舒城、桐城各县，直逼安庆。太平天国将士由于人数上是劣势，所以便四处打游击，忽入皖，忽又赴赣，忽至江浙一带，牵制清军。另一方面，他们与另一班捻军密切联系，作为声援。

　　此时清军疲于奔命，顾了这边，又失掉那边。江南的六合县，死守六年，依然被太平天国的将士们攻下，并杀死了道员温绍原。此后，安徽的庐州府又被他们攻陷，杀死了总兵萧甲开、知府武成功。

　　清军大将李续宾仗着人多，转战在前。到了三河镇，被太平天国的猛将陈玉成、李世贤等，带领手下十多万人，将他团团围住。李续宾此时纵有三头六臂，也是难逃一死了。

　　听说爱将战死，咸丰帝还伤心了一通，又是加封他为总督，又是颁发抚恤金。不过，只要加急奏折一少，咸丰帝便会忙着到圆明园去寻花问柳。过了元宵节后，他干脆就常住圆明园，俨然把那里当成自己的宫殿了。即使是亲王、大臣上朝奏事，也要移入园内才行。

　　在宫中，皇后由于生性恬静，就是一年不见皇帝，心里也不觉得有什么。可是懿贵妃却截然不同，她知道这都是由于皇帝迷恋四春造成的，暗中不禁恨之不已，恨不得将四春一个个撕成碎片。

　　这天，咸丰帝正欢愉，却收到军机处送来的江南军报。拿出来一看，原来是和春所写，其内容是弹劾都统德兴阿屯兵江北，坐山观虎斗的情况。咸丰帝一怒，便批谕德兴阿革职来京，所有江北大营，由和春一个人管理。

　　批注之后，交还军机处，咸丰帝同时嘱咐今后如果再有奏报，军机处可以先拟出圣旨的草稿，再一齐交上来，省得让他再动笔。这么一来，实际上皇帝则不再过问政事了。

　　不久，安徽巡抚李孟群死在庐州，淮扬道台郭沛霖死在定远，一切抚恤事宜，都是由军机处决定，咸丰帝只是匆匆地瞧一眼，就抄起玉玺盖上去。

　　到了初夏，英、法各国突然又派兵舰四艘，赶到大沽口要与大清开战。天津和约之后，双方本已谈妥，各国舰队已经退去，此番为何又卷土重来呢？

原来，当初定约的时候，因为事关重大，有些手续便约定在今年完成。这四艘兵舰便是为了换约前来。此时，正值大沽设防，僧格林沁亲王便派人拦阻，命令各国船只卸去军械，改为由北塘驶入。各国使臣因为这次只是来续约，所以大都服从。只有英舰的舰长布鲁士拒不接受，竟然驶入大沽，将防具毁去，还竖起红旗，主动挑战。

见对方如此猖狂，亲王也下令戒严，炮台上一律筹备整齐。时间不长，便听到炮声突发，料想是英船开炮，即令炮台还击。扑通扑通的一阵响，把英舰击伤了两艘，其余的船都赶紧跑了。只有美国使臣华约翰遵命改道而行，才得换约。

这本是一场无关大局的小胜，宫廷上下却争相庆贺。咸丰帝忙下谕旨，对亲王及其手下格外褒奖，并提银五千两，分别赏赐。这场胜仗让龙心快慰，他总以为洋人既已败退，便不敢再来，那样的话岂不是连天津和约都可省去了吗？想到这里，他更加安稳地在园中过冬。直到残腊将尽，圣驾方才还宫。

咸丰十年元旦，咸丰帝临朝受贺。因为这年是他的三十岁寿诞，所以颁诏天下，特别封赏各亲王、贝勒。

转瞬万寿节来到。咸丰帝端坐正大光明殿，一班大臣及蒙古王、贝勒、贝子、公等，齐集殿前，行祝贺礼。由于外省的督抚、将军、提镇等，也已预发谕旨，令他们注重军事，不必来京道贺。因此，热闹之中尚带三分寂静。

行礼完毕，大家便赶到同乐园接受赐食。宫中此时也照例庆贺，一律赐宴。懿贵妃在宴会之后，满心以为咸丰帝会来，便眼睁睁地候着，可是好久没有动静。盼来盼去，只是由总监带来一纸，却是咸丰帝亲笔，上面写着：明日上午，自贵妃以下，统至圆明园领宴。

懿贵妃不禁大为恼火，但懿贵妃毕竟是懿贵妃，不似寻常妇女。她静静地坐在那里想了一会儿，使命宫女伺候就寝。

次日，咸丰帝一早便到园中，由四春娘娘迎入，叩头祝贺圣上大寿。

不多时，就见宫中嫔妃，统统似花枝招展般翩翩前来，她们见过圣驾，又与四春见礼。众人同席，内外一堂，乃是旷古罕遇，真个是皇恩普照了。只有懿贵妃那拉氏持久不至。

等到午时，方有太监来报：懿贵妃略染小恙，不能遵旨领宴。咸丰帝听着，也不介意，便说："由她去吧！"当下肆筵设席，列座开樽，酒落欢肠，目迷春色。这一边是北国胭脂，那一边是南朝粉黛，花为四壁香为国，锦为屏风玉作堆。直到席散兴尽，众嫔妃这才谢宴回宫。只有咸丰帝留在园中，不肯离去。

怎奈乐极生悲，泰极否来，霓裳之舞尚未结束，战鼓之声又响起。英使额尔金，法使噶罗，又率舰队来犯天津。咸丰帝还沉浸在以前的胜利中，不以为虑。只是命令僧格林沁加意严防，自己则仍在园中。

二　皇上驾崩

过了数日，忽然接到亲王加紧军报：大沽口北岸炮台已被英法各军占去，提督乐善阵亡。咸丰帝尚不甚着急，稍后郑亲王端华、尚书肃顺，入园拜谒皇帝，力主和谈。

咸丰帝道："和谈也好。"端华、肃顺又要求召回僧格林沁亲王，以免再生战祸。咸丰帝懒得去想，便准了他们的奏意。亲王一退，英法联军自然不会停止，马上攻陷天津。

此后，军报一日紧似一日，咸丰帝这才焦急起来。一面派大学士桂良赴天津议和，一面命令大学士瑞麟统领旗兵九千出外设防。

谁知设防无效，筹防又不足，英法联军竟从天津来犯，打到位于京津中点的河西务。僧格林沁、瑞麟两部连战失利。咸丰帝再派遣怡亲王载垣与桂良协商和谈，还飞召南军入京勤王。

副都统胜保奉旨赶到，与洋兵战了一仗，又遭败绩。于是便有大臣建议，圣驾及满朝文武暂时向北方退却，并美其名曰：北狩。懿贵妃在宫中听说这个消息，觉得实在不妥，就密令恭亲王奕訢率领满朝文武，到圆明园中吁请咸丰帝还宫，坚守水师。

咸丰帝胆小如鼠，只是不从，等奕訢一行出园后，就暗令四春娘娘整顿行装，准备北狩。此外另派端华入宫，密接后妃等出来，至圆明园会齐。此时已是箭在弦上，不得不发，任你那拉懿贵妃如何能耐，也只好擎着皇子，随了端华，一同赶赴圆明园。到园后，见车辆马匹已预备停当，料知事情无可挽回，就陪着乘舆，仓皇出狩去了。

这时怡亲王因为和议不成，先行逃回，随着大队北去。还有端华、肃顺，以及军机大臣穆荫、景寿、匡源、焦佑瀛、杜翰等八九人相随而去。

咸丰帝疲于奔命，先是驾幸滦阳，后来直至热河。热河在京师的东北方向，以往属于承德府管辖。一向设立打猎的围场，为历代清帝避暑之所。地名叫作木兰，筑有避暑山庄。

这次咸丰帝避难至此，美其名曰：北狩。其实就是蒙尘出走，托名遮羞而已。这也是有史以来，遇着天子出奔，是用这般说法的。

咸丰帝既到热河，就借避暑山庄作为行宫。此时，奏章仍陆续往来，起初接着各种军报，还是一一审阅，所有批谕，简单的也都是亲笔，此外则由军机处拟旨，皇帝亦必亲自过目，酌量增损。等他听说圆明园被焚，不禁大吃一惊，弄得目瞪口呆，险些将身子晕倒。独有那拉懿贵妃反易忧为喜，和颜悦色地在旁劝慰。

咸丰帝虽勉强答应，目中已了解三分，他知道那拉懿贵妃这么想得开是因为四春娘娘从此再无栖身之所，而不是考虑到圣驾的安危。自此他便心灰意懒，不久便染起病来。

和议达成，在京留守的各亲王、大臣联名奏请圣驾回宫。咸丰帝只下了一道谕旨：令南军不必北来。至于回宫事情，只字未提。此后，经在京亲王、大臣一再遥奏，才颁出上谕道："本年天气渐届严寒，朕拟暂缓回銮。俟明岁降谕旨。钦此！"

在京的亲王、大臣，接到上谕后，议论纷纷，多说京中不可一日无主，回銮最是要紧，总要设法奏准才好。于是联合直省各疆吏，恭请圣驾即日返回。

那拉懿贵妃也日日怂恿，惹得咸丰帝颇为懊恼，就阴沉着脸，拣出奏折一大沓，掷给懿贵妃道："你瞧，你瞧！朕在京时，已听说江南大营又复溃陷，和春、张国梁统已阵亡。此后苏常一带，相继失守。近日徽州又报被攻陷，还有捻匪窜扰山东，这般时势我们还要回京干什么？"

那拉懿贵妃自受宠以来，从不见有这样御容，此番碰了一个大钉子，不知心中如何难过。她却不露声色，婉言答道："日前两江总督已着曾国藩补授，山东的捻匪，昨天我已见过谕旨，命僧格林沁前往剿灭。他两人都是老成得很，将来必能告捷，万岁爷何必过虑。只是京中无主，未免令人可忧，还请回銮为是！"

咸丰帝并不回言，竟歪在炕上，好似睡着了。那拉懿贵妃不便再劝，只好随着御驾在热河过年。

这年冬季，咸丰帝已是精神恍惚，坐卧不宁，咯血、梦遗诸症先后发作。

到了第二年夏季，天气酷暑。咸丰帝此时病情加剧，早晚都躺在床上，有时惦记着四春娘娘，就令她们入侍。偏偏懿贵妃醋瓶子打翻，屡次从中阻挠，不许近前。咸丰帝就是见了四春娘娘一面，也是不便多谈。因此咸丰帝开始怀恨懿贵妃。

没想到心中越是烦闷，病体就越是沉重。等到六月初九诞辰，随从各亲王、大臣都赶到福寿园朝贺。咸丰帝尚勉力支撑，到园中受礼，并即赐宴。欢宴尚未终止，咸丰帝已经挣扎不起，被两个太监扶回寝室。

皇后、懿贵妃急得什么似的，日日派人回到京中催促御医。虽然来了几个岐黄妙手，却都是能医病不能医命。等到七月十六这一日，已是病入膏肓。

咸丰帝密嘱皇后，取出一张遗旨，交付给她，叫她不要遗失。皇后瞧了一瞧，便迅速藏在怀中。凑巧此时懿贵妃也踱将进来，还道是交代御宝，忙向皇后询问。

咸丰帝已见到她，忙掩饰道："御宝么……"说着就从枕边拿出交与皇后。随命召入载垣、端华、肃顺、景寿、穆荫、匡源、杜翰、焦佑瀛等八人，起草遗诏：立皇长子载淳为皇太子，又嘱咐了数语，无非是托孤寄命的话头。八人退出，又过了一宵，到十七日寅时，咸丰帝便崩逝了，此时刚刚 31 岁，庙号文宗。

等到大殓之后，众人就扶出 6 岁的皇太子，在灵枢前即皇帝位。第二天，尊皇后钮祜禄氏及皇太子生母皇贵妃那拉氏均为皇太后。旋复报上皇太后徽号为慈安，生母皇太后徽号为慈禧。并拟定新皇帝年号，是"祺祥"二字。

三 垂帘听政

新皇帝年仅6岁，一切政务，自然由载垣、端华等独断独行。且因咸丰帝遗命中，有赞襄一语，他八人便自称赞襄政务王大臣。先颁喜诏，再颁哀诏。又过了数天，他们接到恭亲王奕訢等送来的奏折，请求准许至热河奔丧。

载垣、端华、肃顺等人初掌大权，心中有鬼，便在私下商议道："奕訢此来，恐怕不怀好意，必须阻住他方好。"当下由肃顺拟旨，内容大略是说京师重地，留守要紧，毋庸来此奔丧等语。

这道旨方才颁发出去，突然由两宫皇太后发来御史董元醇一折。载垣取来瞧着，不禁连声骂道："混账，放屁！"

董御史所陈奏折，由怡亲王看过之后，顿时痛骂不休。端华、肃顺从旁瞧着，心中也是颇为不满。

端华道："我朝祖制，从来没有见过这种事。哪个胆大的御史敢倡此议？"

肃顺道："这事明明有人主使，咱们须要力诤才行。"

正说着，忽然有懿旨下来，要马上召见赞襄政务王大臣入内商议国事。载垣等便即赶去。见两太后东西分坐，八人当即行礼。礼毕，先开口的是西太后，也就是咸丰帝在时的那拉懿贵妃。西太后口谕道："御史董元醇奏请两宫皇太后垂帘听政，这件事果可照行吗？"

载垣出班道："这是祖制所没有的，请两宫太后明察。"

西太后正色道："祖制虽是没有，但也不曾禁止。何况如照原奏所言，应派近支亲王一二人辅政，内外相维，很觉妥当，看来可以照办。"她这种说法一方面是暗示王爷们不会没饭吃，另一方面则是表明自己的态度。

端华依然仗着是诰命大臣，不愿随意让步，就接口道："祖制究竟不可违背。祖制所有，不好妄废；祖制所无，亦不好妄加。奴才等只知谨守祖训。"

西太后此时已是面有愠色，东太后打哈哈道："这是重大的题目，你等一定要静心参酌才是。"

西太后道："他们的意思，简直是不肯奉旨呢！"

肃顺受不了旁敲侧击，至此已是忍耐不住，竟毫不留情地说道："奴才等赞襄皇上，不能听命于太后。何况这是有违祖制的，教奴才如何奉诏？"

西太后听他说话如此尖刻，陡然睁大双目，怒视肃顺。

东太后瞧这情况，怕矛盾激化，就打圆场道："此事暂且缓议。教他们退下罢！"

载垣等便行礼而退。此后的几天，他们正在得意，不料懿旨又下，却是命令所有行宫人员，预备车驾，恭奉皇帝的灵柩回京。载垣不觉惊讶道："这么迅速，正是出人意料！"当下与端华、肃顺等人去见两宫太后，请求缓办。

西太后沉着脸说道："大行皇帝在日，时常思念回銮，只因圣躬有恙，不便登程。现在圣上不幸崩逝，在天有灵，自然希望早一日回京，即早一日告慰。如何还好缓办？"

载垣叩头道："臣等恐怕京中尚未安定，所以恳请暂缓移动灵柩。"

西太后斥责道："京中早已平静了。你等是赞襄当今皇帝的大臣，应该指导圣上全力以尽孝思，趁此天气未寒，沿途安静，正好奉丧回去，仰可以安先灵，俯可以慰众望。这才叫作赞襄尽职呢！"

西太后本来就聪明过人，语言犀利，再加上她是有备而来，这番话自然说得载垣哑口无言，就是那能言善辩的肃顺，也变作反舌无声。没奈何只好遵着懿旨，退出宫门。

等到灵柩入城奉安，两宫皇太后即颁下一道谕旨：令载垣、端华、肃顺就地解任，景寿、穆荫、匡源、杜翰、焦佑瀛等人退出军机处。

载垣等听到这个上谕，已知祸事临头。只因肃顺此时尚且留在密云，未曾到京，眼前少了一位智多星，他们真是焦急万分。其实肃顺这个智多星徒知趋避，也不中用。

忽然恭亲王奕訢、大学士桂良和周祖培、军机大臣户部左侍郎文祥率领侍卫数十人，不待通报竟大踏步走入门来。载垣愕然道："诸位到此有何贵干？"

奕訢面沉似水道："有懿旨请王爷哪！"

载垣死到临头，尚且没有感觉，笑道："我已早就听说了。解任乃是小事，为何烦劳诸位同来？"

奕訢缓缓说道："还有旨。"

载垣奇怪地问道："你们大惊小怪，都是糊涂得很！你想，我等是赞襄大臣，面受先皇遗命，无论大小政务，统由我辈裁决。我辈尚未入宫，旨从何来？"

奕訢笑道："你敢不遵旨吗！"

双方正争论间，郑亲王端华也昂然直入。他听说恭亲王等到怡亲王住处，未知何因，故此前来探问。说起来他真是活得不耐烦了。

奕訢见他进来，笑了笑道："郑王爷也来了，巧得很，正好与咱们同行。"

端华没想到这里还有自己的事，就问道："到哪里去？"

奕訢厉声道："到宗人府去！"

端华尚未反应过来，载垣忙向他说道："你不要听他胡说，他们是假传圣旨呢！"

奕訢已经没兴趣和他们磨牙，就大声说道："圣旨岂可假传！你们既然不肯接旨，咱们也顾不得了！"当下便喝令侍卫动手。

侍卫们见他都不顾及兄弟情谊，于是便一齐上前，狐假虎威，不由两人分说，已将他俩捆绑停当，像扛猪般扛了出去。扛到宗人府，交给宗令看管，随即入宫回禀。

载垣、端华两人方被拿下，那诡计多端的肃顺，也由睿亲王仁寿、醇郡王奕譞押解前来。原来西太后最恨肃顺，也最忌惮肃顺，听说他留在密云观望，就先密令仁寿、奕譞二人带了禁军，星夜兼程去捉拿肃顺。

肃顺因密谋失败，正恐着了西太后的道儿，故意在密云逗留不进。这晚正在闭门高卧，忽听门上兽环大震，正要起床询问，不意咣当一声，门已被撞得大开，一群如虎似狼的卫队导着两位红顶花翎的大员飞速入内，把他一把按在床上，套入脚镣、手铐。

肃顺瞧那钦差，认得是仁寿、奕譞，便问何罪被逮？仁寿只答"奉旨拿问"四字。

肃顺不服道："未曾革职，先要拿问，真是天下奇闻！"

奕譞见他是鸭子煮熟了——嘴还硬，就嘲笑道："既要拿问，自然革职，你不必多言，先跟我们到宗人府再说。"

肃顺无可奈何，只得由他牵住，跟同入京。到了宗人府，见载垣、端华两人先已被囚，不由得叹息道："那拉氏真好狠毒，我等没命也罢，只是灭清朝者叶赫，这话儿也应验了。"

十一月七日，两宫太后安排军机大臣改年号"祺祥"为"同治"。"同治"两字，含有两宫同治的意思。这也是大学士贾桢揣摩迎合两位皇太后的意思才想出来的。

次日，肃顺等人即在宗人府受审。最后，两宫皇太后即派肃亲王华丰、刑部尚书绵森，往宗人府强迫载垣、端华自尽谢罪。又派睿亲王仁寿、理藩院右侍郎载龄，监斩肃顺。

三人已死，一班大臣已知西太后手段毒辣，哪个还敢去虎头上搔痒？垂帘听政的局面当即大定。

不久，小皇帝恭迎两宫皇太后坐镇养心殿，垂帘听政，批发谕旨，均加盖"同道堂"印。

此时，两宫皇太后开始正式垂帘听政，管理所有的国家政务。东太后由于素性沉静，凡事不愿多言，西太后则仗着才能，凡事决策大多取决于她，东太后拱手赞同而已。

西太后既除了载垣、端华、肃顺三人，又将其党羽一概免于治罪。然后下一懿旨，大略是说，"罪大恶极的人被铲除了，剩下的党羽就不再株连。各位臣子们，以后要引以为戒，坚持走正道，别重蹈旧路，到头来自毁前程"。于是，诸王大臣及侍御等又交口称赞西太后仁慈，不为已甚。其实与西太后唱反调的人物，已是一扫而空了。

西太后环顾四周，又想起圆明园四春娘娘当日争宠，早拟除灭了她们。只因回銮训政，忙个不停，一时无暇下手。此时三凶已去，朝右肃清，便把四春娘娘一一驱逐。

此后，她又密嘱心腹太监安德海，叫他即日发落。安太监狐假虎威，立刻到四春娘娘那里宣旨，将她们撵出内宫，并不准她们携带物件。四春娘娘还想哀求，怎禁得安太监的凶悍！一声吆喝，手下太监便一齐动手，把四春娘娘穿着的宫衣、戴着的宫妆，尽行脱卸，牵扯出宫。可怜这四春娘娘落得花容狼藉、涕泪横流、头似乱草、面如黄蜡，出宫时尚有宫人瞧着，代为可怜，后来她们竟不知下落。

不过，大家都在传说她们是被鸩死，或说是杖毙了，总之活在人间的机会为零。实际上，遇着这位心狠手辣的西太后，就是杀几个诸王大臣，也是没什么稀奇，何况是那些无权无势的四春娘娘，到这地步还有什么可活！

只是西太后也的确英明，处置内宫原是一丝不漏，对付外廷也让人觉得井井有条。她听政之后，即命两江总督曾国藩统辖江苏、安徽、江西三省，并及浙江全省军务。所有四省巡抚提镇以下，全归他节制。又加封协办大学士之职。又擢沈葆桢为江西巡抚，李鸿章为江苏巡抚，左宗棠为浙江巡抚。

此时，天京被攻破，太平天国运动失败。

捷报到京，朝廷上下额手相庆。两宫皇太后更是欢喜得了不得。便借用同治帝的名义，下旨加封有功的众臣，并颁发银牌四百面，赏给将士，同时令各路官军搜剿太平天国残部。

西太后听政四年，所有旧仇新恨报复殆尽，又把那一奶同胞的妹子配与醇亲王，正是凤愿尽偿，非常欣慰。

第五回

太后拱手交大权，皇上微服终归天

霎时间便有妙龄妓女七八人，打扮得粉白黛绿，联翩趋入。她们见了同治帝，都屈膝请安。同治帝叫她们免礼，诸妓便站立两旁，任凭同治帝默默品评。同治帝瞧了这一个，又瞧那一个，都是从头至脚地审视，面庞有方的、有圆的、有长的，与宫中嫔妃相比，倒也相去不多。只是她们每人都是一身汉装打扮，与众不同，在娇艳之中别具一些迷人之处。还有那一对对的小小金莲，掩映在石榴裙下，瞧将过去通通不过三寸左右，这却是妓女诱人的特色。惹得那少年天子心猿意马，目驰神迷。

一　顶替上位

因为与西太后的关系密切，安德海的权势日盛一日，宫中人均称他为小安子。除两宫皇太后外，要算小安子说话最灵，没一个敢违背的。西太后因他侍奉有功，异常宠幸。有时竟然把御用的龙衣及玉如意赏给他。

　　此时同治帝已是个活蹦乱跳的小孩子，很喜欢到处跑来跑去。虽然有徐桐、李鸿藻等饱学之士在弘德殿授读，究竟教授皇帝不比那民间私塾，可以任意威吓，用鞭子、戒尺责打，他们只好对皇帝听之任之。

　　偏偏小孩子大多是不打不成才，稍微放松就要翻天，这位同治帝每日读书听讲，不过两三个时辰。除此以外，常与那些亲王子弟击球游戏，或令随身太监导游都市，微服往来。

　　小安子为此常密报西太后。西太后爱子情深，总不免多言劝导。同治帝乳臭未干，哪懂得什么道理，听得十分不耐烦，当面不好违背母后，暗中却深恨小安子。平时常爱做一个泥人，用小刀折断他的首级，并怒指道："你还敢摇唇鼓舌，播弄是非吗？"

　　也活该安德海倒霉，有一次他偷偷出京替西太后办事，偏偏大清祖制是不允许太监离京的。加上小安子出京后很招摇，山东巡抚马上就把这个情况上报给了朝廷。

　　奏章到的时候，偏偏西太后偶染小疾，只有东太后一人临朝。看了一眼，便递给恭亲王奕訢，让他拿主意。

　　此时同治帝正在宝座，他平时都是在那里偷偷玩，不过问大人的事，今天听到"仇人"的名字，连忙听听是怎么回事。

　　奕訢颇感奇怪地问道："安德海何故南下？"东太后答称未知，同治帝也这般说。

　　奕訢迟疑了一会儿，觉得还是要讲明白，就奏道："安德海擅自出都，明显是违背祖制，应该严惩。"

　　同治帝见天赐良机，就插话道："严惩还是不够，可令山东抚台将他就地正法。"

　　明知他是假公济私，奕訢却当即举双手赞成。东太后知道安德海是西太后的贴心人，就犹豫道："此事还须通知西太后。"

同治帝心说：要真让母后知道的话，我们再想动他一根汗毛就难了。于是他就找借口道："母后身体欠安，这种小事就不必禀报了。反正是太监违背祖制，咎由自取，立杀无赦。军机处拟旨吧！"

东太后嘴动了动，却始终没说出话来，一来自己虽也是皇太后，皇上却不是她的孩子；二来真龙天子再小，说话也是金口玉言，不好为了个小太监屡次拦阻。

见都无异议，同治帝便即退朝，到皇宫后院去玩了。奕訢也遵旨而出，就命军机处拟定上谕，火速颁发。

山东巡抚丁宝桢果断有力，马上照旨施行。到了安太监伏法，复旨到京，西太后尚睡在梦里。此后，又由同治帝做主，令将随从太监陈玉麟、李平安等，全部绞死，男犯则多半派去充军，女犯则就地释放。

可是，谁曾想死了一个小安子，又惹出一个小李子来。

李莲英曾经是一个小鞋匠，还干过苦力，一直过着穷苦的日子。他是顺天府大城县人，很小就来到北京，希望能生活得好一点。

来到北京后的第二天，发生了一件改变他命运的事情。

那天，他正走在南池子，街上熙熙攘攘的人群很拥挤。突然，一大群老百姓安静下来了。一个马队正在沿南池子的中心经过。一帮人穿着华贵的丝绸服装，骑着生气勃勃的奔腾着的蒙古马。那些马有灰色的，有白色的，头上飘着长长的鬃毛，用皇家马厩的饰物装扮得富丽堂皇，正中间簇拥着一个权贵人物。

他们手里拿着鞭子，当马队庄严地经过的时候，他们完全不顾在南池子拥挤、回旋的人群，对于那些没有迅速为权贵们让道的人，手里有鞭子的就使劲地抽打他们的背、腿、臂甚至脸。

李莲英惊奇地张大了嘴。他是第一次来到南池子，不知道这条拥挤的街上的习惯，也不认识这位屈尊通过这条气味混浊的街道的大人物。有一个人站在李莲英的前面，他扯了一下那人，问道："那是谁？那些把老百姓随便抽打的神气活现的人又是谁？"这个人惊异地看着李莲英。

"看来你是新来北京，还不了解他们吧？那是安德海，他是皇帝的总管太监！其余和他在一起的那些也是太监，他们非常自豪，因为他们能被选中作为像安德海这样一个大人物的卫队。现在他们在围绕紫禁城的街上巡视。"

"太监是什么？"李莲英问。

那人哈哈大笑："你连太监是什么都不知道？你真的不知道吗？"李莲英再次回答他不知道。这人又大笑起来，然后他就做了详细的解释。"这些太监非常富，他们得到的钱比他们能花掉的钱多得多。他们吃得最好。"

"那么，"李莲英轻轻地问，"一个人怎么才能当上太监呢？"

"这不难，"和他聊天的那个知情人说，"只要有勇气，再加上一把刀……"

李莲英将信将疑，他拍拍那人的肩膀，求他再介绍得详细一些。那人毫无保留地谈了，因为这对于他没有丝毫损失。

晚上，李莲英仔细地想了想白天的事情，决定踏上太监这条路。他一狠心，靠自己的双手把自己变成了一个太监。几天后，他以一个中性人的身份出现在紫禁城的城门口。

因为很少有人愿意当太监，所以紫禁城里的太监职位一直有空缺，李莲英顺利入宫当了太监。那时候，西太后还不是太后，仅仅是个兰贵人。

最初，李莲英干着最低贱的工作。但他是个聪明的太监。他知道兰贵人最受皇上喜欢，所以研究兰贵人的习惯和好恶，想办法讨她的欢心。

凭着聪明和努力，十年后，李莲英成了仅次于安德海的大太监。

安德海被斩的消息传来时，李莲英知道，自己终于可以坐上总管太监的位置了。在安德海离京到被斩决的消息传来这段时间里，他一直小心翼翼地巩固他在慈禧身边的地位，因此，当安德海被斩的报告到达慈禧手里的时候，李莲英补前任总管太监的缺，这很自然。

西太后病正告愈，陡然听说这个噩耗，不觉花容惨淡，含泪盈眶。便问李莲英道："这事是何人主张？"

李莲英答道："听说是皇上的意思。"

西太后马上宣召同治帝。同治帝杀了仇敌，心中大快，这时候正在乾清宫美滋滋地听戏，见李莲英奉旨宣召，随即来到西太后处。

请过慈安，西太后怒目而视道："你瞒得我好苦！"

同治帝摸不着头脑，便答道："儿臣并没有什么隐瞒，不知何事触动母后？"

西太后问道："你为何擅杀安德海？"

同治帝这才知道怎么回事，就笑吟吟地答道："安德海是山东抚台杀的，不是孩儿杀的。"西太后见他推脱，气得鼻子差点儿没歪了，怒道："山东抚台何敢擅自杀人！你不分青红皂白，随意传命出去，叫他杀人。你既有这般能耐，何必还用我们垂帘听政！"

同治帝是她儿子，自然知道怎么对付，他仍嬉笑道："宫里太监这么多，死了一个安德海，有啥要紧。"

西太后见他要赖，越发怒道："你是读过四书的，你没听说过

'杀一不辜而得天下，不为也'吗?"

同治帝又说道："安德海违背祖制，做事无度，明明死有余辜，杀之正当，圣母何必怜惜?"

西太后见他抬出祖制，一时不知如何辩驳，就又绕回来问道："那你为何瞒我?"

同治帝不紧不慢地说道："当时恰好赶上圣母染恙，恐致触怒，所以不敢禀报。"

西太后被这小子驳得无语可说，只得摆出母后的架子，用手指着同治帝道："几天不教训你，你竟敢同我斗嘴。看来要捶你数下才好哩!"

同治帝吓得急忙倒退，李莲英这时候又从旁劝阻，而且对着同治帝，用眼睛直往地上看。同治帝反应挺快，忙跪地谢罪。

西太后打又打不得，说又说不得，只好骂道："滚出去吧!"同治帝如逢大赦，转身一溜烟儿逃走了。李莲英保过圣驾之后，又过来替西太后捶背，西太后尚恨恨不绝。

西太后失去了小安子，懊恼了好几日。幸亏李莲英秀慧过人，恰好当小安子的替身，小安子会干的事情，李莲英倒也无一不能，而且还有特别技艺，高出小安子。过了没多久，西太后便将他升为总管，授予蓝色顶戴，这在当时是太监中最高的官阶。

从此，他将与慈禧一起向未来进军，去迎接自己的命运。

那么，李莲英到底有何妙技呢? 他有两种手段。一种是善能按摩，西太后平时身体稍有不适，经李莲英捶敲一番，便觉身体安泰，魂梦俱恬;另一种是擅长梳妆。别看他不男不女，在这方面的造诣很高。

西太后不仅容貌出众，而且还天生一头美发，漆黑可鉴。平时让宫女梳头，有时会牵动头皮，导致疼痛，有时还会拉断几根，她常常为此大为恼火。可是，自从经过李莲英之手，便再无此患。李莲英手艺的确不凡，几下便为西太后做成新发型，看上去较以往的发髻要高，乌云上拥，金凤低垂，令人越发显出几分妩媚。

因为他有这些本事，再加上体贴入微，西太后越加喜爱，所有言谈多半听信。李代桃僵，情过景迁，西太后把怀念小安子的心思渐渐撇在脑后。

二　拱手让权

悠悠又是几年，同治帝已是十七岁了。西太后想起大婚典礼筹备有好几年了，乘此时光，正应赶紧举行。于是就与东太后商议，并提起员外良外凤秀的女儿。

东太后道："凤秀女儿也好。不过我听说崇绮有个女儿，贤明婉淑，很是与皇儿相配。况且崇绮曾中状元，乃是本前罕有的盛事。国初时候，满、汉分榜，只有旗人麻勒吉得赐状头。至满、汉同榜后，崇绮算是第一个发迹的。若选他女儿为后，岂不是格外喜庆吗？"

西太后踌躇半响，方说道："恐怕年龄大了些，我听说她现年已十九岁了。"原来她也打听过了。

东太后劝道："比皇儿只大两岁，也不算什么年长。凤秀女儿的年龄是否与皇儿相当呢？"

西太后点头道："论起年纪来，凤秀的女儿现在只有十四，但德行却是很好呢。此外还有大学士赛尚阿的女儿，知府崇龄的女儿，才貌都是过得去，此前我已各派官眷验视过了。"

东太后也没了主意，就推托道："且去召皇儿进来，令他自己挑选如何？"

西太后说："这也不妨。"就派宫监召皇上入见。不一时，同治帝已到，拜过两太后。

西太后直接问道："我两人替你择后，你喜欢年轻的，抑或年长的？"

同治帝毕竟还是孩子，听她一问，不禁腼腆起来，呆立在那里。东太后催促道："得一贤后，也是要紧，但说何妨？"

同治帝依然不知该说什么好，就道："这事全凭圣母定夺。"

西太后就把众女的情况，略述一遍，并说凤秀女儿年纪虽轻，却是贤惠得很。

东太后突然一改沉闷的个性，又插话道："我是主张年长的。年长的女子，究竟多些阅历。"

同治帝即答道："崇绮的女儿年纪最长，应较合选。"

东太后便笑道："你倒也这般说。"

西太后见他两人有说有笑，好像在演双簧一样，心中暗暗纳闷，面上也隐隐露出不悦。东太后瞧着她道："且与恭亲王奕䜣商议，再作计较。"

到了恭亲王入见，也说以立长为是。西太后不便违众，只得选立崇绮的女儿为后。又因西太后中意凤秀的女儿，便由恭亲王奕䜣先行调停，册封此女为慧妃。

同治十一年九月，紫禁城为皇上举行大婚典礼。

礼毕，礼部尚书宣诏令起，恭奉皇后印绶，交与坤宁宫总管，再由总管授予宫眷，佩在皇后身上。皇后跪地谢恩毕，与同治帝退入坤宁宫。顿时钟鼓齐鸣，瑟琴频奏，宫中行起合欢礼来。皇后与皇帝推杯换盏，畅饮美酒，不醉不休。一晚恩爱，莫可言喻。

次日黎明，二人匆匆早起，同治帝率皇后到寿皇殿行礼，又到两宫皇太后前行礼，礼毕，重新回到乾清宫。此时恰好慧妃也已送到，便由皇后带领朝贺，此后，皇帝登朝接受诸王大臣朝贺。皇后则返回住处储秀宫——自同治元年起，西太后就搬离此处，住进了长春宫。慧妃以下也请皇后正位，向她朝贺。

新皇后德行贞淑，人品端庄，在两宫皇太后面前，很是知情达理。东太后颇爱她端庄，西太后却嫌她过于率直。这正是两姑之间难为妇。何况这西太后预有成见，偏憎偏爱，纵使皇后百般顺从，总不能得到她的欢心。

新皇后没办法，知道婆媳难处，只好在面上强作笑容，宫中一切料理多由西太后做主。足足忙了十多天，于是献上两宫皇太后尊号，东太后加了"端裕"二字，西太后加了"端佑"二字。

喜气洋洋，宫廷内外，无不欢跃称庆。西太后锦上添花，索性将赛尚阿的女儿阿鲁特氏、崇龄的女儿赫舍里氏也替同治帝纳入宫中。赛尚阿的女儿受封珣嫔，崇龄的女儿受封瑜嫔，加上皇后和慧妃，那时少年天子左右逢源，占尽人间艳福。西太后暗里调查，将同治帝与后妃的情形，甚至如何做爱，都常令太监密报。过了几个月，听说同治帝的恩爱大多集中在皇后身上，其他嫔妃三人，虽然不甚冷落，总觉厚薄悬殊。西太后见自己看不上的人得宠，自己关心的人受冷落，心中自然大为不悦。

这天，同治帝请安时，她就面谕道："皇后不应过恋，我看她礼节疏忽，福气淡薄，不如慧妃等人较为婉淑呢！"

同治帝勉强答应，暗中却想：母后为何令我疏远中宫，真正不解！此后辗转反侧，才醒悟道："是了，是了！母后未免多心。她既这么说，我偏偏越要爱呢！"自此与皇后恩爱倍增。在枕边被里免不得泄露慈禧的话语，惹得皇后珠泪双垂，呜咽不已。同治帝颇解温存，便极力劝慰。皇后又感动又生气，感动的是同治帝对自己一往情深，生气的是西太后无故拆散他们。实际上，伉俪之情益笃，婆媳之隙愈深。

东太后也是莫名其妙，无端萌生了退出垂帘听政的念头，便与西太后商议。西太后瘾还没过够呢，怎么会轻易放弃，就问道："恐怕皇帝年轻，未能亲政，那该如何？"

东太后摇头道："人的智识也要从磨炼中得来，有经验才能有见识。如果长期让他置身闲散，恐怕一年一年地蹉跎过去，到了壮年，还同傀儡似的。这也不可不防。"

西太后倒巴不得儿子听自己一辈子，就又刁难道："经验原是不可少的。但是国家政务，上关宗社，下系民生，倘被他年少无知，闯出什么祸乱来，我们该如何是好？"

东太后耐心劝道："皇帝虽然年少，终究已不是什么小孩子，寻常人家的儿子结婚之后，做长辈的也要把家事交代，让他负责。何况我们皇帝家呢！俗语说得好，家有长子，国有大臣，要咱们垂帘听政，不过是个从权办法。现在屈指已是十二年，正好乘此交卸，你我安居宫内，过些悠闲岁月，免得日日操心。岂不是好吗？"

西太后沉吟良久，方道："既这般说，不妨撤帘，让皇帝自去主持。但必须托付几个重臣，叫他起监督作用，免得贻误国家，方可无虞。"

东太后见她已被说动，就建议道："恭亲王奕訢，是皇室勋亲，想必总是靠得住的。倭相已经去世，还有徐、李诸位大臣，他们以前都曾教读皇帝，位居老师，应也不致渎职。咱们退下时，重托他们一番，谅他们如有天良，必定会尽心竭力效忠皇上。"

西太后见她说得句句在理，自己无从反驳，就哭丧着脸道：

"但愿如此，我等方得享清闲福了。"

商议已定，两宫皇太后就授意内阁，选了一个良辰，就是同治十二年正月二十六日，举行同治帝亲政典礼。

时间一到，两宫皇太后便如期撤帘，同治帝正式亲政。

三　放浪形骸

同治帝亲政之后，再次加封两宫皇太后徽号。东太后加号"康庆"，西太后加号"康颐"。西太后颐养深宫，比前日垂帘听政时，劳逸似乎不同。东太后很是畅适，只有西太后尚有雄心，仍不免侦察朝政，监督儿子。所以同治往来两宫，在嫡母面前依依不舍，在自己的生母面前，恰恰是阳奉阴违。

西太后察言观色，料知同治帝有隐衷，时常记恨。好在风调雨顺，还算平安。此时，西太后因为时局稳定，也暂时把懊恼搁在一边。整日里，在宫中寻乐，借诗酒以陶情，借歌声以寄兴，有时或挥毫作书，有时或临池学画，倒也清闲自在，不愁不烦。

不过，同治帝虽然临朝，却是旷达性成，不喜欢被羁绊。临朝以外，虽有后妃等多人做伴，可是每日相见，时间一长，便觉得不过尔尔。

同治帝因此乐极生厌，不免有些厌倦起来。随从有近侍两人，善于趋炎附势，一个叫文喜，一个叫桂宝，私下窥透圣意，便怂恿同治帝微服出行，到外面散心。

同治帝道："微服出行原是有趣，是朕所最喜欢的。但从前朕尚且年幼，两宫太后及满朝王公大臣待朕尚宽，所以朕可以出去。

现在朕已亲政，比不得从前那时候了。"

文喜油嘴滑舌道："万岁爷的圣旨，奴才很是不解。据奴才愚见，越是亲政，越应该微服出行。"

同治帝愕然道："你这话怎么说？"

文喜狡辩道："'亲政'二字，便是万岁爷独揽大权的意思。万岁爷要怎么行，旁人不能说句不行，这才叫作亲政。"

同治帝见他满肚子歪理，笑道："政是政治的政，微服出行不好算作政治。"

桂宝倒懂得一些历史，就引经据典道："从前唐太宗、宋太祖等，都是旷代明君，也是时常微服出行。本朝圣祖、高宗南巡西狩，何尝不是微服出行的变相做法！就是世宗睿皇帝，对国事最称明察，也是从微服出行得来的。万岁爷继承祖武，为什么不好微服出行呢？"

他这番话真是说得人怦然心动，如果抛开微服出行的目的不看的话，倒还真有几分道理。同治帝点头道："你说的话也有道理。今晚朕便出去逛一会儿，也好散一散心，你等必须紧紧随着，不得有误！"

文喜、桂宝齐声道："谨遵圣旨！"

这晚月色昏暗，宫中悄悄混出三个人来。前后两人都是头上戴着瓜皮帽，穿着黑背心，没什么装饰，这就是文喜、桂宝。当中的这一位，衣帽与两人差不多，只是帽上缀着一颗绝大的明珠，光芒闪闪；背心是黑色，绣有精致的龙团，是贡缎中织出，鲜明无匹，这位自然就是坐镇江山的同治帝。

三人辗转前行，到了东华门，有门官在那儿守着。文喜过去与他附耳数语，即放行出去。信步间他们已到市中，转弯抹角走进一条胡同，其中恰有几处青楼妓院。

文喜道："万岁爷要进去一逛吗？"

同治帝看看四周，低声道："此处与宫中不同，不要照旧称呼，必须隐姓埋名方可。"

文喜便恭请特旨，同治帝道："你等呼我为少爷，我便叫你作阿喜，桂宝易名阿宝，可好？"两人自然唯唯应命。

文喜拣了一个清静的妓院，带同治进入门中。马上便有龟奴前来欢迎，引进内厅。献茶后，文喜向龟奴道："咱们大少爷来此闲逛你家，所有姑娘不妨一概出来！"龟奴应声出去。

霎时间便有妙龄妓女七八人，打扮得粉白黛绿，联翩趋入。她们见了同治帝，都屈膝请安。同治帝叫她们免礼，诸妓便站立两旁，任凭同治帝默默品评。同治帝瞧了这一个，又瞧那一个，都是从头至脚地审视，面庞儿有方的、有圆的、有长的，与宫中嫔妃相比，倒也相去不多。只是她们每人都是一身汉装打扮，与众不同，在娇艳之中别具一些迷人之处。还有那一对对的小小金莲，掩映在石榴裙下，瞧将过去通通不过三寸左右，这却是妓女诱人的特色。惹得那少年天子心猿意马，目驰神迷。

文喜等料知皇上中意，便嘱咐老鸨设酒席，所来妓女，全都陪着喝酒。

一夜的颠鸾倒凤，曲尽欢娱，似乎宫中嫔妃没一个如此柔媚，没一回有此风流。只恨良宵苦短，曙色忽明，同治帝略睡片刻，文喜、桂宝便催他回宫。没奈何辞却香巢，返归帝王之家。他蒙蒙眬眬地临了一回朝，即到别宫小睡。

尝到了甜头，到了傍晚，他又去寻文喜、桂宝两人，追述昨晚乐趣。

文喜道："这种粉头，尚是颜色平常，不足为奇。万岁爷如果令人采选，即使是西施也可以重新找到。"

同治帝叹息道："从前先考崩逝，梓宫回京，什么牡丹春、海棠春，都被母后驱逐。朕若再要采选，那活祖宗肯准我吗？"

文喜想了一会儿，随口道："先皇帝在日，曾经想了一个变通法子，把四春娘娘藏在圆明园内。可惜园子已被焚。否则仍好照办哩！"

桂宝问道："现在天下太平，八方无事，这个园子不好重建吗？"同治帝只是摇头。

文喜又问道："万岁爷尚有何疑难？"

同治帝为难地说道："无端兴起土木，别说母后不允，就是亲王、大臣等，也要谏阻。"

文喜道："这且不妨！"便与同治帝附耳道，如此如此这般这般。乐得同治帝心花怒放，连声赞道："好，好！亏你想得周到，朕明日下旨便了。"

第二天，他就下旨令总管内务府大臣，重筑圆明园。略称"两宫皇太后保佑朕躬，亲裁大政，十有余年，尚无休憩游息之所，以承慈欢，朕心实为羞愧。着总管内务府大臣设法捐修圆明园，以备圣慈燕憩，用以颐养"等语。

圣旨下后，内阁御史仗着赤胆忠心，就来奏阻。无非说是国库空虚，请求暂缓等。同治帝未曾细览，便提笔批斥，抬出"尊亲养亲"四字，当头一驳，即刻发出。

众官等因为御史被斥，不敢续奏，只得去劝说恭亲王奕訢，要他出场谏阻。奕訢推脱道："这事不知是太后主见，抑或是皇上主见，待我探听清楚，以便进言。"众官员听了此语，自然散去。

同治帝既然下谕修园，恨不得即日造成，作为藏娇的金屋。无奈内务府筹无现款，一时不好动工。气得同治帝每日呵斥，痛骂内务府大臣，限他们克日兴办，约期告成。内务府大臣被他骂昏，无奈巧妇难为无米炊，只得寻出一条路子，请西太后的心腹李莲英，面奏西太后，从中延缓。

可是，李莲英所喜欢的是金钱，徒将口嘴情托，就使舌上生莲也是没效；况且西太后最爱游玩，平时常提起圆明园，被洋人烧掉，饮恨不休，此番重行建造，西太后也暗地赞成，如何还好拦阻？因此内务府虽然托了几回，他却只密奏一次，就算还个人情。

内务府不得已，这才将东移西凑的款项拿来兴筑。同治帝急着用，便常去监视，发现基址虽是现成，垣墙都要重造，里面的建筑更是工程浩大，才知非一时所能构成。

缓不济急，只好又与文喜、桂宝等人再出去微服私访，借作消遣，拥花醉饮，无不醉归。甚至要等到日上三竿，军机大臣等统统在前房候久，才见圣驾睡眼惺忪地临朝。

四　英年早逝

世上没有不透风的墙，同治帝出去寻花问柳的事情很快就在朝中传了个遍。于是，恭亲王奕訢就时常对同治进谏，要如何勤如何俭，如何以身作则，如何……

进了同治帝耳中，他反觉得语言迂腐、唠叨。

这时候，贝勒载澄走过来，见同治帝面露不快，便问道："皇上何故不乐？"

同治帝道："都是你家老头子长篇大论地常来絮叨，惹人厌烦！"

载澄笑道："老朽的迂腐之谈，理他干什么？"

同治帝转怒为喜道："你可谓是我肚中的虫子，不枉与朕同学一番。"原来这个载澄就是恭亲王长子，曾在弘德殿伴读，从小相戏，脾气的确很是相同，都是顽劣不堪。

于是他们坐下谈笑尽欢，等讲到出游情况，载澄的见识远远多过同治帝。这样一来，两个小淫贼由于志趣相同就探讨起来。同治帝问道："京师之中，楚馆秦楼你到过多少，可为朕一述否？"

载澄屈指计算，称差不多有数十处。

同治帝又问道："以你的经验，何处最佳？"

载澄不假思索地答道："要算南城最佳了。奴才曾先后在那里物色了好几个。"

同治帝又来了兴趣，忙问道："可否带朕去逛一逛？"

载澄笑道："皇上肯屈驾旁求，奴才敢不带路！"

这天晚上，同治帝就命令载澄换了老百姓的服装，与他同游，这次为了方便，连文喜、桂宝都不带了。到了南城，各家妓院中都知道载澄是著名的风流公子，与他同来的人物定是差不多的爵位，自然格外巴结。

后来见载澄还要奉承那人，料想那人位置还在载澄以上，越发献媚承欢。再加上同治帝面白唇红，颧平额广，生得漂亮异常。连月里嫦娥都爱少年，何况这水性杨花的姊儿，哪有不爱俏的道理？

数宵欢会，把同治帝的贪花癖几乎融成一片，每日愉快异常。

但是，几个月之后，宫女们发现同治帝开始坐立不安，经常起来跟跄奔走，时觉蹒跚难行，暗地皱眉，偷闲呼痛。大家还以为他是疲乏，谁知他是乐极生悲，有一种说不出的苦楚。

原来他整天忙于寻花问柳，被掏空了身子不说，而且还染了病。后妃等问他病源，总说是逐日劳苦，以致疲惫。

等到两宫皇太后亲来探问，他越发不好明言，只得讳莫如深地混过去。就是御医前来诊视，也万万料想不到堂堂的真龙天子会是淫毒缠身。从表面看，与上火近似，于是模糊拟方，用药无非是金银花、夏枯草等类，由于不对症，灌了下去就如饮水一般，哪里会有什么功效！

等挨到十一月间，鼻子两旁也居然现出斑点来，毒水四流，浸淫满面，把一位丰姿潇洒的英主，弄得像混世魔王一般。自两宫皇太后以下，都不晓得是什么病症。他们详问御医，竟称是天花之喜。这时候的内外奏参，已命军机大臣李鸿章代为批答。

西太后恐怕大权旁落，就召集近支亲王会商，酌定政见。先由醇亲王奕譞领衔奏请，此后颁谕内阁，道："朕于本月遇有天花之喜。经醇亲王等合词吁恳，静心调摄。朕思万几至重，何敢稍耽安逸。惟朕躬现在尚难耐劳，自应俯从所请。但恐诸臣无所承，深虑贻误，再三吁恳两宫皇太后，俯念朕躬正资调养，所有内外各衙门陈奏事件，呈情批览裁定。仰荷慈怀曲体，俯允权宜办理。朕心实深欣感。兹此通谕中外知之。钦此！"

翌日，又以同治帝名义，降一谕旨。说是奉两宫皇太后懿旨，封慧妃为皇贵妃，瑜嫔为瑜妃，珣嫔为珣妃。

这谕下来，满朝的臣子，又是摸不着头脑。都说皇上医治尚恐不及，如何两宫皇太后还惦念把嫔妃加封起来。这正是咄咄怪事！

一天过一天，到了十二月五日，由内廷传出懿旨，立召惇亲王奕誴、恭亲王奕訢、醇亲王奕譞、孚郡王奕譓、惠郡王奕详，贝勒载治、载澄，一等公奕谟，御前大臣伯彦讷谟祜，军机大臣宝运、沈桂芬、李鸿章，总管内务府大臣英桂、崇纶、魁龄、荣禄、明善、贵宝、文锡，弘德殿行走徐桐、翁同龢、王庆祺，南书房行走黄钰、潘祖荫、孙诒经、徐郙、张家骧等，入见养心殿。

各王公大臣等陆续来到。但见宫中一带，都是太监排列，所有各重门禁都驻着赳赳武夫。他们大概是荣禄手下的旗兵。王公大臣等不知何故，但既奉召前来，只好屏着气、垂着手，齐集殿门。殿外此时已有太监立着，见大众到齐，即宣旨召入，直进西暖阁内。

两宫太后分席列坐，面上都带着惨容。众人朝见后，西太后先开口道：“皇上疾病已经难好，将来继统问题，我们必须预先议定为是。”

众人听了这语，都惊得目瞪口呆，不发一言。西太后又道：“这是眼前要政，你等何需惊疑！”众人又不敢马上回答，眼光都凝聚在恭亲王身上。

恭亲王此时不便缄默，就跪奏道：“皇上年力方强，即有小恙，亦不致有意外之变呢！”

西太后不待他说完，便摇头道：“不济事了，你是皇室懿亲，此后继承大统的应该是谁？”

恭亲王犹豫道：“听说皇后……”说到“后”字，好似有骨鲠在喉，说不下去。

西太后已知其意，便道：“皇后怀孕的消息也是靠不住的，即使有胎，亦不知何日诞生，生了亦未必是男。国不可一日无君，理应先行议定。”

恭亲王道：“皇后既已有孕，这是最好的了。现在大小事既由两太后裁定，一经皇后分娩，是男是女再行定夺。”

西太后向旁边瞧着汉员道：“这话太勉强了。现在西南尚未大定，如果外人知道朝中无主，难道不会生变吗？”

军机大臣沈桂芬、李鸿章，弘德殿行走徐桐，一同跪下道：

"圣慈明烛千里，臣等莫名钦佩。"他们大拍马屁，实在是厚颜无耻。

东太后至此，也忍耐不住，便道："据我意见，恭亲王的儿子，相信可入承大统。"

恭亲王忙代孩子磕头道："奴才不敢！如果要立皇嗣，也应轮着溥伦。"

西太后反驳道："溥伦是宣宗成皇帝的继长孙，血统太远，不应即位。"话说至此，她又对东太后道，"倒不如立了醇亲王子载湉。时候已不容延误，应即决定。"醇亲王奕譞忙叩头拒绝。

恭亲王又叩头道："事尚从宽，且至明日再商量。"

西太后见他们推三阻四，突然声音凄凉地说道："实告你，皇上已经归天了！"

这句话仿佛如晴天霹雳一般，将一切伪装击碎。亲王大臣的泪珠儿好似雨下，当下便把储议暂时放下，都请求灵床前哭临。

西太后咬紧银牙，阻拦道："且慢，皇嗣一层，我意已决定载湉了。"诸王大臣也无暇争论，有说是遵旨的，有说是请皇太后裁定的。支吾了一会儿，即由西太后命内监带领亲王大臣等到东暖阁。

东暖阁就是御寝所在，与西暖阁相距无几。亲王大臣等刚到阁门，已听见里面有一片号啕声，哭得非常凄惨，众人都不知不觉地流下泪来。

稍稍冷静一下，便已鱼贯入阁，见龙床上面直挺挺地卧着帝尸，身上亦罩着龙袍，预备入殓。旁边的后妃人等，都是悲泣已停，只有皇后已晕过去几次，可还是抚尸大哭。

大众陪哭一场，此时天色已是黄昏。恭亲王见皇后痛哭不已，正打算出言劝慰，恰巧西太后徐步进来，众人又上前请安。

皇后越发号啕。西太后突然狂性大发，上前指着她骂道："你这狐媚子，媚死你的皇上，还装出这副德行。迟了！"

骂完，她又对众王大臣道："你等都去安排嗣皇即位，不必在此待着。"亲王、大臣遵旨而退，恭亲王也要抽身欲出，西太后又道，"你且先留在此。"

西太后这么做就是怕他作怪。恭亲王不好违背，只得在东暖阁中静悄悄地候着，守着皇帝几乎发臭的尸体。西太后返入西暖阁，围炉休息去了。

此时已起更，灯昏尘暗，外面风声刮耳，差不多似天崩地塌，海啸山号。恭亲王虽然身着狐裘，尚是暗中发抖。他等了两三时辰，才见有数人揭起帷布进来。第一位仍是西太后，第二位是醇亲王奕譞的福晋，却是西太后的同胞妹子，随后又有乳母数人，抱着一个三岁多的小孩子。

不用说，这个孩子便是嗣皇帝载湉了。当下与恭亲王相见。除西太后外，众人还是行着家礼。西太后对恭亲王道："嗣皇已到，应先在御寝分行即位礼，以便明日颁诏。"

恭亲王闻言，知道她是为自己打算，心中很不愿赞成，但是木已成舟，无可挽回，不得已唯唯听命。

随后，西太后复宣众王大臣，进入养心殿，在两旁按顺序站立，恭候幼主登基。

第六回

西太后巧施小计，东太后命丧黄泉

　　冤冤相凑，此时太监们大多去午餐了，只有一个小太监站立门首，见东太后到来，请安毕，正要入内禀报。东太后却已扬长入内，撩帷过去。正好看见西太后与李莲英共坐，西太后抬着左脚，置于莲英膝上，莲英用手抚着，两人卿卿我我不知说着什么，真是春色撩人。

一　蛇蝎心肠

　　东太后禀性坦率，胸中素无城府，遇事又退让居多，争执甚少，所以与西太后训政数年来，表面上似乎尚可包容。因为安德海被杀，李莲英屡进谗言，两人之间方才出现隔阂。

　　其实这点隔阂也不过是西太后鸡蛋里挑骨头，东太后对她仍毫无成见，所以全不预防。谁知这西太后实是厉害，怀恨愈深，韬晦益甚，外面故作欢容，与东太后格外亲热。

　　此时，恰好赶上东太后偶染小病，宣御医入宫诊治。服药数剂，却并无效果，西太后常常前往宫中问候。又挑拣了上好人参两只，为东太后亲自煎汁，服后少愈。

第二天，东太后起床梳洗。此时才刚天明不久，便有太监进来禀报，长春宫太后来了，东太后忙起身要去迎接，只见西太后已经进来，笑吟吟道："今日慈躬可痊愈否？"

东太后道："今日已好了不少。屡次劳烦你前来，我深抱不安！"

西太后摇头道："这有什么要紧！但愿慈躬早日复原，朝政一切，也可共同商议。"

东太后奇怪地问道："今日退朝为什么这般早？"

西太后答道："今日没有什么要政。我因为惦念慈躬，所以立命退朝了。"正说话间，东太后梳洗已毕。西太后微露左臂，上面有纱布缠住。

这件怪事映入东太后眼帘，便问她："你的胳膊怎么了？"西太后忙把衣袖垂下，似乎恐怕东太后窥见，做出一副遮遮掩掩的情形，口中又故作犹豫状。偏偏惹动了东太后疑心，她越要追问到底。

西太后吞吞吐吐地说道："此刻不便明告，且待慈躬康健，再当说明。"

东太后已入瓮中，越发急道："我已没有什么病患，今日与我说明，我心越加爽快，病体越加安适了！"

西太后听她这么说，故意把双眼一眨，又向左右一瞧。东太后会意，便命侍从退出，等待西太后把包袱抖开。

西太后故意制造神秘气氛之后，便低声道："昨日参汤中，曾割臂肉一片同煎。"

东太后听到"臂肉"二字，吓了一跳，不禁起立道："臂肉可割吗？"

西太后道："我平时读史，曾经见过有割股替亲人治病的。便仿着一行，果然得到上苍鉴悯，安及慈躬，总算不虚受此一割了。"

东太后被她感动得眼泪几乎落下来，忙道："我病虽好，你却为此臂膀忍痛，我心如何放得下！"说到这里，便去拉西太后的左腕。

西太后连忙让开，连声说道："不妨，不妨！我已用良药敷上，昨晚已止痛呢！"的确是不妨，正如参汤里没人肉一样，手臂上又怎么会有刀伤呢？

东太后却已完全上当，不觉感极而泣，说道："你有如此仁心，先皇尚有疑虑，真是好人难做了！"说完，她即转身向卧室中去了。

过了好一阵，她又出来相见，手中执着一笺，递与西太后。西太后接过一瞧，手腕部不禁抖动起来，好像真的有些痛了。究竟笺上写着什么？有如此威力呢？

原来这却是文宗显皇帝亲书的朱谕，其中写着："那拉贵妃如恃子为蛮，骄纵不法，可按祖宗家法治之。毋得宽贷。特此留谕！"

西太后以前曾探听东太后口风，知道可能有什么密诏。所以时常留意，处处防着。此次诈言割肉，其实就是为此而来。等到真见了这道谕旨，她愈觉惊心，默念神明庇佑，奸计得逞。她心中就想将谕旨取去，以免后患，可是东太后未曾允给，自己不好擅取。沉吟少顷，竟交还东太后，面上仍不动声色，只眼睁睁地望着。

但见东太后取了此纸，竟放入火炉中，霎时间，一切便灰飞烟灭了。西太后到此只觉从头到脚，没一处不畅快，便向东太后鞠躬鸣谢。东大后慌忙还礼，还傻乎乎地反过来谢她替自己治病。续谈数语，西太后便欢天喜地地去了。虽然咸丰颇有远见，可是他却托付错人了。

过了数日，东太后病情已痊愈，便与西太后一同上朝，朝罢，各自回宫。午膳后，东太后带着太监，静悄悄地来到长春宫，打算去道谢盛意。

冤冤相凑，此时太监们大多去午餐了，只有一个小太监站立门首，见东太后到来，请安毕，正要入内禀报。东太后却已扬长入内，撩帷过去。正好看见西太后与李莲英共坐，西太后抬着左脚，置于莲英膝上，莲英用手抚着，两人卿卿我我不知说着什么，真是春色撩人。

忽闻帷钩声响，珠玉乱颤，知道有人进来。瞧将过去，竟然是东太后！西太后缩脚不迭，等到放下，东太后已走近身前，她连忙起身相迎。李莲英也吓了一大跳，起立一旁，把请安的礼节，竟致失记。

东太后本来对西太后怀着敬意，竭诚而来，瞧着这般情形，不觉变作懊恼。竟向李莲英骂道："你这个奴才，也太不成体统了。为什么与太后并肩而坐？"

李莲英尚未答言，西太后便代答道："我近日双足肿痛，所以叫他捶着，他立着不便，因此从权给坐。"

东太后见她护着李莲英，就耐心道："我朝定制，防范中宫，很是严密。唯恐太监擅权，要蹈前明覆辙，近之不逊，远之则怨。这是不便轻纵！"

西太后还想出言辩驳，一时却无词可说，只得怒向李莲英道："承值的宫监到何处去了？你是本宫总管，为什么不去查问？"李莲英明白她的意思，忙唯唯退出。

东太后见他出去，又好心对西太后道："李太监权势太大，宫监们都称他九千岁，这也不可不防。"

西太后默然不答。东太后见她不悦，就匆匆告辞，连当初的来意都没声明，就一直回宫去了。

次日，西太后竟不视朝，只称身体有疾。自光绪六年冬季，直至七年仲春，闭门不出，终日深居。就是元旦、元宵，宫中这么热闹，她也推说有病，未曾出来。

东太后常去探望，她只说是腰足酸痛，不能行动。御医日日进诊，吃了许多杜仲、牛膝，毫不见效。确切地说，只是开过很多药，至于吃过没吃过，就另当别论了。

光绪七年二月，下诏各省督抚进荐良医。直隶总督李鸿章，两江总督刘坤一，湖广总督李瀚章，都奉诏征医。各名医入宫诊脉，也不知是何病源，又不好说没病，只得开了几个不痛不痒的方子，呈将进去。与以往相同，他们也不知西太后服了谁的方子。

东太后独自视朝，已经数月。到了三月初十日辰刻，召见军机大臣。恭亲王奕訢，大学士左宗棠，尚书王文韶，协办大学士李鸿章等，一齐来见，东太后垂询数语，慈颜和怡。恭亲王以下，据事奏明，即行退朝。

到了午后，突然内廷有旨传出，立召枢府诸人速进。各亲王、大臣等不知何因，急忙赶入。来到朝房，方有太监传说，东太后驾崩了！

恭亲王惊讶道："东太后退值不过五小时，为何有此暴变？"此时左宗棠也奉命赶到，听见恭亲王所言，便接话道："辰刻觐见太后慈容，并无疾色；不过两颊微赤，难道数小时间就致归天吗？何况从前太后身体不舒服，必传御医，医方药剂悉命军机检视，这次为什么我们全然未闻？"

恭亲王道："且到宫中看明白，一切自然知道。"于是他们鱼贯而入。到了钟粹宫，见西太后坐在矮凳上，形容并未憔悴，态度也不见仓皇。各王大臣向她行过了礼，分立两旁。

就听西太后道："东太后向无大病，日来也不闻动静。忽然遭此变故，真是令人难测！"各亲王大臣挤出几滴眼泪，再号上两声，这才都用虚言来劝慰西太后。其实，西太后至少有两怪：一方面久病未愈，精神却不错；另一方面，对东太后的死漠不关心。

恭亲王满腹狐疑，就启奏道："东太后突然归天大行，想必尚未小殓，照例应传她亲属，入宫观瞻。"

西太后却道："已小殓了，你等可去瞻视一番。"恭亲王奉命率各大臣进内寝，只见东太后面色如土，双眼还没有全闭上。穗帐凄清，孤帏惨淡。各亲王大臣瞧这情形，不知不觉地流下泪来。当下举哀齐哭，寝侧嫔妃人等也一律号啕大哭。

没过多长时间，西太后也进来道："人死不能复生，哭亦无益，你等不如出来商议丧礼，教他们办理得周到一点，也算对得住东太后了。"

左宗棠满腔不悦，只是不便开口，没奈何随着大众悻悻回宫，到了军机办事处，还想与恭亲王追究病源。

恭亲王怕得罪人，就敷衍道："人都死了，话也不必多说，照规矩赶快拟定遗诏要紧。"当下便命李鸿藻起草，拟定数行，恭亲王等全部瞧过，便让太监呈给西太后。

过了半个时辰，太监重新捧着遗诏出来，其中大约改过数字，当即重抄颁发出去。

东太后崩后，谥号拟定为"孝贞"二字，西太后却并不穿孝服。民间传说是西太后密令进鸩，或说是暗嘱御医用药不对病的方剂，药死东太后。

丧葬既毕，西太后一人垂帘，处置国政自然独断独行，为所欲为。她嫌左宗棠倚老卖老，常多建议，竟然命他远远地出督两江，还把刘坤一暂且闲置。

二 挪用军费

光绪十年，是西太后五旬万寿期，她要铺张扬厉，比四旬万寿还想夸张数倍。事不凑巧，偏巧法、日两国都来挑衅，她只好草草地行了庆祝礼，心中自然很觉懊恼。所以决意主和，但求境内无事，便好安安稳稳地颐养天年。

无奈中国退一步，外人进一步，法国得了越南，英人便去图谋缅甸。乾隆年间，缅甸国王孟云也曾经受过清廷册封。等到道光时，英国占据印度，与缅甸相接，就乘势蚕食，先把它南境的秘古地方占领了去。至此乘中国多事，竟发兵直入缅甸京城，废去缅王，设官管辖。云南总督岑毓英听说此事，就传命驻英使臣曾纪泽，让他与英外交部会商。开始想要回缅甸，英人不允；后来又要求立君存祀，英又不允；双方争到唇焦舌敝，英方才答应替缅甸向清朝进贡。这也是有名无实，总算顾着曾使臣的面子，才有此说。

当时李鸿章因为国外势力日渐壮大，便奏请大治水师，增拓船厂。西太后考虑再三，才勉强答应他的要求，一面命李鸿章赶快筹划，另一面命醇亲王奕𝑥总理海军事务，并令奕劻、善庆、曾纪泽一起办理，随设海军衙门于京师。

负责大局的奕𝑥生长京城，平日深居简出，连海上都未曾经历，最多也只是在昆明湖中坐过龙舟，懂什么海军？至于奕劻、善庆与他也差不多。只有曾纪泽航海出使，有些见闻，可也只是见过、坐过，却不知其中奥秘。

要说筹备海军的人物，还要算是老成练达的李鸿章。当下大家一同商酌，认为应先从北洋入手，择定奉天省的旅顺、山东省的威海卫作为军港；向外国订造了几艘军舰，招募兵勇，拣选将士训练，作为中国第一支海军。

天下事没钱不行，何况这一手创办的军政，最少也要好几百万两银子。李鸿章就请求朝廷投放巨款，可是不知为什么，西太后常常留住不发；每次都要奏请再三，才由户部勉强筹拨。但是，往往是李鸿章要十万两，户部只拨三四万两，李鸿章要二十万两，户部只拨六七万两。李鸿章追问理由，得到的回答无非说是国库吃紧，力不从心等语。

自光绪十一年办起，至十二年春季，海军才勉勉强强地凑集几艘军舰。

这天，西太后突然令醇亲王奕譞赴津检阅水军，并吩嘱李总管跟随前往。这个小太监跑去干什么呢？实在有些让人猜不透。

李鸿章得到消息，也只是猜想李太监随来定有缘故。他便找些干员，准备行辕，并且千叮咛万嘱咐：行辕里面必须布置两个房间，一个房间是住醇王爷，另一个房间是住李总管。醇王爷的房间，只要规模阔大，装饰好看一点便可了事；李总管的房间则必须要格外精雅，温馨舒适。

干员遵命去办，大约数日后办妥，回禀总督。李鸿章亲自去检查，到醇亲王所住的房间，不过大略一瞧，转入李总管住处，却一样一样地挑剔，命干员立即撤换。干员也是莫名其妙，只好奉令而行。

等到一切安排妥当，李鸿章方派干员静待码头，等候醇亲王等人到来。大约数日后，醇亲王和李太监一同来津，李鸿章忙率领属员，亲去迎进，请过圣安，拜过醇亲王，再与李总管握手谈心，殷勤问候。

来到行辕，李鸿章与醇亲王谈了一会儿，无非说是整备海军的现象。谈完之后，他又到李总管住房，面询宫中的情形。李总管大大咧咧地说道："太后有密旨，命咱家传谕伯爷，伯爷须要遵照办理。"李鸿章会意，忙屏去侍从，与李总管密谈良久，方才出来。

那么究竟什么旨意这么神秘呢？原来是西太后有意放弃政事，要在清漪园旧址上建筑一园，作为她养老的场所，可是苦于经费无处可出，就想把办理海军的经费腾挪一半，移去造园。李鸿章接到此旨，明知是掩耳盗铃，实非良策，而且此事一定是李莲英怂恿出来——阉人误国，以致于此！西太后既已深信，自己断然不能不照办，只得唯命是从。

第二天，醇亲王即校阅海军，由李鸿章下令会操：把所有的舰队纵横分合演了一番，搅得醇亲王眼花缭乱，也不知是好是歹，只得不着边际地夸奖了数语。李莲英跟随着醇亲王，心中只想着金钱，连兵舰有几艘也没看清。

又过了一日，李鸿章引导着醇亲王巡视北洋海口，何处可设炮台，何处可泊军舰，统由李鸿章一一介绍。醇亲王这次连夸都不会夸了，总不能说得像前一天一样吧，于是他干脆不置可否，显得颇为深沉。

事毕回京，又空费了许多银两。李总管难得出宫，不肯虚行，总要沾点利益，就把全部花费要在海军里报销。

此后，李鸿章再向上面要军款，别管数目多少，西太后无不准行。并令各省疆吏每年拨定款，不得短少，但是十成中被挪走六成，拿去修筑清漪园。由于有了经费，顿时大兴土木，限期完工，把"清漪"二字易作"颐和"。

第七回

光绪帝百日维新，老佛爷心狠手辣

西太后第三次训政，真是八面威风，各位顽固老臣，也都是喜气洋洋，非常得意。只有那位颓然失势的光绪帝，形容惨淡，步入勤政殿中，对着这位华服雍容的西太后，行过三跪九叩礼；然后各亲王大臣全部排着位次，跪伏在大殿的台阶上，依次行礼。

礼毕，西太后便起身还朝，光绪帝则仍返还瀛台，实际上已是被软禁了。

一　软禁光绪

大清晚期是中国最屈辱的一段历史，帝国主义列强隔三岔五地找麻烦，打完了就签合约，要钱要地盘。光绪帝有感于这种情况，决定发愤图强，重振大清之威。

他在康有为等人的支持下，进行了"维新变法"运动。但是维新运动遭到守旧派的极力反对，尤其是西太后。而西太后不支持，就意味着什么也做不成。

为了让自己的政治抱负得以实现，光绪帝采用了极端的做法——他下密旨给袁世凯，让他速往天津，袭杀荣禄，夺了兵权，代任直隶总督；随后带兵星夜入都，扫清守旧党。这条计策是好的，可惜却托错了人。

袁世凯收到密旨，立刻到荣禄那里告密。于是，荣禄连夜入京找西太后商议此事。

听完汇报，西太后点点头，又对荣禄道："你有没有带兵过来？"

荣禄答道："奴才来京时，已派兵千名到京。他们大约明晨可以到达。"

西太后阴沉着脸道："这却很好。但眼下一定要保守秘密，等来兵入京，再把侍卫调出，方好行事。你明日仍回天津，截住逆党，不要让他们逃脱一个！"荣禄遵旨。

这时有一个孙太监，略得会议风声，忙去禀报光绪帝。光绪帝知道凶多吉少，急忙写一谕旨，令孙太监密送康有为，命他速往上海，不要再延误、观望。

康有为见圣上连夜下谕，情急可知，也来不及通报同志，连夜乘火车赶往天津，又搭轮船直奔上海。

光绪帝一夜没睡，提心吊胆地等到天亮。这时，一个太监前来传宣懿旨：老佛爷有旨，命万岁爷至瀛台问话。

光绪帝吓了一大跳，本不想去，但是一群太监一拥而上，胁迫着光绪帝前行。

到了瀛台，光绪帝看见西太后坐在那里，身后站着瑾、珍二妃，他连忙跪下给太后请安。

西太后指着光绪帝道："你过来！你何故忘我大恩，胆敢谋我性命？"

光绪帝忙跪下磕头：“儿臣怎敢！”

西太后怒道：“你说不敢，你为何叫人带兵包围颐和园？”

光绪帝听她这么说，知道事情已败露，不觉发抖道：“没……没有此事。”

西太后追问道：“你也不必抵赖。你入宫时，只有三岁，我立你做皇帝，抚养成人，以至归政，说起来我待你也算不薄。你要变法维新，我也不来拦阻你，可你为什么丧尽天良，要加害我身呢？”

光绪帝只是磕头，不敢说话。

西太后叹道：“你是命薄，没福做皇帝，凡是听人唆使，好像一个傀儡。我也命苦，满指望归政以后，好享几年清福，谁知又闹出这般祸端来。现在亲贵重臣又要请我出来训政。你试想想，我已是六十多岁的人了，这副重担如何还要我挑？像你正值壮年，正好励精图治，为何亲王大臣们没有一人向着你？就算有几个汉奸，似乎盼你当政，其实却是要搅坏我们的清室江山。祖宗辛苦经营，难道任由他们断送吗？”说到这里，她眼眶中莹莹闪烁，似乎就要坠下泪来。

于是西太后取出襟下丝巾，擦了擦凤目，接着说道：“像你这样也不配做皇帝。除非换一个孝顺的人，才好继承祖宗的基业。”

她又对皇后道：“我道你是我侄女儿，也好替我劝着皇帝，竭尽孝道。不料你也这般没用！”皇后也跪下谢罪。

这时候，忽见珍妃跪下道：“皇上一时愚昧，听信奸人怂恿，还求圣母宽恕！”

西太后立刻怒道：“都是你等蛊惑皇上！正要将你等处治，你还敢来多嘴吗？”

珍妃本是胆大，索性昂头道：“皇上乃一国之主，不能任意罢黜！"她话未说完，脸上已先挨了一掌。就听西太后大喝道：
"快将这贱人牵出去！她这副贱骨头，就罚她永禁北三所！"当下
由内监过来，将珍妃拽出门外，引至北三所去了。这北三所究竟
是何处呢？

北三所在景祺阁北边，其实是三间暗无天日的密室，凡是宫眷
有罪，都要被罚监禁在此。屋内设置与女子监狱相等，重门四闭，
与外界仅通饮食。

西太后见珍妃出去，就又对皇后道："留你在此，你必须牢记
着我说过的话！我现在要到大内去，缓缓同他算账。"又对李莲英
道，"你去选几名妥当的太监，服侍皇后。前时皇上所用的内监
们，全都用不着了。你去对他们细细审问，有罪的处死，没有罪的
逐出宫外。"

李莲英应了几个"是"。

西太后这才抽身出去，瑾妃以下便一律跟随出去。西太后上辇
过桥，再次传命给李莲英道："你去找些工役，将桥板全部拆去。
此后往来瀛台，有舟可通，无须此桥。"

原来瀛台在西苑湖中，四面环水，只有一桥直通陆地。西太后
命拆去此桥，是不许旁人出入的意思。李莲英奉命，等待侍从过
完，便当场监督工役拆桥。看到桥板被拆去，老佛爷的凤辇也已远
去了，李莲英忙奔出西苑，飞跑至大内。

此时，宫中的人已黑压压地挤满一堆。有两个军机大臣，执笔
拟一道假冒皇帝写的诏书，内容是说：朕躬遇疾，再请太后训政，
暂在便殿办事，至本月初八日，朕率王公大臣，在勤政殿行礼，着
礼部衙门敬备典仪；另一道是命令步军统领火速捉拿康有为及其同
党，文中说康有为大逆不道，图谋包围颐和园，挟制皇太后。其同
党张荫桓、徐致靖、杨深秀、杨锐、林旭、谭嗣同、刘光第、梁启

超、康广仁等，一并革职逮捕治罪。

两谕颁发出去，西太后方才命令办事的官员，退出休息。李莲英谒过太后，又去将光绪帝以前使用的太监十二名，一一传讯。不管他有罪没罪，只要平常有点情谊，或能立献巨金的，即说他无过，放出宫了事，否则任你说出大天，都要苦挨无情杖责，血肉横飞，好几个当时死于杖下，即使侥幸不死也被发配充军。

这天晚上，步军统领即来复旨，称命捕诸人多已拿到，只是逃了首逆康有为和梁启超。西太后忙命军机飞电各省，严缉康有为、梁启超。

西太后第三次训政，真是八面威风，各位顽固老臣，也都是喜气洋洋，非常得意。只有那位颓然失势的光绪帝，形容惨淡，步入勤政殿中，对着这位华服雍容的西太后，行过三跪九叩礼；然后各亲王大臣全部排着位次，跪伏在大殿的台阶上，依次行礼。

礼毕，西太后便起身还朝，光绪帝则仍返还瀛台，实际上已是被软禁了。

二　红颜薄命

在清政府的默许下，义和拳配合清军进攻外国大使馆。但是双方实力过于悬殊，八国联军很快就打到了北京城下。

大学士荣禄忙入宫启奏西太后。西太后到此时，也手忙脚乱起来，便问道："现在怎么好？"荣禄默然不答。

西太后又急道："我方寸已乱了，你快给我想个法子才好呀！"

荣禄道："奴才原不敢主战，那是端王载漪、刚毅等人欺蒙太后，搅得这般样子，叫奴才如何设法？"

西太后不禁垂泪道："除死无大难，我与皇帝一同殉国吧！"

荣禄含泪道："现在奴才尚有一法，勉强可以一试。"

西太后急问何策，荣禄解释道："请速下旨将端王、刚毅等人正法，表明朝廷本心，再与各国公使商量停战。"

西太后道："各国公使尚在吗？你快快派兵护送出京，也是阻拦洋兵的办法。"

荣禄犹豫道："恐怕他们未必答应。"

西太后道："你且去与各国公使商议，再作计较。"

荣禄出去，到了总署，载漪还在命令董福祥等人，速攻使馆，立刻踏平。荣禄冷笑道："等到你们将使馆踏平，京城早化为灰烬了。"

载漪反唇相讥道："不是汉奸接济，几百个洋鬼子早已杀尽，何至拖到今日？"荣禄也不去理他，只命军机写了照会，派总理衙门章京舒文送往使馆。

舒文奉命前去，刚到东交民巷，就见载澜正在亲自督攻，众人摇旗呐喊，好像发狂一般。舒文看着好笑，却被拳民发现，抓住舒文，险些儿把他斩首。舒文忙取出照会，递与他瞧，方才被放过去。舒文进入使馆，将照会递上，各使都是看了一个开头，便即掷还，置之不理。舒文见已没有回旋余地，只可回报荣禄。

荣禄重又入宫复旨。西太后的老泪又一点一滴地垂落下来，显然是知道怕了。荣禄劝道："太后年岁已高，不应再受惊吓！依奴才愚见，不如就暂时出游热河，聊避洋人。"

西太后迟疑良久，方才答道："热河在京师北方，也不是安静地方，如果想要避难，倒不如出游张家口。"

荣禄道："全凭太后做主！"

西太后又吩咐道：“你去探听外边确切消息，再行定夺。”

等荣禄出去，西太后又召见载漪，大加训斥。载漪道：“奴才前些时候曾经上奏老佛爷，请杀奕劻、荣禄、王文韶等人。如果将这几个汉奸先行正法，洋鬼子断了接济，那时使馆早已扫平，还有哪个敢来呢？”

西太后怒道：“你闹到这般地步，还敢再来胡说八道！限你今晚想好法子阻住洋人入京，否则先割你的头，出去！”载漪不禁伸了下舌头，转身退出。

这天晚上，各国联军已赶到京城外驻扎，用巨木搭成架子，在架子上摆放大炮，向城中发射，隆隆不绝。城内流弹纷飞，房屋多被击坏，人民多受重伤，号哭声震动天地。西太后在宁寿宫，也隐隐约约听见，心中很是不安。

夜间她召见军机大臣数次。大众面面相觑，不发一言。不久天明，炮声更紧，载澜匆匆入宫道：“老佛爷，洋鬼子来了。”西太后尚未搭话，刚毅又跑进来，报称：有兵马一大队，驻扎在天坛附近，想是从甘肃前来救援的，也许可以打退洋兵。

西太后问道：“甘肃很远，难道会派人前来援助吗？”话音刚落，荣禄又进来道：“事已急了，请太后赶快拿主意！”

西太后道：“刚毅说有兵马来援，屯驻天坛。”

荣禄不等说完，就惊叫道：“那是俄国的哥萨克兵，如何认作回部！”

西太后一听是敌非友，不禁着急道：“如何是好？”

刚毅道：“三十六计，走为上计，请老佛爷即刻出走。否则洋鬼子就要进来，那时想走也来不及了！”

西太后忙道：“你快去预备车辆要紧！”刚毅应声出去。西太后又对荣禄道，“京城内外，统兵的大员难道都逃去了吗？”

荣禄道："马玉昆从北仓败回，现在负责防守京城。"

西太后道："你去传旨，叫他速选精兵千人，往颐和园候着，教他保护我们。"荣禄也遵旨去办。

太后又连召军机大臣，叮嘱京内一切事情。到了夜半，还要召见军机大臣，等了许久，只有王文韶、赵舒翘、刚毅三人入宫。西太后怒道："他们到哪里去了？想都跑回家去了。丢下我娘儿不管，真好良心！"说着泪珠又流个不尽。

王文韶奏慰道："太后不必过悲，臣等尽愿随驾！"

西太后感动道："好！好！无论有什么事，你们总要跟着我走。但你年纪也大了，我不忍叫你受这辛苦，你随后赶来吧。"她又问刚毅道，"车辆已备好吗？"

刚毅应声："是。"

西太后吩咐道："你与赵舒翘都会骑马，应该随着我走，沿路照顾，一刻不能离开。"两人都称："遵旨。"西太后又道："你们出去，明晨进宫愈早愈好。"二人同时回去。

西太后令太监通知皇帝、皇后及嫔妃等人，自己则卧着养神。她刚要朦胧睡去，忽听一声怪响，不禁惊了一身冷汗，忙问侍女道："何处来的怪声，莫非洋兵已入紫禁城了吗？"侍女道："没有怪声，只有鸡叫声。"

西太后催促道："鸡声已唱，要天明了，快起来吧！"侍女们当即都爬起来，李莲英也随后进来。西太后起床盥洗毕，仍要李莲英替她梳头，并嘱咐道："你给我梳个汉人发式，越快越好！"李莲英忙拿出梳子，随手挽成一个麻姑髻。

西太后对镜自怜，含泪道："谁料今天你落到这般田地！"她又对李莲英说，"时候已经不早了，快去叫皇帝出来吧！"

时间不久，光绪帝带着后妃等人全都来到宁寿宫，请过早安。

西太后垂泪道："洋人就要进来了，我们逃命要紧，还是快快走吧！"

光绪帝大哭道："儿臣情愿殉国，请太后暂时出游！"

西太后道："殉国有什么好处？难道你想白白送掉性命吗？"

光绪帝还在犹豫不决，西太后又大声道："不必多想，随我走吧！"

光绪帝皱着眉道："这么多宫眷，我们如何走法？"

西太后道："我同你先到颐和园去，那里有卫兵守着，叫宫眷们陆续出来，到园内会合，我们就可以动身了。"

光绪帝只好遵旨，回头对瑾妃道："你的妹子还在北三所。"

西太后听她这么一说，大怒道："你还记着这个狐媚子！"说完，她回头对崔太监说，"你快去找她来见我！"崔太监走后，西太后又对皇后说，"你去将宫中的金银财宝，都叫太监们搬到这里，深埋在院子里面，比较妥当。"皇后带着瑾妃也就出去了。

此时，崔太监已经带着珍妃入宫。珍妃来到西太后面前，跪下请安。西太后阴沉着脸说："洋兵来了，我本打算带你出宫，无奈世界不太平，土匪横行，拳民四起，你年纪尚轻，如果被坏人抓住，甚至因此被侮辱的话，那可怎么办呢？我看你倒不如去死，也落得干净。"

珍妃的确是个奇女子，死到临头毫不畏惧，反而朗声道："婢子死不足惜，但是皇上也应该留在京城。"

西太后哪能容忍她再说下去，厉声呵斥道："你说什么？"她转头吩咐崔太监道，"你带她出去，把她推到井里，然后再盖上一块巨石，好压得她永世不得翻身！"

光绪帝听她这么一说，觉得好像晴空之中打了一个霹雳，连忙跪爬到西太后脚下苦苦求情，老佛爷大怒道："起来，你还要替她讲情吗？连自己的性命都保不住，还要庇护这个狐媚子，我今天偏要让她去死，好惩戒那些不孝的孩子，并教他们看看，羽毛稍稍丰满，便要啄他娘的眼睛，是什么下场！"

　　崔太监将珍妃拖了出去。光绪帝目不忍睹，只听得一片娇啼送入耳中，模模糊糊地听着是"辞谢皇恩来世再见"八字。他心中不觉悲痛异常，忍不住呜咽起来。崔太监则扬扬自得，入宫复命，说已将珍妃推入宁寿宫外的大井里了。

第八回

文武百官皆无用，群臣难救大清朝

　　女人就是女人，别管是十八还是八十，爱美的心都是不变的。西太后肚子里刚有些东西，就取了吴夫人的梳妆盒，叫李莲英替她梳理一番。

一　逃之夭夭

　　光绪二十六年七月二十一日早上，一缕阳光照在养心殿的金顶上。唯有鸽子们不知天地大变，站在金顶上依旧咕咕地叫着。

　　八国联军的统帅，德国人瓦德西在一批随从、副官的陪同下，气宇轩昂地踏着汉白玉台阶走过来。

　　他们走进了养心殿，瓦德西上下左右地观看，看着这雕梁画栋，高屋大堂，不禁一阵感叹。"漂亮极了！这就是他们皇帝办公的地方吗？"他问。

　　"是的，元帅！"他的副官回答道。

　　瓦德西径直走向御座，毫不客气地坐下，巡视左右。"怎么样？"他问。

"当然很好！"副官说。

"好！"瓦德西说，"既然是这样，那现在就该我们办公了，把他们的皇帝叫来。不，不，把他们管事的那个女王叫来。"

他把慈禧太后按照欧洲人的习惯叫作女王。

副官说："元帅，他们的皇帝和女王，在我们进来之前都离开北京了。"

"走了？"瓦德西想了想，"那就让他们政府里管事的人过来。"

副官回答说："元帅，我们已经尽了很大的努力，可是至今还是没找到他们的政府。"

瓦德西没听懂，"什么？你再说一遍。"

副官又重复了一遍刚才的意思。

瓦德西还是没明白，"一个国家怎么会没有政府？"

"我也是这个意思。可至少现在这个国家没有政府，这个国家现在已经全乱了，你谁也找不到了。"副官答道。

瓦德西愤慨了，"那他们的政府呢？你现在让我跟谁说话！"

再说西太后等人，坐着马车逃出内城，直奔德胜门。只见人山人海，拥挤得不可名状。车夫略略逗留，西太后不胜焦急。亏得刚毅、赵舒翘拍马赶到，在前面开路，大车方得前行。沿途倒也没有洋人阻挡，一直飞驰到颐和园。

满员恩铭正在园中当差，骤见有马车两辆，驰入园中。他正要派人询问，却有溥伦、溥儁下了车，赶到他面前相见。恩铭吃惊道："何故坐着车？"

溥儁天真烂漫，开口答道："洋鬼子入京，老佛爷慌得逃走了。"

恩铭忙问道："老佛爷现在哪里？"

溥伦回头示意道："那不是老佛爷吗？"恩铭顺着他的目光望将过去，只见一个汉人装扮的老太婆，身着一件蓝布夏衣，如乡间农妇一样。后面随着一人，却是黑纱衫，黑纱裤，仿佛家里死了人。他不禁诧异起来，仔细一瞧，方知真是西太后和光绪帝。

恩铭忙抢前叩头。西太后着急道："此刻不是行礼的时候。你快起来，命令侍从收拾园中宝物，火速送往热河，以免被洋鬼子劫去。"

恩铭这才起立，西太后又道："昨日马玉昆带兵来了没有？"

恩铭答道："他于昨晚到此，有精兵数百人，现在园右驻扎。只是他未曾说明慈驾到来，所以奴才没有事先出迎。"

西太后道："知道了，你去照办吧，不必在此待着。"恩铭奉命自去。刚毅、赵舒翘也下马入园，陪着太后、皇帝等人，到乐善堂稍坐。侍从献上茶点，西太后随饮随食，命光绪帝以下也都进食。不久，见皇后、瑾妃及李莲英等到来，然后又有端王载漪、庆王奕劻、肃王善耆和贝子公爵数人一同赶到。

西太后见该来的都到了，便命动身。当下由马玉昆带着各兵，前呼后拥，向西进发。途中都是旷野，人迹稀少，遍地荒凉。前行了十里，已是晌午，后面又有几名大员赶到。西太后瞧着，却是军机大臣溥兴、吴汝梅和各部堂官数人，便问："京中现在怎么样了？"

溥兴答道："奴才出京时，听说正阳、永定两门都被洋兵占去。这时也不知如何了！"

西太后又自言自语道："我们弃城出走，洋鬼子还没有察觉。可是一旦被他们知道，不是就要追来了吗？"想到这里，她就对马玉昆说，"你带着兵马缓缓跟着，让我们先行一步。估计前面不会有洋鬼子，你只要把后面截住，就万事大吉了。"马玉昆奉旨，便率兵站住，让西太后他们先过去。

西太后等人又向前行了几十里，腹中已经开始打鼓。众人便想买些食物，可是放眼望去，却是一片旷野，无从去买。西太后对李莲英说："我们长途跋涉，足足跑了好几十里，为什么茶店、饭馆却一家都没有？现在口也渴了，肚子也饿了，到什么地方才能找些茶点来?"

李莲英答道:"等奴才下去查找,再回来复命。"说完就命车夫停下,自己下去。这样一来,一队十几辆车子便全都停下来。

这里村庄虽少,过往行人倒还有一些。有几个下地的村民,见他们颇为陌生,又都停在路上,就好心过来问候。西太后不敢暴露身份,只好以避难相告,并问这些农夫:"这里是来往的阳关大道,为什么连卖吃的地方都没有?"

村民道:"此地接近长城,本来就不太热闹。再加上又听说洋人打入京城,居民怕他们来这里骚扰,所以只要是稍微有些家业的都坐车逃走了。就连以前的几家小铺,也都关门大吉了。我们因为实在太穷,连跑路的盘缠都出不起,所以只能冒死留在这里。"

西太后对他们的话也是深有感触,就点点头。此时,李莲英怀里抱着一个灰不溜丢的坛子,气喘吁吁地跑回来,递给太后道:"附近村子里没有食物,只找到一些凉茶,请老佛爷尝一尝。"

西太后也是渴得急了,顾不上干净不干净,接过坛子,打开盖,捧起来就是一顿猛喝。虽然不知茶味如何,此时却入口甘甜,胜似琼浆玉液,之后又递给光绪帝。

光绪帝一向有洁癖,接过一看,见坛口十分肮脏,其中的茶叶好像柴棒,茶水怎么看怎么像驴尿,便摇摇头又递给李莲英,口中叹息道:"这全都是托了拳匪的洪福。"

西太后怕被外人听见,就连忙截住道:"休要胡言!"

等李莲英把水送回去,西太后又命起程,车夫这下可不干了,都嚷嚷着说肚子饿。还是老佛爷耐着性子,好言相劝,他们这才勉强前进。等到日已薄暮,又派李莲英下车去寻找食物,仍然无处可以买到。

李莲英一时急得没法,只得向村民道:"我们都是宫眷,逃难到此，一日没有茶饭，求你们接济一点，自然不吝重酬。"村民听他这么说，方才献上做熟的麦豆。大家饿得头晕，一时也顾不得体面，争着掬食，顷刻之间便吃得一干二净，简直比闹蝗灾都厉害。

西太后擦擦嘴，问道："时近黄昏，我们在何处可以投宿？"

村民提议道："此处有一座教堂，里面倒还宽敞，你们可以去借宿一晚。"西太后随手取出好几块银子，分发给众村民。众人都是面朝黄土背朝天的庄稼人，哪见过这样的巨款，无不欢跃，争着到教堂去收拾一番，于是西太后等人才算有了住宿之处。

教堂中空空洞洞，只有一个砖炕，又无被褥等应用之物。西太后上炕暂时躺着小睡，光绪帝以下则坐在地上打盹，艰难的经历一晚痛苦的休息。

翌日早起，买了些粗麦、粉粟、蔬菜等物。又到一家驼行，买了三乘驼轿，西太后自坐一乘，一乘给皇后，一乘给光绪帝及贝子溥伦，其余的人则仍乘骡车。

众人再次起程，来到居庸关，延庆州知州秦奎良迎驾。延庆本是个穷苦地方，所献食品，没什么可口。西太后入乡随俗，就当是享受土特产了。

临行时，秦奎良想替西太后等人换顶大轿，便命差役购办。可是各处采购，只找到蓝呢轿子一乘。没奈何只能奏明太后。西太后道："也好。"就自己享用新轿子，其余人仍旧是驼轿。

此后，一路行来，荒凉如故。

直到二十四日，他们来到怀来县，才觉得有些喧闹。怀来县知县吴永，突然听说圣驾到，来不及穿着官服，慌忙间一身便服出来迎接，跪在大堂左首。县中百姓见县老爷如此狼狈，都拥入堂内环视，不知来人是谁。吴永怕惊了圣驾，忙令差役前来驱逐。西太后倒也随和，下轿后，对吴永道："这等朴实的乡民，不妨令他们来观看，没必要撵他们。"

吴永便请西太后等人入后堂，家眷也来跪迎，西太后一概让他们免礼。当下西太后入住县太太的房间，皇后、瑾妃住少奶奶房，皇上住签押房。西太后在房中坐定，就连连拍着桌子对李莲英吆喝道："快去，叫吴县官赶紧准备食物，我肚子已经饿得不行了！"

李莲英传旨出去，吴县令惊慌得很，忙令厨子先备点心，送入上房。西太后看式样虽然粗糙，可是倒还干净，伸手拿起就吃，稍稍果腹。

女人就是女人，别管是十八还是八十，爱美的心都是不变的。西太后肚子里刚有些东西，就取了吴夫人的梳妆盒，叫李莲英替她梳理一番。

梳妆完毕，已到进膳时间，饭菜中倒也有燕窝鱼翅，虽不及宫中丰盛，可是比起途中的食物来，不啻天壤之别。西太后等人饱食一餐，吴县令又亲手送上各种式样的新衣服。西太后大喜道："好孩子，难为你办得周到，我一定要提拔你！"便叫李莲英传话给光绪帝，快写圣旨，升吴永为道员。吴永谢了西太后大恩，又出去向光绪帝谢恩。

这时候，忽然有人来报："军机大臣王文韶到来。"忙由吴永接入，觐见西太后，太后殷殷垂询，慰问途中苦状。

王文韶道："承老佛爷保佑。"

西太后道："我等路上已备尝艰苦，想来你也应如此。但是不知道京中现在究竟是什么样？我很是担忧呢！"

王文韶道："臣观察洋兵入京，并非一定要占夺京城。如果老佛爷能令亲贵回京议和，洋人可能就愿意停战了。"

西太后点头道："我也这么想。看来只好让奕劻去跑一趟了。"随后她就召庆亲王入内，嘱他回京，与各国联军议和。

庆亲王好不容易脱离虎口，自然不敢前往，奏称："奴才恐不胜任。"

西太后劝道："从前咸丰年间，英法联军入都，有恭亲王奕訢主持和议，我们方得转危为安。现在恭亲王去世，众人之中便只有你能肩负这重任。为了国家，你必须勉为其难，不必再推托了。"庆亲王尚是支吾，西太后的眼泪又扑簌簌地落下。

庆亲王只好硬着头皮，口称："遵旨。"并请求西太后下诏怪罪自己，以此笼络洋人。当下在怀来县又住了一宿，便告别返京。

二　议和艰难

庆亲王回京和洋人和谈，洋人提出两个条件。第一要严惩凶手，第二要两宫回京。只有做到这两条，洋人才愿意和谈。

这两条没法办。第一，凶手都是亲贵，如何惩治？第二，两宫回京后，岂不是任洋人摆布？

慈禧不同意这两个条件，继续向西逃亡到西安。

各国联军因为中国不同意他们的要求，仍然派兵西进，攻陷了保定，又进攻宣化。宣化知府惊慌万分，亏得总兵何永鳌保荐了一个塞上福星、东方活佛，才使事情得以和平就绪。这人不是别人，就是道员赵敦和。赵敦和从前在江南办理洋务，享誉中外。这时，他恰好也在北方，当下就被何总兵星夜调来。

赵敦和一来，就单骑进入敌军，请求对方将城地保全，不要放纵兵队骚扰。洋兵一向仰慕赵敦和的大名，当即同意退兵。

联军既然已答应退兵，就打算转攻他处，此时接到西太后电谕，表明已重惩罪魁：载漪革职，载勋、溥静、载莹同交宗人府囚禁；载濂革爵，载澜、英年降职调走；赵舒翘革职留任；毓贤发配边疆；董福祥也被革职，回甘肃原籍。

联军统帅瓦德西看过之后，因为纵容拳匪的亲王大臣无一正法，所以仍然不答应。庆亲王只得奏明西太后，再次请求重惩首恶。另外，他们还动员了一位天下无双的尤物，令她暗中设法，促成和议。

这尤物是谁？就是前出使大臣洪钧的小妾，原名傅彩云，后来改叫赛金花。此人原籍姑苏，依靠着亲戚的帮助，到上海做了头牌妓女。她自小已是倾城之姿，等到论及婚嫁的时候，更是美艳照人，聪明绝顶。翰林院修撰洪钧回乡，路过申江，在烟花柳巷作平康游，一睹芳容，当时便一见倾心，就出重金将她买入家中做妾。后来他又带傅彩云前往都城，朝旨将他提升为侍郎，并命他出使俄国、德国、奥地利、荷兰。这一对比翼鸳鸯，竟然双双出海前往欧洲。

谁知他们归国以后，没几年洪侍郎便因病去世。傅彩云寂寂寡欢，竟与她的男仆通奸，两人俨然一对夫妇，过着花天酒地的神仙日子。可是，普天之下没有一座金山是经得起挥霍的，时间不长，她便把前夫的积蓄花个精光，积蓄一没，也就意味着好日子到头了。没办法，习惯了灯红酒绿的生活，傅彩云只好重操卖笑的旧业，改名赛金花。

等联军到来，她来不及避难，正在惊惶的时候，谁知美名在外，德帅瓦德西竟然送来请柬。霎时间落难名花，又成了德国人的最爱。

八国联军入京之后，德国人因为驻华使臣被杀，就有意虐待京中官员，复仇泄愤。礼部尚书怀塔布、侍郎李昭伟、御史陈璧等人，全都成了苦力，要么被派去拉车，要么被迫运尸，要么被召担粪负石，稍有违背，立刻鞭子伺候。

赛金花虽然做惯了皮肉生意，可是看见生灵涂炭，还是动了一片恻隐之心，愿意代为请命。有时怀中娇语，有时枕畔轻哼，即使是威震全球，权倾八国的大元帅，到此也不得不俯首听从，严格军禁，保护京民。都中人士为明心迹，都按要求悬着顺民旗。甚至很多人称赞瓦德西的做法，哪里晓得他都是受教于中国美人呢？

瓦德西白天管着无数军士，夜间却拥着半老徐娘，鱼水情深。

好事不出门，坏事传千里。李鸿章也听到这个消息，就与庆亲王奕劻商量，通过内线与赛金花接洽，教她暗中调停。赛金花虽然只是个妓女，却颇具爱国心肠，在温柔之间便怂恿瓦德西与清廷议和。

瓦德西虽然握着全权，究竟事关重大，必须要与其他七国统帅商量，众口一词，才好议和。他一面照会庆亲王、李鸿章，准许立即停战；一面与七国政府及驻京公使商量，格外周旋。最后，终于达成共识，两宫回京的事不妨稍缓，只是严惩罪魁一条，总要狠狠地办一下子，才有和平可言。

于是庆亲王再次申奏，西太后也顾不得什么，不得不再行加重。下谕道：将载漪、载澜均发往新疆，永远监禁，载勋赐自尽，毓贤正法，英年、赵舒翘斩监候，刚毅追夺原官，徐桐、李秉衡撤销恤典，并一概革职。

当下由李鸿章转告瓦德西，瓦德西又集众会议。大众尚嫌发落过轻，李鸿章便答应就此事再做申报，只是为了表示诚意，请八国先拟出和议大纲。瓦德西倒没什么意见，反正早晚要有个说法。

过了数日，他方才将和议约稿录出。其中共列十数款，由庆亲王、李鸿章两大臣逐条研究，发现条条都是不便同意的，可是敌直我曲，敌强我弱，敌众我寡，他们势难坚持到底，因此只得把最相关利害的约文驳了回去。可是，此时的洋鬼子占尽先机，哪里还会同你讲理呢？他们自然大言无忌，定要照原约施行。

庆亲王在洋人眼里根本没有什么，明知言不足重，竟把这副重担子全交给李鸿章。李鸿章推卸不了责任，没奈何提起精神，与外人仔细交涉。谈论了好几个月，听过若干讽刺，看过若干脸面，才磋定议和大纲十二章。节录如下：

一、德国公使被杀，由中国派亲王专使谢罪，并于被害处竖立纪念碑。

二、肇祸诸人由各公使指出，严惩不贷。其杀虐各国人民之各城镇，停止文武考试五年。

三、日本书记官被杀，中国须用优荣之典，致歉日本政府。

四、各国人民坟墓，有被污渎发掘之处，由中国建立谒碑。

五、军火及专为制造军火材料，禁止进口二年。

六、中国允赔偿各国公私损失，计四百五十兆银两，分三十九年偿清。年息四厘，如期当本息两清。

七、划使馆附近地界，驻兵保卫，界内不许华人杂居。

八、大沽炮台削平。

九、由京师至海通道，诸国择要留兵驻防。

十、华民此后如有肇乱情事，立罪该地方长官，不得借端开脱。并张贴永禁军民仇外之谕。

十一、修改通商行船条约。

十二、改总理各国事务衙门事权。

大纲已定，即由两全权大臣飞奏两宫所在地。西太后不能不允，而且见条约中没有关系自己的明文，心中已放宽一半，就下旨照准。

庆亲王、李鸿章接旨后，就答复瓦德西，要求约期撤兵。瓦德西也是满口答应。

没多久，眼见着凶手被严惩，八国联军都撤了回去，西太后这才结束自己的逃亡生涯，重回紫禁城。

第九回

光绪帝形同囚徒，西太后天生贪玩

大体来说，爱美观念对于女性的确要比较浓厚些、普遍些，因此文人对于花也就格外爱惜，格外善于欣赏，尤其是这位太后，除掉权势发财之外，花卉也许就是她最宝贵的嗜好品了。虽还不曾够上"花痴"的资格，然而却已迷得很深！

一　行尸走肉

可怜的皇帝，因为一次不成功的政变，被太后夺去了所有的权柄，使他在实际上降为一个幽禁深宫的政治犯。他的年纪大概是在三十和三十五之间，不过他的面貌很带些稚气，看去还像是一个二十三四岁的青年。

他的生身母亲是慈禧太后的同胞姊妹，他的父亲便是咸丰皇帝——慈禧之夫的兄弟。光绪出生后不到几年工夫，他的母亲便死了；从此，就给太后收作干儿子。所以他们母子之间，原是很少有真正的感情的，即使没有那次戊戌政变，太后也不会允许他长此大权独揽的。

到了后来，差不多只有那些关于祭祀或举行什么典礼的谕旨，才是朝臣们受了太后的旨意，用光绪的名义所颁发的，其余一切稍有关系的，便全是由太后直接颁发。

光绪的妻子——隆裕，在那个时候，便是所谓的"皇后"。她的父亲唤作"桂公爷"，就是太后的兄弟，当然也就是光绪生身之母的兄弟。所以光绪和隆裕两个人，在事实上原是姑表兄妹。虽然如此，他们中间却并无什么真正的爱情可言。本来，从前男女的婚姻都是由父母代为决定的，双方全像瞎子一般听凭家人掇弄着，因此家庭间往往会有不幸的事情发生。光绪虽然贵为一国之君，但也跳不出这种束缚，所以后来弄得他和隆裕两个人，不但毫无情爱，简直彼此都在怨恨着，像仇敌一样！

在光绪的一生中，他所真正爱过的女人只有一个，便是珍妃。可是珍妃在庚子年间的时候，已被那些太监们丢在神武门东角井中去了。因为他们觉得珍妃是宫里一个无关紧要的人，不值得辛辛苦苦地拖着她一起逃往西安去，便爽快地把她断送了。当然，太监们要是不奉什么人的暗示，也绝不敢这样胆大妄为，那么这暗示又是谁所发的呢？不是别人，正是西太后！

珍妃一死，光绪的内心所受的痛苦，自然是深切到了极点，他所仅有的幸福，仅有的快乐，从此是完全消灭了！可是他终究还是一个皇帝，又不能像平民一样轻易自杀、轻易出走，他只能独自暗暗伤心流泪而已。

珍妃还有一个同胞的姊妹，也是嫁给光绪做妃子的，唤作瑾妃。自珍妃被害之后，光绪便格外爱惜她了；他觉得只有在她那里，还可以得到一些心灵上的慰藉。

太后对于光绪虽是这样的冷漠无情，可是去哪儿都要带着他。

这中间的缘故，便是太后对于他不信任，唯恐他在脱离了她的监视之后，再有什么不良的企图；所以太后无论到什么地方去，总是很不放心，非得把这一个特殊的政治犯带着同走不可。

也许她也相信光绪此刻确已没有什么野心了，但是她还担心那些朝臣中再会有六君子那样的人，在她离京的时候，乘机而出煽惑光绪，劝他利用外力，再把太后的政权夺去，这一顾虑当然是很有几分可能的。而太后的脾气，偏又是特别喜欢弄权。虽然她已经贵为太后，一切享用无不远出别人之上，可是并不满足，她觉得尚无实在的政权在她自己的手掌中把握着，所有的荣华富贵，便一齐等于零。因此她不惜冒了绝大的危险，不顾各方的诽谤，拼性舍命地紧握着她的政权。

同时，在光绪那一方面，他倒十二分的达观，因为他认识得非常真切，他知道在这样的环境之下，自己要希望执政，真如大海捞针一般不可能；至少限度，在太后活着的时候，他不用想再做一个舒舒服服的真皇帝了。所以他倒并不悲伤。他把自己的遭遇一概付之于命运，这样一想通，他的精神上竟愉快得多了。就像上一次到奉天去玩，他虽然明知是太后存心要监视他，但他只当是自己有兴想出去游玩，一路上凭着车窗，恣意地赏览野景。

待到每一次列车停止的时候，随行这些人除掉少数须留着服侍太后外，其余的都可以走下车去随便闲逛，这时，光绪也往往跳下来，跟众人在一起走动。他的身材很短小，脸上还带着几分稚气，但并不骄傲，说话也很畅达动听。他对这些女官，都看得像朋友一样。

"要是在事实上我是一个真正的国君的话，"有一次，他很兴奋地向德龄说道，"能够像老佛爷一样有权统治全国，那我第一步就要照着你所讲给我听的那些外国的君主或元首的办法，上全世界去走一圈。"

真的，相信如果太后能够允许他的话，他一定永远不想回去。因为他回去之后，便只能终年关在紫禁城里或颐和园里，而在这两处等于监狱式的区域以内，他还是不能自由行动。说明白一些，他简直比那些地位较高的太监都不如，而他所说的话，无论是命令别人，或督责别人，也往往没有什么效力，较之那几个给太后所宠信的女官，真是相差太远了！所以他只要一想到这些情形，一想到回去，他的一双眸子里便立刻会现出一种黯淡的神情来。

虽然在事实上，他已经是一个被废的皇帝了，他像是终年坐在愁城里一样，但是宫里头的那些繁文缛节，偏又放不过他。太后的意思，只是想强迫着他做一个十足的傀儡皇帝了！譬如像吃饭这件事，他每餐也得享受很多没有意思的菜，而且这些菜全是跟太后所吃的相同的，不管他的口味如何，从来不能换掉，因为他的菜是跟太后的一起煮的，他自己当然不能随便做主或挑选了！

尤其难堪的是他每餐也得独自一个人，冷清清地吃喝着，他的妻妾隆裕和瑾妃两个人，必须到太后那里去侍候，待太后餐毕之后，就和其他伺候的人一起走上去，吃太后所吃剩的菜，于是她们便难得有跟光绪同桌进餐的机会了！

可怜的光绪，他所处的境地简直比一个寻常的百姓更痛苦。有时候，他只能勉强做一些比较有趣的事情，逗逗自己，从泪眼中迸出一丝笑意来。但是他对于皇太后真是害怕极了，他只能时时刻刻留心，不让自己有半点儿足以使太后不欢的举动。不仅是行动上必须十分留心，便是他说一句话，也得再三考虑；因为他永远是不得自由的，他无论跟谁说话，总有几个太监在不很远的地方倾听着，只要他有什么怨恨的话或不很正经的话说出来，他们就会立即前去告诉太后。到晚上他睡觉的时候，还是有人窃听着，他们都希望能够多听到几句，好去向太后献功。

为着这种监视，所以光绪连说笑话的自由也几乎被剥夺了！尤其是在上次去奉天游玩的火车上，因为地方太狭窄，他所受的监视也在无形中变得格外严密起来。他的旅行兴趣，更因此而大减，甚至会使他发生马上回京之想。理由是在宫中或颐和园内，他偶然还可以得到几分钟的自由，这短短的四五分钟的空隙对于他真比什么都宝贵。

可怜的光绪，在名义上他是一个皇帝，但他是如何的孤寂悲伤啊！他只能从这样幼稚不足道的玩笑之中，找到一些快乐，更是何等的凄惨！除却这种无聊的玩笑以外，他不用想再找到什么快乐，他心里头所爱做的事情，偏不能做，不爱做的事情，却偏要他做。总之，无论到什么地方去，他始终是一个囚犯的身份！

二　闲情逸趣

老佛爷闲得没事的时候，就会想点法子让自己乐一乐。因为有钱有时间，所以她有很多的闲情逸趣。

一天，光绪帝入内请安。西太后问道："万牲园不知怎么样了？我打算亲自去看看，明日你随我前往。"光绪帝自然遵旨。

第二天，光绪帝陪着西太后游幸万牲园，后妃宫眷们一同随驾前往，侍卫太监差不多有数百名。此园在西直门外，旧名三贝子花园。后来因为各使臣任满回国，大多采购奇禽异兽，进献老佛爷，由于宫中无处喂养，便借这园内一用，所以叫作万牲园。此园方圆约有十里，诸如狮、象、虎、豹等类，多用铁栅为栏，把它们关押住，早晚令人饲养，经费则由内务府拨给。各大臣因为太后好奇，便逐年有所贡献，因此园中的禽兽也越集越多。其他如海马、文犀、怪鳄、大蟒、猕猴等类，无不搜集；还有各种名花瑶草，也都一一移植过来，这样一来，园中便分作动物园、植物园。自新政举行后，注重实业，又将植物园改名作为农事试验场，招集官民子弟学习农事。并命商人也自由入园设立商铺。平时除了太后入园的日子禁止闲人外，其他时间一任国民进入游览。所以都中人士往来园中，倒也络绎不绝。

园内也有楼、台、亭、榭。最高楼有数丈，名叫畅观楼，听说是西太后命名的。畅观楼附近，有自在庄、幽风堂等。所有题额，也都是由西太后御笔亲题。园中的各处建筑，虽然不及颐和园中的富丽堂皇，规模却也宏伟，陈设很是雅致。宫人又在园中凿成一河，设有画舫，可以代步。北人大多乘轿，很少坐船，所以游人到这里，都喜欢乘舟划船，游行一周。

西太后等人来到万牲园，就由管园子的满员跪迎慈驾。入门之后，西太后便命众轿夫停下，随即下轿步行。光绪帝也下了轿，跟随着太后。所有宫眷人等，已早早在园门外下轿走进来。大众都簇拥着太后登堂。太后稍坐，由园中总管跪奉茶点。太后随意吃了一些，就照例散给众人。然后起座道："我们先去动物园。"

当下令园中总管带领着，信步前进。猛听得一声兽吼，仿佛与雷声相似。西太后也为之一惊，对园子总管道："这不是狮吼吗?"园总管应声称是。

西太后道："我们先去看狮子吧!"园总管就在前面把她们带到狮笼旁边。但见狮子刚刚发过威，正大踏步往回走，脖子上的长毛竖作一团，张着大口，滴着馋涎。西太后回头对宫眷说道："这个猛兽，的确是可怕，怪不得都叫它作兽中之王!"宫眷相继称"是"。

西太后又说道："从前中国画师所画的狮子形状，都是全身有毛。我看现在这狮子并不是那种样子，所以说百闻不如一见。"宫眷们又都应着"是"字。西太后见德龄在其中，便问她道："你在法国时，有没有看见过狮子？"

德龄答道："也是少见。"

西太后道："这狮子是从非洲进来的。欧亚两洲想是很少有的呢！"德龄附和道："非洲猛兽在全世界最多。"

西太后点了点头。再向前走，沿途有豹、有象。豹纹驳杂，最是漂亮，象是灰色，鼻子很长，两牙外露，体态庞大，却喜食瓜果。等看到虎栏，其中有大小二虎，趴在地上睡着。

西太后问道："这虎很是瘦弱，难道是月粮不足吗？"

看守的人跪在地上奏道："虎喜食肉。每天喂它，所用不足一饱，所以形容瘦削！"

西太后很不满意这个答案，道："谁叫你克扣虎狼？"

看守的又上奏道："并非小人克扣虎狼，的确是虎不足食。"

西太后怒道："胡说！既然它不足食，你为什么不增加肉食？"她又对看园总管道，"这虎一定要喂饱，不能把它饿死。如果真的死了，就要看守的人偿命。"园子总管连忙点头。又巡视过去，见有形体奇异的马儿两匹，一匹是脖子上多一只脚，叫作五足马；另一匹是满身五色，形似柳条纹，叫作文马。

西太后问道："这两匹马很是奇异，我一时失记，不知是从哪里采来的？"见众人不答，她便问园子总管道，"你可知这两匹马的来历吗？"

园子总管饱食终日，显然对这些畜生并不了解，见问到自己，急忙跪在地上，半天不能说出一句话。

西太后笑道："你可真是得鱼忘筌，只知道看物体，却不知道物名呢！"她又转过头问看守吏，竟然也是茫然无知。西太后怪道："你们都与牛马相类，怪不得不懂动物学。"

德龄听她这么说，恐怕被提问，不便妄对，暗自捏了一把汗。幸亏西太后只管前行，看过了许多猴子，有蓝面的、有红面的、有黄面的。又有许多老鼠，形色也是不一。还有鳄鱼两尾，大蟒一条。鳄鱼是在水窖中，蟒则有铁笼，所以不能肆毒。其余如野熊、猩猩等类，都是世所罕睹。缓缓走过去，又听得鸣声上下，音韵铿锵，原来有无数怪鸟聚集一处，四面用铁网罩住，形状个个不同。那些鹦哥、百舌等，或系在架上，或置于笼中，彩羽翩跹，美丽动人。西太后目不暇接，口中说道："这些都非凡鸟，可惜没有凤凰。"她随后又对光绪帝道，"我们到植物园去吧！"

大体来说，爱美观念对于女性的确要比较浓厚些、普遍些，因此文人对于花也就格外爱惜，格外善于欣赏，尤其是这位太后，除掉权势发财之外，花卉也许就是她最宝贵的嗜好品了。虽还不曾够上"花痴"的资格，然而却已迷得很深！

在皇宫的上苑内，各式各样的奇花异草真不知有多少种类收集着，凡可以索到或买到的花种，总得设法去弄了来，好在宫内另有一部分太监是专门在执行着园丁职务的，他们所具有的园艺常识也很广博，无论哪一种花木都能很周到地给太后栽培着，都极适宜地发育起来了。何况太后自己还要三天两天地走往各处去视察，更不容他们有偷懒或疏忽的余地！

逢到兴致好的时候，太后还欢喜地夹着一柄小小的金剪刀，亲自走入花圃中去学做园丁。当然挖泥挑水的工作她是绝对不会尝试的，她只是想帮着捉捉虫、浇浇水。偶尔瞧见有一枝花梗上蓓蕾长得太多了，唯恐花朵开得太小，便拣那些未长成的蓓蕾酌量剪掉些，这是太后本人也通晓园艺常识的表现。

有一天深夜，外面突然下起雨来，粗大的雨点，一阵紧似一阵地在各处宫殿的屋脊上跳着、响着，终于把太后在睡梦中惊醒了。

　　"啊！不好了！我们那些才长成的菊花怎么经得起如此大的雨呢？"她很急迫地在枕上喊着，"这雨一定要把它们一起打坏了！谁在这里值夜？快去通知那些太监们！"

　　这一夜，恰好轮到德龄在太后寝宫内值夜，每逢值夜的日子，女官们照例都是不敢睡熟的，所以太后一说话，德龄就打地上站起来了。待她的话才说完，德龄就赶紧跑出去。那些值夜的太监却并不敢走进里面来，都在外边廊下站着，或蹲着，有的也像女官们一样直僵僵地靠在墙上打盹。德龄便向一个正醒着的太监说道："老佛爷有旨，要你们马上赶到园里边去，立刻把那些管种花的人唤起来，冒着雨去把那些新长成的菊秧一起用芦席盖好，不准让大雨将它们打坏！"

　　那太监听了德龄的话，怎敢迟疑，便冒着雨没命地奔出去。

　　隔了十分钟模样，他又急急忙忙地奔回来了。

　　"他们已早就用芦席把那些菊秧全盖着了！"这是他带回来的一个令西太后满意的报告。

　　原来那些当着园丁职务的太监，也深知太后是非常爱惜她的花木的，而且凭着他们的经验，更无须叮咛已知道那些初长成的菊秧是万万经不起大雨的，所以不待通知，早就自动地给它们盖上芦席了。

第十回

老佛爷驾鹤西游，大清朝气数已尽

众人还以为她从此归天，没想到她竟然又睁开眼睛向四面看。见奕劻、载沣在身旁，便下谕道："我临朝三次，实在是出于不得已。自我以后，大清朝绝对不能再由女人来掌权。"

说完之后，她的双眼重新闭上，时间不长便鼻息沉寂，面色转变，一位独领风骚的老太后，终于飘飘而去。

一　身染疾病

因为昨天晚上，太后游湖游得太辛苦了，再加受了一些寒，身子便感觉不快起来，并带些咳嗽。当她不舒服的时候，她的脾气总是非常暴躁的。

所以，每逢太后病了之后，女官们便十分担心，时刻不敢忘记她们在她老人家的手掌之下生存着、呼吸着，只要她老人家偶一动念，就可随时终止她们的生存，闭塞她们的呼吸。

李莲英一知道老佛爷的身子有些不快，立刻打发人去把那些御医们召进来了。

　　不到三四分钟，就有四位太医院的老爷鱼贯着走进来。太后斜靠在一个比较低的御座上，依旧不住地咳嗽，但体态还是很庄严，接受着这四位御医的朝参。本来寻常人诊病，医生们第一步总得先瞧一瞧病人的容色；然而这四位御医哪里敢向太后平视呢？他们是始终不敢抬起头来的。那么这个病将怎样诊法呢？

　　只有省略望气色的一步，直接按脉了，这时太后的御座的两边，已设下了两张小小的方几。几上铺着一重软垫，待到那四位御医恭恭敬敬地磕足了九个头之后，太后便吩咐另外两个女官，把她的两个衣袖卷起了一半，让自己仍在中间的御座上端坐着，而把她的左右两臂，分搁在两边的小几上。于是那四位御医便膝行而前，一直行近到那两张小几边去；同时又有两位女官用两方很薄的绢帕把太后的手臂覆住了，四位御医便分着两边，每一边各两人，十分谨慎地伸出手来，用指尖隔着绢帕，静静地为太后按脉。

　　隔了半晌，左右两边的御医便又悄悄地互相对调了过去。但他们是始终不敢向太后偷觑一眼的，尽管在事实上他们知道应该瞧瞧病人的舌苔，或者太后自己也不致拒绝，但他们总是很谨慎，哪里敢冒冒失失地要求瞧瞧太后的舌头呢？并且他们要竭力地闪避太后的视线，就是在按脉的时候，也故意把头侧过一些，像是很害羞的样子。

　　他们就是这样静悄悄地跪着，手指按在有绢帕覆着的手腕上，足足费了四五十分钟。

　　最后，那四位御医的按脉工程也完毕了，差不多在同一个时候爬了起来，又照例向太后磕了头，便蹑手蹑脚地走出这一间寝宫去了。

　　御医走进一座和太后的寝宫相毗连的偏殿。那里已预先设下了四副很小很矮的桌椅，桌上有笔砚纸张，那四位御医便各自占据了一副座头，恭恭敬敬地坐了下去。先是各人默默地写着一套脉案，这套脉案写完，才互相讨论起来，各自发表着自己的见解，结果四个人无一相同。这当然是不行的！四个人便各自尽力让步，商定了一个协议，同时毁去了先前写的那套脉案，换上一套大致相同的语句。太后的病情，便像这样揣摩讨论而决定了！

李莲英捧着药方，回到太后那里去交差。这时太后差人去召来了一个对于中国的各种药物素有研究的老太监，另外又召了一个司书的太监，并打发两个在值的女官去把她的书室内所藏着的几册专讲药物学及药物功用的书，如《本草纲目》之类取了出来，待药方一送到她手内，她就急急地逐一翻看，但见她忽而皱皱眉，忽而摇摇头，忽而微笑，忽而呻吟，像是对于这药方持怀疑的样子。

"这一样是我们女人最不欢喜的，为什么写上啦？"太后用手指着一种药名，批评着。

"这一样又是没有什么价值的，这一样是很普通的，谁都知道是用来提神的，我们也不要用它！再瞧这一样，不知道是做什么用的？"

那个对于中国各种药物素有研究的老太监，便探起头来，随着太后的手指看去，幸而他的眼光还不差，一看就把字画看清楚了，便立即翻开一本药书来答道："这是凉血用的！"

"好啊！"太后听了，便点点头答道，"这一样是可以用的，把它记下来吧！再瞧这一样又是什么意思啊？"

"这一样是可以清醒人的头脑的，太后。"

太后听他这样说了，再瞧药书上也是一样的写法，便又点点头，向那司书的太监挥一挥手，命他再把这一样药也记了下来。

就这样，西太后根据御医开的药方，自己重新开了一个药方，并让李莲英按这个药方去抓药。

李莲英带着那四个御医，走到另外一所偏殿中去。这个偏殿的四面墙壁上，钉着一行行的木架子，而在每一行木架子上，排列着无数白色和蓝色的瓷坛。每个坛都有盖子盖着，坛的外面，又用一小方的红纸标明着坛内所藏医品的名字，以便检取。所有这一间大殿上所藏的药品，真不下五六百种，大概是齐全了，只有几种非用新鲜不可的才让外面的药铺子供给。

那四位御医接了这一张新药方之后，虽然心上都未必赞同，但他们怎敢和太后执拗呢？少不得依着她，一件一件地配将起来。虽然他们四位都是年事很高的老医生，和这些药坛相处得极久而极熟了，可是他们在配药的时候，还是像生手那样迟慢，必须再三端详了才敢把药取出来。据说这也是他们谨慎行事、不肯苟且的缘故。每一样药物取出来之后，还得用一架小天平仔仔细细地秤出相当的分量来，然后再用红纸包成一个个的小包，给一个小太监捧着；及至药全包好，他们便随着李总管一起回到太后的宫中来。

此时那一间惯常烹茶煮水的后殿里，已另外生旺了一座小小的炉子，上面搁着一个银制的药罐，在专候制药了。靠近这炉子的一张桌子上，安着一柄小小的玉碗，有一个金制的托衬着，是特地从太后自己常用的几副茶具内挑出来的，以备盛着药给她老人家喝。在这同一张桌子上，远远地离着那玉碗，另有四柄白色或蓝色的瓷杯，很齐整地排列着。

那四位御医进来之后，便一起拥上那小炉子边去，十分严肃地取过一包包的药来，在八只眼睛的监视之下，将它们逐一解开，投入银罐中去。这时候那罐内已盛着大半罐的清水了。药投好，便正式煮起来了。太后服的药，自然又有特别考究的煮法；在煮的时候，那四位御医还得在炉旁候着，待到罐里的水煮得快沸了，便立即由他们中间的一位把它从火上移开，搁在地下，让它慢慢地冷却，约莫冷到十分钟，便再放到炉子上去，煮到将沸了，再取下，这样反复三次。

现在就得用一个银制的滤器来滤药汁了。那四位御医还是很严肃地从事着，这服药的气味倒还并不十分难闻，但当他们在滤的时候，李莲英已忍不住要掩鼻了。

因为那滤器的网眼做得还不怎么精细的缘故，第一次滤过之后，仍有少许药渣留在药汁内，这当然是不能送去给太后喝的，于是他们便三番五次地滤着，直滤到完全没有渣滓了，才敢倾入太后的玉碗中去。可是药汁实在太多！——而且是特地多煮的——他们便把那四个瓷杯也一起注满了。也许有人不禁惊疑还有谁要喝这个药啊？

一切都准备好了，便有人去奏明太后，不一会儿，这人又带着太后的懿旨退出来了，吩咐那四位御医一起再进她老人家的便殿中去。于是就由李莲英端着太后的那柄玉碗在前引领，四位御医捧着那四柄瓷杯跟在后面。

到了太后的面前，四位御医先磕一套头，然后齐整地把瓷杯凑到各人的嘴唇上，仰起脖子，一饮而尽。他们的脸上，简直一点儿表情都没有，这股勇气倒着实令人佩服！

一个没有病的人而强迫他和有病的人一起服药，这未免太专制些了！而且一个好好的人无端喝了这一杯药，就不会引起什么反应吗？其实这种不合人情的章程，已是几百年前遗下来的了，并非是太后所特创的，它的用意是要防范那些当御医的人受了贿赂，在药中加上什么毒物，企图暗杀皇上或太后。像这样先命他们自己当面喝过了，便可不用再害怕。好在这些医生当退出去之后，尽可自己另外喝些药，以维持他们本身的健康。

虽然太后已是司空见惯了，但眼看那四位御医如此干脆利落地把药喝下去，也险些失声大笑了。

"这不是太诧异啦！他们喝得怪爽利的，倒像是这药全没苦味的样儿。"老佛爷捧着那个玉碗,仿佛打趣似的笑道, "然而我可不相信,这药哪里会有不苦的道理?"

可是她话虽这样说,总还是举起玉碗来一口气把药汁喝下去了。

太后的药已服好,御医们已退出,宫内的空气居然也像镇静了几分,大家都希望太后的病早些好起来。

二 母子双亡

西太后的病一点不见好,而且还犯了痢疾。但她平素特别好胜,而且自以为身体坚强,就不以为意,仍照常视事。过了两三天,痢疾如故,召医服药,并未见效。

老年人最忌痢疾。本来鸦片也可以疗泻,偏偏西太后平日加倍服用,现在做药也是不灵。泻了一星期,把个丰容广额的太后,也变作瘦骨嶙峋的病号了。

一日晚间,不知听了谁人的谗言,她又大加震怒。宫眷们不敢过问,只有李莲英默探消息,从旁劝解。西太后愤愤道: "那不孝的儿子,听说我得了痢疾,竟然面有喜色。这真是始终不变的逆肠。我虽然病了,也不至于死在他前面,他是痴心妄想。"

李莲英听她这么说,料知是说光绪帝,只好默不作声。

第二天西太后就爬不起来了。

光绪帝久不视朝,西太后现在也难登殿,亲王大臣等未免担心,特意呈上佛像一尊,奏称可以镇压不祥,应速送到太后万年吉地,以冀慈寿日增云云。西太后本来信佛,一听很是欣慰。为这一喜,连病都减了数分。

第二天早晨老佛爷复出临朝，召见大臣如常。她命庆亲王奕劻速将佛像送往陵寝，敬谨安置。奕劻犹豫不决。西太后问他为什么迟疑？

奕劻直接奏道："慈躬现在违和，皇上也曾抱恙。如何是好？"

西太后道："这几天内，我未必就会死。我现在已觉得好些了，无论怎样，你照我的话办理就是。"奕劻不便再说，才捧了佛像，即日前往普陀峪，放到西太后寿宫里去了。

又过了几天，西太后复召医生四人，为光绪帝诊病。彼此悉心参酌，拟定一方，不料喝下去后，病竟加重。西太后也在这天夜间，泻了好几次。

第二天天明，亲王、大臣等入朝，只见禁门里面添着兵卫，严查出入，紧张非常。大家不胜诧异。时间不长，有几个太监出来，亲王、大臣等忙过去打探消息，据言出去净发。

亲王大臣惊问道："宫中有什么事情？"

太监悄声道："两宫病重了，皇上更是不得了。今日肯定不能登朝了。"亲王、大臣等将信将疑，姑且进入朝房静候消息。一碗茶工夫，果然宫里传旨辍朝。大众商议道："如果有意外变故，哪个敢担重任？看来不如电达庆亲王，请他火速返京，好决大计。"商议既定，立即拟定电码，令人发电，大众这才分道归去。

候到次日，幸好没有什么噩耗。等到午牌时候，庆亲王奕劻已经赶到，众大臣忙去接着，便和他谈起宫中状况，不知吉凶究竟。

庆亲王道："待我入宫，自有消息。"

庆亲王进去约一小时，即由内监传出懿旨，宣召醇亲王载沣，暨军机大臣袁世凯、张之洞、鹿传霖、世续等入见。载沣他们奉命赶到宁寿宫，见西太后已登上宝座，庆亲王奕劻在旁边伺候着。大家跪请慈安。

西太后朗声道："我看皇帝的病已大渐了。现时只好照皇帝即位的上疏，为同治皇帝立嗣。我意中已是有人了，但想跟你们商量，看你们是否同意。"

庆亲王跪奏道："溥伦年龄最长，而且是宣宗成皇帝长支传下，理应嗣立。"西太后只是摇头。

庆亲王又奏道："其次莫如恭亲王溥伟。"西太后仍然摇头不答。

载沣忙叩头道："溥仪年仅三龄，不足胜任。恳请老祖宗另择亲贤。"

西太后沉着脸道："我意已定，不必另择。"她又问军机大臣道，"你等以为是否合适？"袁世凯等人知道根本没有回旋余地，就唯唯遵旨。西太后复谕载沣道："溥仪年幼，你可为监国摄政王。我大清当初也曾有摄政王仪制，不妨援行。"

载沣不敢再辞，方才磕头谢恩。西太后又对庆亲王说道："你去报与皇上知道。"庆亲王奉命去办。西太后又令军机大臣拟旨，立溥仪为大阿哥，醇亲王载沣监国，当日颁发。并命载澄送溥仪连夜入宫。大家叩头告退。

此时，庆亲王已来到瀛台，由老太监带入，趋近御榻前。只见光绪帝沉沉睡着，面目黯淡无光，呼吸之间，只觉出气多，进气少，寝侧也没有什么嫔妃，连皇后也不曾服侍着。庆亲王瞧着这种凄凉的情形，也不禁凄然垂泪。

光绪帝与皇后，本来就不怎么和睦。戊戌后因为皇帝困居瀛台，皇后又受了西太后嘱咐，居了监察位置，督责皇帝，两下里越觉隔阂。某日帝后争论起来，闹动光绪帝性子，揪着皇后发髻，竟要下手动蛮。亏得太监们从旁边排解，他方才罢休。

撕扯之中，皇后的玉簪已坠地敲碎。此物是乾隆朝遗物，光彩莹莹，实在是稀世奇宝。无端敲断，皇后自然痛心异常，竟然跑到西太后跟前哭诉。西太后就教她移居别室，以免再怄气。

从此帝后几乎离异。就是光绪帝得病，皇后也不怎么顾着。何况太后也同时抱恙，她自然陪着太后要紧。

庆亲王越看越伤心，竟然哭泣有声。没想到把光绪帝猛然惊醒，睁起双眼，向庆亲王瞧着。庆亲王忙向前请安，光绪帝气喘吁吁道："难得你来看我，我病已不起了。"说了两句，喉中已是哽咽，扑簌簌地流下泪来。

庆亲王勉强劝慰。光绪帝喘匀了气，又道："我年将四十，后嗣尚虚，打算请太后另立嗣子，仰承宗室。"庆亲王见说到这里，才述及立溥仪的事。

光绪帝道："时事多艰，何不选择年长的为君？但是太后有命却不可违。"

庆亲王道："已命醇亲王载沣为摄政王了！"

光绪帝这才稍有喜色道："这也很好。那我就放心了。"

此话说完，眼光开始散淡，渐渐地就没了气息。

太后听说皇帝已经驾崩，就召庆亲王奕劻等人入内，草拟遗诏，内容大略是说，"朕向来气血虚弱，自去年秋天感觉身体不适，医治效果不佳，以致进入弥留之际。为此谨奉皇太后懿旨，请摄政王载沣之子溥仪继承大统"，等等。

遗诏拟定后，呈上慈览。西太后也不多问，随命颁发。只是庆亲王奕劻跪奏问道："嗣皇帝应该继承什么人？"

西太后冷冷道："这又何必繁问，自然是承继穆宗了。"

奕劻又说道："大行皇帝也没有嗣子，按例应由嗣皇帝兼祧。"西太后没想到他会这么说，当时便默然不答，脸上已是带有怒容。奕劻怕她误会，又叩头道："今士大夫中，难保不会有第二个吴可读。如果他再为这种说法上书，那时臣不知道如何对答。"

西太后沉吟一会儿，才说道："由你吧，你去照此拟旨便是。"

奕劻于是复命军机大臣拟旨，以嗣皇帝溥仪承继穆宗毅皇帝为嗣，兼承大行皇帝之祧。

西太后颁了懿旨之后，又命李莲英带人前往瀛台，准备吉轿，把皇帝的尸体运回宫。做完这些，她自己方才入寝室休息。

二十二日卯时，西太后起床，早餐后，就觉得头晕目眩，自知病必不起，便召见军机大臣。她命军机大臣草拟遗诏。

军机奉旨写稿，不一时便拟定上呈。西太后亲自过目，并说某处应怎么怎么改，某处应加入一二字等。嘱咐完了，她不觉痰涌气喘，又闭上眼睛静养了一会儿。

众人还以为她从此归天，没想到她竟然又睁开眼睛向四面看。见奕劻、载沣在身旁，便下谕道："我临朝三次，实在是出于不得已。自我以后，大清朝绝对不能再由女人来掌权。"

说完之后，她的双眼重新闭上，时间不长便鼻息沉寂，面色转变，一位独领风骚的老太后，终于飘飘而去。

大众照例哭丧。皇后、摄政王最为悲伤，太监中则只有李莲英格外凄惨。这晚小殓，也将她的尸体由西苑移入禁宫中。

过了一天，嗣皇帝溥仪即位，年号为宣统。

一朝天子一朝臣，又该是一番气象了。可是宣统即位以后，仅仅三年，武昌挑起革命大旗，全国响应，清王朝覆灭，世界从此焕然一新。

当我们抬头仰望着权倾天下的一代女主时，谁能知道她究竟在想什么呢？这真的是她想要的生活吗？她的身上究竟发生了多少故事？